增訂五版

心理學導論

溫世頌——著

三民書局

增訂五版序

　　我把這本《心理學導論》再細讀一遍，總覺得它是一本好書，不過可以再更充實、更新進，期能達成一位荷蘭作家飛立浦 （Raymond Philippe）先生從心理學獲致的親身經驗。他說「心理學」這門學問使他：

(1)更堅決地從事他喜歡做與他喜歡寫的題材；

(2)瞭解自己是誰，會更積極地看待事情；

(3)更能處理面對問題，並相應做出決定；

(4)更能掌握時間；

(5)在生活中做出更佳的決定。

　　於是我為本書做了增修，主要的內容列舉如下：

(1)第 1 章第二節「心理學研究的目的與方法」中，加「線上心理學實驗室」；第四節「心理學發展的回顧與研究取向」中，加「正向心理學的嚮往」。

(2)第 4 章第二節「睡眠與作夢」中，加「睡眠的性別差異」；第五節「影響心理藥物」中，加「甲基安非他命」、「亞甲二氧甲基苯丙胺」。

(3)第 5 章第一節「學習的意義與種類」中，加「味覺嫌惡的制約歷程」、「初級增強物」與「次級增強物」；第三節「記憶的種類與機轉」中，加「工作記憶論」、「自傳式記憶」與「SQ3R」。

(4)第 6 章第二節「能力測驗的類別及應具條件」中，加「電腦化適性測驗」。

(5)第 8 章第一節「動機的意義、類別與理論」中，加「厭食症」、「暴食症」與「認知論」。

(6)第 9 章第二節「壓力的身心反應」中，加「習得無助感」。

(7)第 11 章第一節「人際溝通的性質與障礙」中，加「性別差異」；第五節「愛情與婚姻」中，加「婚姻的破裂」。

(8)第 12 章第三節「人格理論」中，加「學習論」。

　　期望本書能藉由以上心理學新知的更新，帶給讀者如同作家飛立浦所言的精妙功用。如同過往增訂序所言，本書希望提供讀者一門易懂的心理學課程、一套實用的心理學知識，與時時暢快的閱讀經驗，讀者對本書的接納與閱讀後的受益，一直是我寫作時最珍貴的動力與滿足感，在此致謝。

溫世頌　謹序
西元 2020 年 1 月

增訂四版序

　　這本《心理學導論》於 2012 年做了相當程度的增訂，以應學校教學與一般讀者的需求。4 年過去了，承蒙大家對本書的喜愛，本人與三民書局又有了共識，將本書再做一次增訂，期使文辭更一致、更順暢，使內容更充實、更新近。心理學是研究心理歷程與行為的一門科學，人類的思想與行為隨著時代的改變而改變，因此對它們的觀察與研究也不斷地增加。鑑於此，希望經由這次的增訂使本書更為接近現實、更加充實。以下介紹這次本書在增訂上的改變。

⑴新版共 14 章，原來的第 13 章改為：第 13 章〈心理異常〉與第 14 章〈治療與保健〉。

⑵第 2 章〈行為的發展〉改稱〈生長與發展〉，其第二、三節的名稱也隨之更改。

⑶第 4 章第一節裡的「前意識」改為「無意識」。第二節中睡眠的理由增加「記憶論」、「醫療論」與「創思論」。第三節中催眠的功效，移除「年齡回歸」，增加「心理治療」。

(4)第 5 章第一節的古典制約中，增加習得反應的「自然恢復」、「制約刺激與制約反應的類化」與「制約刺激的辨識」。也於操作制約中，增加「刺激的類化與辨識」。第二節影響學習的因素中，增加「學習與新科技」。第三節回憶及其精確性中，增論「回想」與「再認」兩種回憶方式，也討論「依境記憶」與「依情記憶」的區別。於討論遺忘時，增加「舌尖現象」。

(5)第 6 章第四節環境對智力的影響中，提醒負面環境對智力的傷害。

(6)第 7 章改為〈思考、語言與問題解決〉，增加第二節「語言的發展與功能」。第三節解決問題的歷程中，增加「解決問題的步驟」。

(7)第 8 章第三節情緒的表達中，增加「聲音或口語」一項，也於情緒的體驗中，增加控制憤怒的步驟。

(8)第 9 章第一節壓力與健康中，補充壓力對 A 型人格的傷害。

(9)第 11 章第四節人際衝突的化解中，增補「接觸」一項。

(10)第 12 章第三節人格理論的人本論中加入「生活中的自我」，也於社會認知論中補充洛特所主張的內、外在控制型人格。

(11)第 13 章增加「飲食異常」一節。

(12)新增第 14 章〈治療與保健〉，增加「心理健康的維護與增進」一節。

　　希望本書能帶給讀者一門易懂的心理學課程、一套可用的心理學知識與時時暢快的閱讀經驗。我要在此誠摯地感謝三民書局對本書給予修訂與編輯上的大力支持。

溫世頌　謹序

西元 2017 年元月

序

　　本書依據教育部民國 94 年 2 月發布之「心理學」課程綱要撰寫而成。可供各學校心理學課程教學之用，或作為一般社會大眾學習心理學之入門讀物。

　　本書在撰寫與編輯上具有下列幾點特色：

(1)教材編選以注重讀者之生活經驗及個別差異，符合多樣化之精神為準則。

(2)本書各章以問題作為導引，使讀者快速進入學習的境界；其文字表達的方式，力求活潑有趣、淺顯易懂、簡單明瞭與貼近生活。

(3)書中提供豐富的圖片與表格，以增進閱讀趣味並加深學習印象。

(4)書中提供「打開心視界」、「名詞解釋」單元，有助於讀者理解並融會貫通，各章末並附有「本章摘要」、「重要名詞」、「自我檢測」與「想想看」單元，協助讀者自我評量，並迅速複習書中要點。

(5)本書提供新近的研究資料，以充實、支持重點的陳述。此外，更援引豐富的研究與實例，跳脫市面上心理學書籍獨重理論而輕應用、援引外國實例而忽略本土實例之缺點。

(6)為使教師充實知能，並發揮本書的教學效能，編輯部特別根據課程內容編寫教師手冊作為教學資源。

　　作者亦於三民書局出版《心理學》與《心理學辭典》，兩者皆可作為本書之參考讀物。希望讀者因閱讀本書而對心理學有更深切的認識，對其功能有更切身的體會。如讀者對本書的內容、結構、編寫方式有任何具體建議，歡迎來函指教。

　　三民書局編輯部的同仁不僅在本書的編輯上提供非常寶貴的建議與協助，也非常投入地編寫教師手冊以利教學的進行，本人在此深致謝意。

溫世頌謹序

西元 2006 年 12 月

心理學導論

contents

▶ 第 **4** 章　不同的意識領域

▶ 第 **5** 章　學習、記憶與遺忘

▶ 第 **6** 章　能力、智力與測驗

contents

▶ 第 *10* 章　行為的社會基礎

▶ 第 *11* 章　社會互動

▶ 第 *12* 章　人格與人格評量

▶第*13*章　心理異常

▶第*14*章　治療與保健

CHAPTER 1

心理學的科學研究

　　歡迎你選擇這充滿挑戰的心理學導論。學習這門課，會使你更清楚地瞭解自己、親人與朋友，更加肯定自己、欣賞自己的作為，也使你在學習上更為順暢、生活上更有意義。科學的心理學也許與你所想像的心理學會有些差異。本章試圖回答下列問題：

◆ 心理學的本質是什麼？為什麼要研究心理學？

◆ 心理學有哪些類別？

◆ 心理學家採取哪些研究法？

◆ 心理學研究會有哪些偏誤？應遵守哪些倫理與道德操守？

◆ 心理學的研究有哪些不同的取向？

◆ 如何學習心理學？

第一節　心理學的特質

不少人談起心理學 (psychology)，從未涉及「行為」這一面，把焦點放在「心裡」(不是心理)的那一面，覺得這是一套內在的、相當主觀、不可捉摸、難以瞭解的學問。因為如此，心理學一詞常被廣泛地誤用，總以為愛用「心機」的人懂得心理學，或把心理學只看作一種揣測人心的「思想遊戲」。例如：有位初次見面的陌生人問我：「過去是做什麼的？」我答以：「在大學教書」，他問：「教什麼？」我答「心理學」。他以奇異的眼光瞪著我說：「我看我要小心點！」我回以一笑。其實，心理學是一門科學，為了使你對它有個正確的認識，本節將介紹心理學的特質。

一、心理學的定義

心理學是研究行為與心理歷程的一門科學。這一簡短但被普遍使用的定義包括三個要素：「行為」、「心理歷程」與「科學」。

1. **行為 (behavior)**：指所有可觀察、可評量的外顯活動與言行，例如：做筆記、坐公車、打籃球、交談、打哈欠。

2. **心理歷程 (mental process)**：是內在的認知活動(如意識、理解、處理資訊、記憶、推理、思考、判斷、解決問題等)，隱含的情緒活動(如感觸、感情、態度、信仰等)與動機(如好奇、興趣、需求等)。事實上，多數外顯行為是內在心智活動的具體表象或結果。例如：我們想不通問題就搥桌子、難過就痛哭、飢餓就取食。

3. **科學 (science)**：是一種歷程、一種態度，強調對事實的觀察與評量，要求客觀、精確、實證、系統與可重覆性。心理學雖然源自哲學，但自馮德 (Wilhelm Wundt, 1832–1920) 於 1879 年在德國萊比錫大學設立首座心理實驗室以來，歷經一百多年的努力，已茁壯地成為一門科學。

二、心理學的門類

心理學的快速發展，有不斷分化或增添的趨勢。在此列述比較常見的心理學門類。

(一)理論心理學（集中研究理論的建立）

1. 實驗心理學 (experimental psychology)：以實驗法證驗或發現行為或心理歷程在變項上的因果法則。它常以動物作研究對象，但嬰兒或學生也常在被研究之列，其研究範圍相當廣泛，例如：學習、記憶、感覺、知覺、認知、動機、情緒等。

2. 生理心理學 (physiological psychology)：研究生理與心理的相互影響關係。例如：神經系統（尤其是大腦）及內分泌腺如何與行為相互影響，藥物如何左右個人的認知、情緒、行為等。

3. 發展心理學 (developmental psychology)：探究遺傳（基因）與環境對個體生長與發展的互動影響，觀察不同時期身體的生長與認知、語言、情緒、社會各方面的發展歷程。

4. 人格心理學 (personality psychology)：研究個人與他人所不同的、相當持久性的行為特徵或組型，包括人格的形成與結構及其發展、影響人格發展的遺傳與環境因素、人格的評量、人格理論的建立等。

5. 社會心理學 (social psychology)：研究在社會情境下的個人心理歷程與行為，例如：態度、社會認知、人際關係、社會影響、領導、利他行為、群眾行為等。

6. 認知心理學 (cognitive psychology)：研究內在的「心理歷程」。目前它所涉及的題材包括注意、認知、心像、訊息處理、記憶、解決問題、推理、語言、智力等。近年來，由於電腦的模擬能力與對大腦生理活動的精確掃描、記錄與分析，我們對認知有更深入地瞭解。

7. 跨文化心理學 (cross-cultural psychology)：研究不同人類社會文化中的心理特質與行為的共通性與差異性。例如：研究臺灣各族原住民在人格、生

活、習俗、宗教等方面與當地華人之間的差異，與相互適應問題。

(二)應用心理學（集中研究實質問題的解決）

1. 教育與學校心理學 (educational and school psychology)：前者研究如何提供最理想的教學環境與教學計畫，以獲得最佳的學習結果；後者試圖協助在學習與學校適應上有困難的學生。

2. 臨床與諮商心理學 (clinical and counseling psychology)：前者研究如何提供心理異常者最適當的診斷與最有效的治療，其診療包括恐懼、焦慮、抑鬱、厭食、性無能、精神分裂等；後者研究如何對有輕微的適應困難者予以必要的諮商與指導，例如：青少年問題、升學與就業問題、婚姻問題、社交與人際問題等。

3. 工業與組織心理學 (industrial and organizational psychology)：關切如何改善工作環境、增進工作效率、提高產品質量等，亦包括人事招選、訓練、派任、升遷、雇主與雇員之間的衝突與排解、職工的工作與生活滿意度、產品廣告、推銷與買賣等。

4. 其他心理學門類：包括社區心理學 (community psychology)、法庭心理學 (forensic psychology)、健康心理學 (health psychology)、復健心理學 (rehabilitation psychology)、婦女心理學 (women psychology)、運動心理學 (sport psychology)、人因因素 (human factor)、環境心理學 (environmental psychology)、正向心理學 (positive psychology) 等。

　　雖然心理學門類眾多，並不截然各自獨立。有些心理學家基於興趣或工作的需求，可能跨越不同領域。例如：有位心理學家正在研究如何提升雇主與雇員之間的人際關係，因而至少涉及組織心理學與社會心理學兩方面的研究。

心理學者的生涯

　　具有心理學士學位者，由於已經具備心理學的基本知識，因此可以協助進行文教、保健、諮商、社會服務、銷售、人事管理等工作。具有心理學碩士或博士學位者，其工作則更為專精，就業機會也因而更加廣闊。在美國，心理學者約 34% 在大學等學術機構從事教學、研究等服務工作；約 24% 在醫院或診所從事諮商、心理診療、保健等工作；約 22% 開私人診所或自行執業；約 12% 在工商界從事於有關工業及組織心理學方面的業務；約 4% 在公私立中小學裡擔任教育或學校心理學家；其餘 4% 則在不同領域中貢獻巳力。由此看來，心理學在一個工商業發達與人民重視心理健康的社會裡蓬勃地發展，心理學人員所面臨的挑戰與其對社會的可能貢獻也因而大大地提高。

第二節　心理學研究的目的與方法

一、心理學研究的目的

　　心理學家與其他科學家一樣，對人類自己的行為與心理歷程不斷地進行研究，其目的不外乎是在敘述、解釋、預測、控制行為與心理歷程。

(一)敘　述

　　正確地陳述一行為或心理歷程對研究心理學異常重要。心理學希望對代表行為與心理歷程的辭彙予以正確的敘述，以避免在溝通上或診斷上產生誤差或誤會。假如我說某人有「神經病」，便有失於「模糊」或「不正確」，他

人不知道我所指的是什麼。

(二)解　釋

　　合理地解釋行為與心理歷程是研究心理學的核心。「為什麼狗會聞鈴聲而生唾液反應？」是俄國生理學家巴夫洛夫 (Ivan Pavlov, 1849–1936) 盡心研究以求解釋的。「為什麼美國兒童的數學平均成就低於亞洲兒童？」、「為什麼人會作夢？」、「為什麼有人愛吸毒？」、「人人欽羨的某對恩愛夫妻，為何突然訴求離婚？」等是心理研究所欲解釋的幾個例子。也許你要問：事實擺在眼前，就是如此這般，為什麼還要費神解釋呢？

　　科學研究試圖為宇宙裡的萬象尋找其恆常的因果關係。知道因果關係，我們便可以從控制「因」而規範其「果」。假如我們發現，美國兒童的低數學成就是由於缺乏應有的「純熟練習」，則增加練習時間與次數可以提高數學成就。

(三)預　測

　　兩事物間若有因果或相關關係，則可以彼此相互推測。例如：學力性向測驗的結果與在校的學習成就之間有相當程度的相關，就可以使用測驗結果預測部分在校成績。

(四)控　制

　　心理學要根據已知的原理原則去改變行為與心理歷程，以維持理想的行為、改善不合理的行為，或事先預防不良行為的發生。例如：如何增加自我信心、如何改善學習以增強記憶、如何減少焦慮、如何面對心理壓力、如何與人相處等，是許多心理學者欲提供方策以便解決的。

　　雖然我們將研究心理的目的分成敘述、解釋、預測、控制四方面，這並不意味每一個研究心理學的人都要完成上述四個目的：有的偏重敘述，有的善於分析與解釋，有的喜歡從事預測，有的專門進行控制工作。大體言之，前二者偏重心理學理論的發現、建立或修正，後二者偏重心理學的實際應用與問題解決。

二、心理學的研究方法

(一)科學方法的特點

　　科學家們最可貴之處是他們所持的科學態度。科學態度的核心是「合理的懷疑」，因此科學家們事事要求精確、實證、客觀、系統、可重覆性。科學的心理學家不馬虎、不籠統，把被研究的人、事、物予以量化，以精確的數值代表屬性的有無或多少。他們講證據、舉資料，讓擺在眼前的事實去解除疑惑，用確鑿的證據去證驗理論，避免受到自我主觀因素的左右。科學家特別重視知識的系統性，不僅在求知上步驟嚴謹，並且要求個別知識在整個知識系統中有明確的意義與功能。最後，他們不把僅僅一次獲得證驗的知識毫無保留地予以接受，因為只有一再地被重覆證驗的

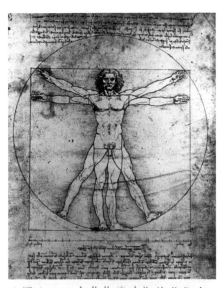

▲圖 1-1　文藝復興時期的藝術家、科學家、發明家——達文西 (Leonardo da Vinci, 1452-1519)，曾進行解剖學與人體器官的研究，他更以科學的態度與方法研究人體的形態、結構與比例，繪製出著名的「維特魯威人」(Vitruvius)。

知識才算堅實可靠，才能被肯定。

(二)科學研究的一般程序

　　從事科學研究的人從早到晚，或在閱讀既存的相關報告以便建立可證驗的理論，或進行實驗、觀察以蒐集資料，或做必要的統計分析，或解釋研究結果，或撰寫研究報告。

1.建立理論或假設

　　宇宙萬象雖然複雜多變，其背後卻有相當簡明而恆常的「道」與「理」在主導。科學家試圖自萬象中找出可以證驗的真理來。理論或假設的形成有許多不同的來源：常識、經驗、直覺或知識。一般而言，科學家在形成其理論或假設時，以既存知識為主，以常識、經驗或直覺為輔，並朝向尋求超越

現有知識的可能性而努力。

2.蒐集與分析資料

蒐集與分析資料是證驗假設（或理論）的主要工作，它是完全根據有待證驗的假設而為，這與使用手上已有的一些資料去套上某一理論不同。因此，資料的蒐集從抽樣、實驗、觀察、評量、整理到統計分析，都遵循一定的原則與步驟進行。蒐集資料應該真實、客觀，分析資料必須精確、合適，其結果才能為有待證驗的假設「說真話」。

3.證驗假設

資料分析的結果必須對有待證驗的假設做一個明確的選擇：支持或拒絕。假設一旦受到資料的支持，它便暫時成為可被接受的理論。用「暫時」一詞，旨在強調理論的成立必須經過重覆地證驗。若假設被資料所拒絕，則暫且指明支持該假設的事實微弱或不存在，假設便有被揚棄或修正的必要。從科學觀點來看，一假設被資料所拒絕，並不意味該研究的失敗；它可能暗示假設有瑕疵，或資料蒐集欠當。

(三)心理學的研究法

研究行為與心理歷程所常採用的方法有：個案研究法、觀察法、調查法、相關法、實驗法等。每個方法雖然都遵循科學研究應有的程序，其採用與否要由研究的目的來決定。

1.個案研究法 (case study)

對一個人或少數幾個人的行為或心理歷程做深入的研究，稱為個案研究法。個案研究的結果，對被研究的個人行為或心理歷程可以做相當完整的敘述。然而，由於個別差異的存在，由個案研究所獲得的知識只能做有限的類推。許多心理學家常藉個案研究所獲得的啟示，作為進一步研究一般心理現象的出發點。例如：佛洛伊德 (Sigmund Freud, 1856–1939) 從研究少數精神病患者而創立其心理性慾人格論（見其著作《性學三論》）；皮亞傑 (Jean Piaget, 1896–1980) 從研究其子女的思考發展的變化而建立其認知發展論。

2. 觀察法 (observational method)

對欲研究的行為或心理屬性予以系統地觀察與記錄，稱為觀察法。「觀察」與「看看」不同，前者有清楚的目的、有受過訓練的觀察與記錄技巧、有明確的觀察對象，與有系統的觀察程序及時間。一般人對行為的萬象看得不少，但對特定行為做系統觀察的就不多了。觀察可以在「控制的」或「自然的」不同情境中進行。

例如：在特別控制的動物園裡研究猩猩的育嬰行為，可以系統地觀察與記錄其特定的育嬰行為；若在野外樹叢裡進行，則可將所有天然環境及該環境中的猩猩育嬰行為予以觀察並記錄下來。控制的觀察可以使被觀察的行為易於出現，但控制情境下出現的行為往往不夠自然，甚至做作。反之，自然觀察可以獲得珍貴的自然行為資料，只是等待自發行為的出現經常費時費事。

3. 調查法 (survey method)

要求特定的研究對象報告其行為或意見，稱為調查法，或稱為抽樣 (sampling)。調查研究時，若選擇足以代表母群 (population) 的樣本 (sample) 作對象，使用設計良好的問卷，獲得高問卷回收率，採用適當的統計分析，則可以得到相當有用的資料。例如：蓋洛普調查 (Gallup poll) 對政治或社會意見的調查，是典型的大規模調查。然而使用調查法時，應該注意調查對象的報告真誠度、問卷文字本身的可能誤導程度與樣本對母群的代表性。（註：所謂母群是指一研究對象的總體，樣本是指被抽取以代表母群的對象。）

4. 相關法 (correlational method)

以統計方法研究一變項與另一變項之間的相互消長或連帶關係，稱為相關法。與實驗法不同，使用實驗法時，研究者也許會有意地改變一個變項，然後觀察此種改變對其他變項造成何種影響；而相關法則是在變項原來的狀態下進行研究，目的在瞭解各變項之間是否有相關存在。例如：我們可以研究學生的國文成績與英文程度的相關、研究職工的生活滿意度與其工作表現的相關。相關有正負之分與程度之別，若個人在兩變項上同具高分或同具低分，則兩變項有正相關；反之，若個人在一變項上具高分，卻在另一變項上具低分，則兩變項有負相關。

相關的程度從 –1.0 到 1.0 不等，由 0 代表完全無相關，1.0 或 –1.0 代表完全相關。請注意，別把兩變項之間的「相關關係」當作「因果關係」。例如：自信心與學科成績有顯著的正相關，但我們不能因而推論為「自信心影響學科成績」，因為學科成績好也能提高自信心。

5. 實驗法 (experimental method)

以實驗方式系統地探索變項間的因果關係，稱為實驗法。完整的實驗研究包括下列 8 個步驟：⑴確定研究問題，⑵陳述研究假設，⑶設計實驗進程，⑷確定研究對象，⑸選擇研究工具，⑹進行實驗觀察，⑺整理分析資料，⑻撰寫研究報告。實驗的設計與進行，假定依變項值（果）的改變是由自變項值（因）的改變所引起的。因此，實驗乃是系統地「操縱」自變項 (independent variable)，以觀察它對依變項 (dependent variable) 所施的影響。於此同時，乃將無關因素予以「控制」，以突顯操縱變項的效果。可見，操縱與控制是實驗法的兩大任務。

為了與「實驗組」比較，實驗法另設「控制組」，將所有取樣所得的個體隨機分派成實驗組與控制組。實驗組個體接受自變項的操縱，控制組個體則接受無關但類似自變項的操縱（又稱「安慰劑」(placebo) 或「充數作業」），實驗後兩組在依變項上的比較便成為估計實驗結果的依據。例如：探討某一教學方法（自變項）對學生學習成就測驗（依變項）時，必須控制實驗組與控制組的師資條件一致、學生起點能力趨於一致，而師資跟學生起點能力就是可能會影響結果的其他變項。

實驗進行時，應避免「實驗者偏誤」(experimenter bias) 影響實驗效度，也應減少參與實驗者對實驗的無關反應（如感到特別興奮或不快）。為了同時避免實驗者與實驗參與者雙方的不當影響，實驗研究可以採用使雙方都不知研究目的之雙盲法 (double-blind method)。

6. 線上心理學實驗室 (online psychology lab)

在美國有許多名校大學為心理學設立線上實驗室，鼓勵一般社會人士在家參與大學的心理研究，例如：參與工作或回答問卷。此法的優點在於：在取樣上有較大的幅度、費用低、使研究結果更具有代表性。但是線上取樣無

法識別樣本與取材的真實性，這就牽涉到道德的考量。

第三節　心理學研究的偏誤與道德爭議

一、心理學研究的偏誤

　　任何研究應力求真實，以確保其結果的信度 (reliability) 與效度 (validity)。常見的偏誤有：抽樣偏誤、實驗者期待效應、反應偏誤。

> ◎ 名詞解釋：信度、效度
> 信度是研究結果的一致性。信度愈高，研究愈可靠。效度是指研究能夠真正測試所欲測試的程度。換言之，效度是研究目的達成的程度。

(一)抽樣偏誤

　　抽樣偏誤 (sampling bias) 是指為研究而抽取的樣本不足以代表該樣本的母群，使研究結果的推論產生困難。例如：若欲調查臺灣國中二年級學生的升學意願，乃從某市區的某國中抽取 500 名二年級學生作樣本，但其平均家庭收入顯著地較其他地區高，便不能代表所有國中二年級的學生，其調查結果只能代表該 500 名學生，不得代表其母群。

(二)實驗者偏誤

　　所謂實驗者偏誤 (experimenter bias)，是指實驗者對實驗參與者（或受試者）的期待所產生的影響。期待是對人、事、物未來結果的預期想像。實驗者期待自己所提的假設獲得資料的支持是可理解的，正因為如此，「期待」本身常於有形或無形中「不當地」影響實驗參與者的行為（如以點頭或微笑示意），左右實驗歷程或結果。

(三)反應偏誤

　　反應偏誤 (response bias) 是個體在參與實驗時，不理情境的要求，往往做出相當刻板的個人反應型態。例如：對問題不瞭解時，做負面反應（如以「非、

否」回答）；面對先後兩個刺激時，偏愛選擇後呈現的。

二、心理學研究的道德考量

心理學研究的最終目的是為人類謀福利。不幸的是，過去有許多被研究的對象（尤其是動物），卻受到很大的犧牲，甚至受到殘酷的對待。例如：對個體施以「電擊」，以觀察個體對「痛」的身心容忍反應。有鑑於此，美國心理學會自 1953 年起發表並且數度修訂《心理學家倫理準則》，以規範心理研究人員與心理執業人員的專業活動。以下是它們的主要內容：

(一)免於傷害

雖然多數研究對個體沒有絲毫的傷害，但有不少研究可能影響個人的身體、心智、情緒、人格、社交等。例如：研究學生的大量家庭作業對心智灼傷的影響，然而大量家庭作業可能造成研究對象短期或長期的勞累、困乏、心理壓力、焦慮、挫折等傷害。因此，設計研究的首要工作是使個體免於傷害或將它減到最低程度。

(二)隱　私

隱私是個人應有的權利。心理研究若涉及不願他人知曉的個人祕密，則應尊重個人的隱私權。若因研究或調查之用，可能問及個人的生日、種族、籍貫、性取向、宗教信仰、政治意識，以及家庭的背景資料等，研究人員可以允許個人迴避參與，或向個人保證守密。

▲圖 1–2　心理學家史金納 (B. F. Skinner, 1904–1990) 曾將自己的女兒 Derby 放入設計完美的史金納箱 (Skinner box)，此箱依據部分增強理論而寫成的程式進行運作，以訓練 Derby 的行為表現。

(三)簽署同意書

心理學研究界有個戲言：最常參與研究的是白鼠、學生、囚犯。白鼠的權

益與安全要靠研究者保護；學生與囚犯則於被告知研究的目的與可能的傷害後，決定是否參與研究。因此，所有心理研究都要求個人於正式參與研究之前，在瞭解參與研究的可能後果後，決定簽署同意書或婉拒參加。同意書的內容應包括：研究的目的、參與者的活動、權利與義務、研究時可能受到的傷害、參與可能受到的補償與決定退出的程序等。參與研究之際，若感到事違初願，仍得中途退出。

(四)隱瞞研究目的

把真正的研究目的予以隱匿，通稱隱瞞 (deception)。此種做法旨在防止實驗參與者因知曉研究目的而做出不適宜的反應，例如：馬虎應付、蓄意作假或故意投合研究者的意願。例如，將調查高中生的「男女間私交情形」陳述為瞭解高中生的「社會行為」。隱瞞是為維護研究效度的權宜措施，若能以簽署同意書的方式鼓勵自願參加，則隱瞞的需求可以大大地減少。

(五)事後簡報

研究完成並有了結果之後，應將研究的原意及結果對參與者做簡扼的報告。一研究既已求得受試者的合作，又從受試者獲得寶貴的資料，事後簡報可說是一種負責的互惠行為，也可避免將研究看成剝削行為。

第四節　心理學發展的回顧與研究取向

一、心理學發展的回顧

心理學原是哲學的一支，偏重對心靈與意識的主觀研究，長期周旋於一個爭論：到底法國笛卡兒 (René Descartes, 1596–1650) 的「理性論」(rationalism) 與英國洛克 (John Locke, 1632–1704) 的「經驗論」(empiricism) 孰是孰非。直到 1879 年，馮德於德國萊比錫大學創建首座心理實驗室，心理學

才踏進科學的領域裡，因而有快速地進展。百餘年來，科學心理學能夠不斷地茁壯發展，受歷史上多位心理學家的努力、主張及其反響的重大影響。

> ◎ 名詞解釋：理性論、經驗論
> 理性論與經驗論關注人類知識的來源問題。理性論主張知識的來源是先天的，透過理性推論便可獲得，不需要訴諸感覺與知覺經驗；經驗論則主張知識是基於經驗的累積，而非透過先天的直覺而來。

(一)結構論的創立

馮德是結構論的大師，認為人的意識包括感覺、意象、感情三部分，主張以自我內省法分析意識結構。其弟子鐵欽納 (E. B. Titchener, 1867–1927) 將馮德的結構論介紹至美國，並繼續進行研究、分析意識的構成元素。

(二)功能論的反響

當結構論開始盛行之際，美國哈佛大學的詹姆斯 (William James, 1842–1910) 於 1890 年出版卷帙浩繁的《心理學原理》一書，以提倡他的功能心理學。他主張研究持續的意識流在適應環境中的功能，堅決反對將意識分析成不同的個別元素。此外，受到達爾文 (Charles Darwin, 1809–1882)「物競天擇」的演化論的啟示，功能論將意識看作力求「適者生存」的心理「工具」。

(三)行為論的興盛

不論是結構論或功能論，兩派心理學的研究仍然捧著不易捉摸的意識。有鑑於此，研究動物的美國心理學家華森 (John B. Watson, 1878–1958) 於 1913 年開創只研究可觀察與可測量「行為」的新學派，強烈反對主觀的內省法與無法被客觀觀察的心靈或意識，使心理學從意識的科學躍進到「行為的科學」，研

▲圖 1–3　德國生理與心理學家馮德，於 1879 年在德國萊比錫大學建立第一個心理學實驗室。

究「刺激與反應的關聯」。後來，史金納 (B. F. Skinner, 1904–1990) 更以「行為的實驗分析」為研究主軸，強調「增強」對行為學習的重要性，主張心理學家的主要任務是提供行為塑造與修正的最佳條件。

㈣完形心理學 (Gestalt psychology) 的警惕

結構論與行為論的心理學觀，與完形學派是相衝突的。以魏泰默 (Max Wertheimer, 1880–1943) 為首的完形學派認為，意識不是它的構成因素的總和，整體行為也不是個別行為的聯結。人的知覺是有組織的，其整體大

▲圖 1–4　美國心理學家詹姆斯在美國創設心理實驗室，因其對美國心理學之貢獻，故被尊稱為美國心理學之父。

於部分的總和；人的行為是內外貫通的，只瞭解外顯行為是不完整的。因此，學習不是盲目的嘗試與錯誤 (trial and error)，而是意義的發現與領悟。換言之，整個情境或「場」(field) 賦予個別知覺或行為意義，「斷章」便不能「取義」。

㈤心理分析論 (psychoanalytic theory) 的震撼

行為論不僅受到完形心理學者的圍攻，也遭到以奧國精神醫生佛洛伊德 (Sigmund Freud, 1856–1939) 為主的心理分析論的挑戰。佛洛伊德根據自己對精神病患者的診療經驗與分析，認為影響個人行為的最主要動力是來自潛意識。研究個人行為必須使用自由聯想 (free association) 或夢的分析 (dream analysis)，以找出早期壓抑在潛意識裡的真正動因。雖然心理分析論的觀點仍待進一步的科學證驗，但它確認潛意識的存在與其在人格發展中的角色，在心理學上是劃時代的創見。

(六)人本論的啟示

行為論的「環境決定觀」與心理分析論的「病理觀」在美國心理學家羅哲斯 (Carl Rogers, 1902–1987) 與馬斯洛 (Abraham Maslow, 1908–1970) 看來是對「人」的價值的貶抑。他們認為，心理學的研究必須「以人為本」。欲瞭解人的行為，必須從個人的主觀知覺經驗、需求、自我觀念、自我實現潛能等著手。人本論的興起，令許多心理學家從研究「人」去瞭解人，不再輕易地從動物去看人了。

(七)認知論的崛起

人本論強調主觀知覺與自我實現，但其研究所得難以滿足嚴格的、科學實證的要求。基於此，重視認知的學者乃從不同的角度分別研究個體的「內在」心智活動，如以電腦模擬行為歷程，透視或掃描正在執行特定思考活動的大腦，觀察幼兒或猩猩的概念學習。認知論使認知成為可以觀察與實證的研究對象，對大腦的生理與心理功能關係有更深地瞭解。近年來，行為論與認知論的合作，已在理解行為及心理治療方面邁進一大步。

(八)演化心理學的新興

近年來，功能論與演化論巧妙地配合成一嶄新的演化心理學，以解釋人類與動物的普遍行為。這一派心理學認為，凡有助於天擇（指優勝劣敗）的功能性屬性或特質（如講究認知策略），會世代相傳。例如：世上男子都設法喜愛健而美的女子以便代代繁衍，女子都百般追求富足的男子以便供養子女。所謂的高攀，不也是為了生存嗎？

(九)正向心理學的嚮往

近年來有些心理學家發現，追求幸福是人類的終極目標，同時發現具備正向心理的個人比較無懼、快樂、坦然、幸福。他們試著從那些快樂的人群中找出促成正向心理的內外在因素。

二、心理學的研究取向

　　由於心理學家對影響心理與行為的決定因素持不同的觀點，研究行為或心理歷程時就有不同的取向。大體言之，研究行為或心理歷程有下列幾個取向：

㈠行為觀點 (behavioral approach)

　　行為觀點專注於可觀察行為的研究，研究行為是如何習得的，如何安排最有效的學習情境，與如何改變行為。此一觀點將行為看作「反應」，將引起反應的環境因素或安排看作「刺激」。

㈡心理分析觀點 (psychoanalytic approach)

　　心理分析觀點對「與生俱來的本能」有深入探索的興趣。此一觀點認為「潛意識衝突」與「早期兒童的發展經驗」可以充分解釋後來的個人的行為及其異常現象。自我 (ego) 的各種行為不外是調解代表慾望的本我 (id) 與代表道德的超我 (superego) 之間彼此衝突的結果。

㈢人本觀點 (humanistic approach)

　　人本觀點認為人生而具有「自我實現」的需求，追求「自我決定」的自由，與保持「積極向善」的取向。由此觀點出發，心理學便應揚棄環境控制行為的行為觀點，並專心研究個人的「自我需求」、「主觀經驗」、「自我瞭解」與「自我實現」。

㈣認知觀點 (cognitive approach)

　　認知觀點特別重視認知歷程對個人適應環境的作用，研究選擇性注意、概念的形成、知覺經驗、資訊處理、思考、創新、解決問題等。此觀點認為個人對外界的認知是主動的，是根據既有認知系統而進行的，也是富含意義的。

17

㈤生物觀點 (biological approach)

　　生物觀點偏重生理學在心理學中所擔負的基本角色。此觀點強調遺傳的影響，關注神經系統（尤其是大腦）與內分泌的功能，並探討情緒與動機（如飢、渴、性慾等）的生理基礎。近年來的研究不僅發現心理異常與遺傳的關聯，也證實藥物對行為的影響，使心理學家顯得特別振奮與活躍，畢竟沒有身體便沒有心理可言。

㈥社會與文化觀點 (socio-cultural approach)

　　社會與文化觀點將個人的行為與心理歷程看作社會文化的產物。社會文化不僅塑造其成員的基本行為特性（如東方社會重家庭和諧與西方社會重個人價值），社會文化也為個人行為賦予意義（如謙虛在東方是美德，在西方則被視為缺乏自信）。由於近年來世界經濟與文化的交流快速增加，個人如何適應社會文化的變遷，與不同社會文化間如何化解衝突，已成為許多心理學家研究的課題。

㈦折衷觀點 (eclectic approach)

　　近年來，許多心理學者，尤其是持有執照的心理治療師，試圖綜合或統整不同的心理學觀點，以便對所研究的或欲診療的行為做最適當的解釋與處理，避免單一觀點產生偏頗。

　　希望你念完本書時，可開始對自己的心理學觀點有更清楚地認識。

第五節　如何學習心理學

　　本書希望使讀者對心理學有更佳的瞭解，從而把心理學當作認識自己與瞭解別人的重要依據。要學好心理學，下列幾個建議可供參考。

一、理解與熟悉文義

學習心理學必須理解整段、整節、整章的文義。讀書時：先知大綱，後講細節；先發問題，後求答案；先看作者如何表述，後求自己如何達意；先理解其義，後熟記內容。若能如此反覆學習，必有功效。

二、使心理學與自己的人生相關聯

與自己息息相關的事物最令人印象深刻。一個正在熱戀的男子不會輕易忘記女友的電話號碼，卻有可能老是記不起媽媽交代的要事。同理，如果你想記住你所學的心理學，請你將它看作你人生需求的一部分。如果你對本章的心理學緒論有初步的瞭解與興趣，想更進一步瞭解自己與他人的心理與行為，以便擁有更美好的自我生活與更理想的人際關係，那就請你繼續研讀以後的章節。

三、具有批判的思考與勤於證驗的習慣

學習心理學必須具備批判與存疑的科學態度，尤應避免盲從。例如：對於媒體或報章雜誌中有關心理學的資訊或報導，應採取存疑與求證的態度，而非照單全收，以訛傳訛。此外，心理學的原理原則是普遍性的，不是特殊的或個別的；一些人將心理學的原理原則刻板地應用於個別事實，視其為對症下藥的「萬靈丹」，這並非正確的學習心態。

本章摘要

1. 心理學是研究行為與心理歷程的一門科學。其研究目的可概分為敘述、解釋、預測、控制四方面。

2. 科學家們最可貴之處是他們所持的科學態度。科學研究的一般程序是：建立可資證驗的理論或假設，蒐集與分析客觀評量所得的資料，並合理地證驗假設。

3. 心理學所常採用的研究法有：個案研究法、觀察法、調查法、相關法與實驗法等。

4. 心理學的研究應遵循其專業的倫理與道德規範，包括：避免或減少對個體造成可能的身心傷害；尊重參與者的隱私權或提供適當的保密措施；徵求受試者的同意；適當地處理必要的隱瞞；並於研究結束後向受試者提供簡報，以昭公信。

5. 科學的心理學經歷結構論的創立、功能論的反響、行為論的興起、完形心理學的警惕、心理分析論的震撼、人本論的啟示、認知論的崛起等不同觀點的影響，已由進步、壯大，進而統整。

6. 學習心理學的有效策略是：理解與熟悉文義，使心理學與自己的人生相關聯，並具有批判的思考與勤於證驗的習慣。

重點名詞

behavior　行為

mental process　心理歷程

science　科學

reliability　信度

validity　效度

sample　樣本

sampling　抽樣

population　母群

case study　個案研究法

observational method　觀察法

survey method　調查法

correlational method　相關法

experimental method　實驗法

independent variable　自變項

dependent variable　依變項

scientific method　科學方法

experimenter bias　實驗者偏誤　　　　　ego　自我

placebo　安慰劑　　　　　　　　　　　id　本我

double-blind method　雙盲法　　　　　superego　超我

response bias　反應偏誤　　　　　　　humanistic approach　人本觀點

sampling bias　抽樣偏誤　　　　　　　cognitive approach　認知觀點

Gestalt psychology　完形心理學　　　　biological approach　生物觀點

psychoanalytic theory　心理分析論　　　eclectic approach　折衷觀點

free association　自由聯想

online psychology lab　線上心理學實驗室

socio-cultural approach　社會與文化觀點

◆ 自我檢測 ◆

是非題

(　　) 1.心理學是一門研究外在行為與內在心理歷程的科學。

(　　) 2.如果自信心與人際關係兩者具有相關關係，這表示高度的自信心
導致良好的人際關係。

(　　) 3.威廉詹姆斯在美國創設心理實驗室，因其對心理學的貢獻而被尊
稱為美國心理學之父。

(　　) 4.所有心理學研究都允許個人擁有簽署研究同意書或婉拒參加研究
的權利。

(　　) 5.科學研究的一般程序，包括：建立理論或假設、蒐集與分析資料、
證驗假設。

選擇題

(　　) 6.下列各心理學門類中，何者為研究在社會情境下的個人心理歷程
與行為？　(A)認知心理學　(B)人格心理學　(C)社會心理學　(D)發
展心理學

(　　) 7.當實驗者的自我期待影響到實驗參與者的行為及實驗結果，我們
將此稱為　(A)霍桑效應　(B)抽樣偏誤　(C)期待價值效應　(D)實驗

者偏誤

( ) 8.研究者在控制的情境下，有系統地操縱自變項，以觀察它對依變項的影響，此種研究方法為　(A)相關法　(B)觀察法　(C)調查法　(D)實驗法

( ) 9.下列何者為「非」？　(A)史金納重視人類認知的「黑盒子」，是認知學派的代表人物　(B)完形學派認為人的知覺，整體大於部分的總和　(C)佛洛伊德認為個人行為的主要動力來自於潛意識　(D)馮德是結構論的大師，主張以自我內省法分析意識結構

( ) 10.針對心理學研究的倫理爭議，美國心理學會採用下列何種信條？　(A)以白鼠所做的動物實驗不在倫理討論的範圍內　(B)參與者的反應需加以保密　(C)受試者必須瞭解，若有不適亦不可妨礙研究之進行　(D)受試者簽署研究同意書後即有參與研究到底的義務。

◆ 想想看 ◆

1.與面相學、手相學、星相學相比較，心理學的優點在哪裡？

2.如果你要研究減肥的成敗因素，應該採用什麼研究法？為什麼？

3.你認為誰應該多瞭解心理學？父母、老師或自己？為什麼？

4.你認為哪一個心理學的研究取向最能代表你的研究興趣？為什麼？

生長與發展

　　人生的旅途，由產前期經嬰兒期、兒童期、青春期、成年期至老年期，是一部隨著歲月與經驗增加而變化的身心發展史，它包括生理、心理、認知、人格、社會等多方面的變化。在變化歷程中，個體發展的基本程序及其特徵已由來自父母的遺傳基因所決定，但其實質上的變化則無時無刻不受環境因素的影響；同時，身心發展有的是持續性的量的變化，也有階段性的質的改變；它不僅展現人類所特有的共同稟賦，也展現出人際間與文化間的差異特質。本章將涵蓋整個人生的生長與發展歷程，並試圖回答下列幾個重要問題：

◆ 何謂個體的發展？

◆ 影響發展的主要因素是什麼？

◆ 個體的身體、認知、道德、社會、人格的主要發
　展歷程是什麼？

<h1 style="text-align:center">第一節　發展的意義</h1>

一、發展的意義

發展 (development) 是指個體自生命開始至死亡之間的序列性身心改變與成熟 (maturation) 的歷程。個體在遺傳與環境的互動中發展，隨年歲的增加，其歷程可以概分為產前期、兒童期、青春期與成年期等四大階段。

二、發展的特徵

個體的身心發展是非常複雜的歷程，但身體與行為（如認知、人格、社會）的改變有下列幾項清楚可辨的特徵。

㈠由頭部至尾端發展 (cephalocaudal development)

個體的發展是頭部（大腦）在先，軀體在後。新生嬰兒頭部的長度占全身身長的 1/4；至 25 歲時，頭顱的長度只占全身身長的 1/8。

㈡由軀幹至四肢發展 (proximodistal development)

個體的發展是軀體（主幹）在先，四肢在後。也就是胸腹腔與器官的發展在先，手與腳的發展在後；先有身體主幹的隨意活動，逐漸擴及四肢的控制與動作。

㈢由整體至特殊發展 (mass-specific development)

個體的發展是整體功能的表達在先，特殊能力的出現在後。不僅身體的發展是如此，情緒的發展亦是如此。例如：嬰兒的最初情緒是激動與平靜互現，後來逐漸發展出喜、怒、哀、樂等不同表情。

第二節　生長與發展的影響因素

在發展歷程中，遺傳 (heredity) 與環境 (environment) 成為不斷地影響生長與發展的兩大因素。對個體而言，帶著 23 個染色體的精子一旦進入帶有 23 個染色體的卵子時，瞬即形成一個受精卵，並快速地分裂而成胚胎。這 23 對新配對的染色體裡的基因 (genes)，決定了個體生長與發展的遺傳基礎。然而，細胞分裂的程序及其協作，也受到來自母體的營養供應及其生長的生化與物理環境的影響。

一、遺傳的作用

遺傳是生長與發展的具體藍圖。體內各細胞染色體裡的基因，如同建築的藍圖，已經決定個人身心屬性的基本發展特徵。個人的性別、身高、體重、身材、髮色、五官、智力、情緒反應、社交取向、壽命長短等都由基因奠定了基礎。

然而基因有顯性 (dominance) 與隱性 (recessive) 之別，若一對基因是一顯一隱，則顯性基因控制表象；當一對基因都是隱性時，才有隱性的表象。例如：高個體基因是顯性，矮個體基因是隱性。有的基因不是以顯性或隱性取決的，而是靠一對基因屬性的平均值來決定的。例如：兒女的膚色便是由父母膚色分配決定的，因此黑白種混血所生的子女，其膚色既非黑也非白，而是介於黑與白之間。另外，近年來研究中亦發現，基因與癌症、糖尿病、心臟病、肥胖、抑鬱、老年失憶症等病症有關。

二、環境的作用

記得筆者的兒子年幼時愛鳥，便買了一對健康活潑的鸚鵡飼養。那對鸚鵡在寵物店裡，健康活潑又「健談」，一到我們家卻不適應，只養了兩個星期，受不了屋裡冷氣的日夜吹襲，便開始生病，雖然全力醫療，仍不幸相繼死亡。

一個生物的成長需要良好的環境，環境對個體發展的重要性實在不容小覷。

人體在產前期是在母體裡受到適當的保護，但是孕婦的身心健康情形、營養平衡狀態、疾病病毒（如德國麻疹、梅毒、愛滋病、其他傳染病毒）、藥物的吸食（如尼古丁、酒精、迷幻藥、古柯鹼、安眠藥、鎮靜劑或其他藥劑），以及來自空氣中、飲水中或食物中所含的物理或化學物質的滲透（如鉛、汞、農藥、除草劑、抗生素）等，都可能對胎兒及其後來有深遠的影響。我們稱那些有害胎兒生長的毒物為畸胎原 (teratogen)。

嬰兒出生後，在心理與社會的適應上，開始以「學習」獲取適應環境的知能，影響個體行為發展的因素不單只有遺傳，環境因素更顯其重要。根據有關領養的研究，環境的變遷影響智商的增減，環境與文化也深切地影響個人的情緒表達、自我觀念、人際關係、成就等。

三、遺傳與環境的互動關係

一顆黃豆擺在乾淨的桌面上是不會長芽的。同理，具有雀斑基因的人，若不見陽光，雀斑是不會呈現的。可見，遺傳與環境是互動的，這是億萬年演化結果的最終程式，也是我們在解釋身心發展現象所依據的最佳原則。

對個體發展而言，遺傳與環境的互動關係產生經驗的累積。以一對同卵雙生的雙胞胎為例，即使基因完全相同，但環境中父母對孩子們產生不同的期待、孩子們對父母的看法、家庭生活狀況的起伏與改變等，都產生兩者不同的成長經驗。今日的心理學家，也大多將個體的身心發展看作是遺傳與環境兩因素之間的互動而成的結果。

第三節　人類各階段的發展歷程

一、人類各階段的發展概況

㈠產前期

1.胚芽期（0 至 2 週）

　　卵子受精後，精子與卵子裡各有 23 個染色體開始彼此配對，此過程約需 24 小時。之後受精卵開始分裂，並經由輸卵管進入子宮，將發展出來的胎盤植於子宮壁上，以便自母體吸取養分並排除廢物，這個歷程需時約一個星期。只有約 1/4 的受精卵能克服萬般的困境（如基因缺陷、營養不良、疾病、毒物等）而成功地誕生，生命的可貴即在於此。

2.胚胎期（3 至 8 週）

　　個體自 3 至 8 週的胚胎期內，逐漸發展出身體的主要肢體與器官。由於胚胎期發展所需的養分完全依賴母體，因此任何可能傷害胚胎的畸胎原都應該避免由母體傳入。然而，由於孕婦至少要等到懷孕一個月後才知道有喜，因此常缺乏應有的戒備，於無意間讓菸酒、病毒或藥物進入身體而傷害胚芽或胚胎。一般而言，畸胎原愈於早期進入胎盤，對個體的傷害程度愈大。

3.胎兒期（9 週至出生）

　　個體的肢體與器官在胎兒期做更精密地發展，抽動、吞嚥、吸吮等反射動作也因而開始呈現。到了 22 週，胎兒已擁有超過上億個神經元，它們開始相互聯結，肢體或感官也開始作用；從 24 到 38 週，體重增加一倍，神經組織的發展也非常快速，使個體能於離開母體後適應新的生活環境。這時期的胎兒有持續性的腦波出現，也有睡與醒的交替現象。

胎教的功效

　　六足月後的胎兒在母體內蠕動或踢動，不禁令許多孕婦想起胎教的可能性。到底胎教有效嗎？在一項研究 (Hepper, 1989) 中，一組孕婦天天觀看「肥皂劇」並聽其主題曲，另一組孕婦並沒有這種經驗。胎兒出生後，每逢嬰兒哭叫便播放肥皂劇的主題曲，並觀察嬰兒的反應。結果，未觀看肥皂劇孕婦的新生兒，雖聞主題曲，卻繼續哭叫；反之，觀看肥皂劇孕婦的新生兒，一聽到主題曲便安靜下來，似乎在「聆聽」音樂。這一研究似乎支持胎教的可能性。然而，較為複雜的胎教，例如：媽媽對胎兒朗誦詩詞以達成詩詞教育效果，則有待進一步的研究。

(二)嬰兒與兒童期

　　嬰兒出生後，四周是刺眼的燈光、吵雜的聲音、乾燥與清冷的空氣，也須開始自我呼吸。人類為了種族的綿延不斷，讓新生兒具備一些生存所需的反射 (reflex) 行為。反射是與生俱來的本能行為。例如：若以手指輕觸新生兒的面頰，嬰兒隨即轉向手指並張開嘴巴，這是覓食反射 (rooting reflex)；輕觸新生兒的嘴唇，嬰兒開始做吸吮反應，這是吸吮反射 (sucking reflex)；以手指置於嬰兒的手掌內，嬰兒立即緊握手指不放，這是掌握反射 (grasping reflex)。這些反射多數在 3 至 6 個月後自動消失，因為大量神經元間的相互聯結，使大腦皮質部逐漸掌控個體的行為，不再依賴本能性的反射動作以求生存。

1. 大腦的發展

　　嬰兒頭顱的大小是成人的 70%，但是它已具有成人所需的千億以上個腦神經元。不同的是，神經元之間的觸處聯結在出生時相當稀疏微弱；到 4 至 5 歲時，神經元之間的聯結便極為複雜綿密。我們無法回憶 4 歲以前的生活經驗，就是由於早期大腦的不夠成熟。大腦的成熟，不僅影響個體的心智發

展，更有助於嬰兒與兒童技能動作的協調與發展。

2.肢體與動作的發展

嬰兒的肢體自出生至 2 歲有快速地發展。僅在頭一年，體重由約 3.4 公斤增加至 11.4 公斤，身長也由約 53 公分增高至 70 公分。此後至青春期，每年體重增加 2 至 3 公斤，身高增加 6 至 7 公分。不僅如此，個體的骨骼也逐漸強硬，肌肉也愈加結實，體能也因此日漸強壯。

嬰兒與兒童期動作的發展與大腦、肌體的發展是息息相關的。從圖 2-1 可以看出，嬰兒的動作發展依次是：轉動與抬起頭部、以手臂撐起胸部、翻轉身體、坐立、藉扶持站立、爬行、藉扶持行走、獨立行走等。一般而言，嬰兒自 12 個月起可以開始獨立行走，這種行動的自由與自主能力的實現，對嬰兒來說，是一個重要的轉捩點。嬰兒可藉此對環境做更多的接觸與探索，也對環境的瞭解更為真實。

(三)青春期的發展

青春期 (puberty) 是個體由兒童期過渡到成年期的一個轉換期，也是個體身心達到成熟階段的過渡階段。一般而言，女性約於 11 歲、男性約於 13 歲起，在身體發展上快速增長，性荷爾蒙 (sex hormone) 陡增，性能力與第二性徵開始成熟。

男女性的早熟或晚熟所引起的社會經驗是另一個重要的身心適應問題。一般而言，早熟的女性與晚熟的男性面臨較大的困難。與同年齡青少年相比，早熟女性發育格外引人注意，也較容易為身高、體重、體型甚至是兩性關係而煩惱；晚熟男性則因為較同年齡男子矮小，可能成為被譏諷或忽略的對象，而影響其自信心。

此外，由於生理上的變化，個人在情緒與社會適應上亦遭遇一些困難。例如：易與父母爭論或衝突，憂鬱與情緒不穩，敢於冒險而易犯錯，渴望建立清楚的自我認同，易受到同儕的影響。此外，青少年的自殺行為或自殺念頭，亦有日趨嚴重的現象。

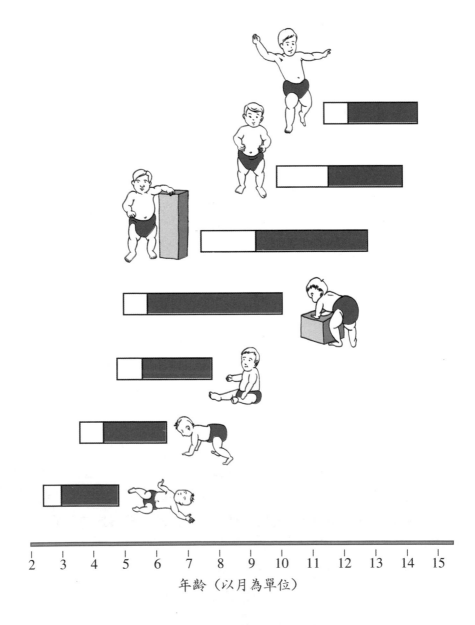

▲圖 2-1　嬰兒動作發展的次序

㈣成年期的發展

　　成年期是 20 歲至 65 歲的相當漫長的發展階段，也是人類在感情、家庭、事業、經濟、社會等各方面發展與成就的重要時期。此時，若個人有了旺盛的體力、充分的智慧、專精的專業知能、良好的人際關係，則不僅可以成家立業、養育子女、造福社會，而且能夠從自我實踐中創造合乎自己與社會文化所期待的人生。

　　一般而言，成熟的身體帶給個人最充沛的體力與最佳的生理功能，此種能力從 20 歲維持至 30 歲左右。於 30 歲至 40 歲之間，體力、反應與持久力開始逐漸遲緩。40 歲至 65 歲的成年期後期，生理能力明顯下降，白內障與重聽使正常視聽產生困難，健康狀況也大不如前。

　　由於負責聯結神經元的大腦白質 (white matter) 隨老化而減少，認知反應不僅開始遲緩，其錯誤的比率也不斷增高。大腦功能也受到老化的影響，使中老年人從長期記憶中提取特定資訊時感到困難。幸而，由於經驗的累積，使個人的語意記憶與事件記憶似乎並沒有受到老化的負面影響。許多老人家一提起往事，滔滔不絕，甚至有驚人的傳記記憶 (autobiographical memory)。

二、認知的發展

　　認知 (cognition) 泛指注意、知覺、理解、記憶、思考、語文、解決問題、智力、創造力等心智活動。到目前為止，對認知發展的研究最具心得與最有貢獻者，首推瑞士認識論者兼心理學家皮亞傑。根據皮亞傑的觀察，人會在與環境交互作用中認知其所處的環境，人天生具有組織 (organization) 與適應 (adaptation) 的行為傾向。組織是將事物系統地組合，使成為系統完密的整體。

　　例如：兒童將「看球」與「抓球」組合，使之成為「看到球就把它抓起來」的新行為或思維，此稱為認知結構 (cognitive structure) 或基模 (schema)。適應是個體不斷地對環境做出調適，調適的方式包括同化 (assimilation) 與調整 (accommodation)。同化是指將新經驗納入現存系統中並賦予意義；調整是指將不適當的舊經驗系統予以改變，使之與現存環境更為吻合。當個人的舊

認知與現實環境不能配合時，自然地產生失衡狀態 (disequilibrium)。人有追求平衡 (equilibrium) 的本能，因此由失衡到平衡是人類求知的動機。

> ◎ 名詞解釋：同化與調整
> 個人從經驗中吸取知識與技能，稱為同化；個人改變舊的認知結構，以配合由同化取得的新的認知結構，稱為調整。

皮亞傑認為人類認知的發展包括四個性質不同的非連續性階段。

(一)感官動作期 (sensorimotor stage)──出生至 2 歲

此時期嬰兒的認知活動是建立在感官與動作的經驗上，如嬰兒從被動的反應到積極而有意義的反應。例如：以用嘴巴咬、用手抓東西來瞭解周邊環境與物體的屬性；他也逐漸發現達到目的之新手段，例如：繞過桌子以抓取它後面的玩具，不再僅從桌子下鑽過去。

(二)準備運思期 (preoperational stage)──2 至 7 歲

又稱「前運思期」，此時期的兒童開始以語言或符號進行思考與表達。主要的認知活動是跑、跳、運動、遊戲等身體的運動與看、聽、觸摸等知覺經驗。此時期的兒童注意單一，思考不能逆溯，因而產生運思的困難，故被稱為準備運思期。

此期兒童的認知活動有以下特徵：

▲圖 2-2　正在觀察兒童活動的瑞士心理學家皮亞傑。皮亞傑花了近 50 年的時光，致力於觀察與記錄孩童的言行舉止，並與他們對話以瞭解其發展狀況。

1. 會使用具有個人私自意義的文字。例如：爸爸跟我一樣「乖」。
2. 一切以自我為中心 (egocentric)，不易為他人設想。例如，自己喜歡的就是好的。
3. 認為萬物皆有生命 (animism)，因而常與玩具交談。
4. 有專注於一時感到有趣事物的集中現象 (centering)，因而忽略其他事物。例

如：老師把故事講完了，他還停留在故事的某一情節上。

5.缺乏事物變化前後的質量保存觀念 (conservation)。例如：將裝在高而窄的玻璃杯中的液體倒入矮而寬的燒杯中時，兒童會誤認為液體變少。

㈢具體運思期 (concrete operational stage)——7 至 11 歲

此時期兒童已能以具體的經驗或事例進行邏輯的思考。兒童的思考較有彈性；能同時注意一個以上的事物屬性；對同一問題能接受不同的觀點。例如：此時期的兒童會思考樹木不僅可供小鳥棲息，亦可供他們遮蔭、攀爬、當建材或柴火。雖然能瞭解原則或規則，但於應用時常「咬文嚼字」（如兒童堅持遵從老師所說的「先做數學後寫國語」的建議）。

㈣形式運思期 (formal operational stage)——11 至 15 歲

青春期的青少年於認知上開始進入形式運思期。他們的運思不再受具體經驗或現實世界的限制，思考可以抽象地超越時、空、地而呈普遍性。此時期青少年的思考為假設的與演繹的，並為假設求證；假設與推論的認知歷程中，青少年常因環境中許多事物與理想原則相左而對現實表達不滿。青少年的違抗父母、批評師長，可能與此時期的認知特徵有關。

三、道德的發展

人類有異於禽獸者，道德是主要條件之一。多數人明辨是非、行善避惡、知理達義，是道德發展的結果。從嬰兒的無所謂是，也無所謂非，到成年的能明辨是非善惡，這種改變到底是如何發展而來的呢？柯爾柏 (Lawrence Kohlberg, 1927–1987) 在道德發展方面的研究有獨到的見解。

柯爾柏指出，道德發展是個人與社會交互作用的結果。然而，柯爾柏偏重「道德觀念」或「道德判斷」的發展，他認為道德發展必須依賴「認知能力」的發展，認知能力愈強的人，愈能明辨是非。柯爾柏將道德發展分為習俗前階段、習俗階段、習俗後階段等三階段，每一階段包含兩個時期。六個道德發展期是依年齡順序進行的，順序不得紊亂或倒置。他所倡的道德發展

階段曾獲得不同文化研究的支持 (Damon, 1999; Walker & Taylor, 1991)，而且在道德發展上並沒有發現有性別上的差異 (Jorgensen, 2006)。下表 2–1 為各階段的發展特徵及各時期的道德思考與判斷標準：

▼表 2–1　柯爾柏的道德發展階段

分　期	發展階段	道德發展特徵
習俗前階段 （出生至 9 歲）	1　以懲罰與服從為準則	行為的好壞依據行為後果帶來的賞罰來判斷，道德價值來自對外力的屈從或逃避懲罰。例如：對兒童來說，人應該上學，否則會遭到父母的懲罰
	2　以功用與相對為準則	道德價值來自對自己利益與需要的滿足，或偶爾也顧慮他人需欲的滿足。例如：學生放學後應立即回家，否則他們會讓父母惦念
習俗階段 （9 至 15 歲）	3　以人際和諧為準則	為維持與他人的關係或獲得讚美，而附和固定的善行標準。例如：青少年認為好學生應該認真念書
	4　以權威與社會秩序的維持為準則	履行個人的義務，尊重權威，與維持社會秩序便是美德。例如：好司機開車要守秩序、不超速
習俗後階段 （16 歲以上）	5　以社會的契約與法律為準則	藉社會大眾以達成契約或制定法律的程序來保障個人與社會。例如：人們遵守法律在於相信它能保障社會大眾
	6　以普遍的倫理道德原則為準則	道德價值來自普遍的原則與個人內在的良知，是為了維護人類的尊嚴與福祉而存在的。例如：以「善」作為行為的準則

　　柯爾柏的道德發展理論偏重道德觀念與道德判斷，心理學家海德 (Haidt, 2003, 2012) 則重視個人的道德行動 (moral action)。海德認為的道德行動是直覺 (intuition) 在先，推論 (reasoning) 在後；直覺是快速的、情緒的。也就是說，個人看到一件牽涉道德的事，立即有直覺的道德反應，然後才做必要的推論。例如，一個人看到一小孩從後棒打另一小孩時，立即回應道：「那孩子真是個壞蛋！」然後自言自語：「無辜使他人傷痛的，不是個好孩子。」

　　在道德行為中有個重要的因素稱為自律 (self-discipline)。自律是對自我

衝動的克制，它的具體表現是延遲享樂 (delayed gratification)，也就是能著眼於未來而不急於獲得眼前的益處。有個有趣的研究，一群 4 歲的幼稚園兒童接受兩個選項：立即從老師那得到 1 顆糖果，或等 2 分鐘老師回來後可得到 2 顆糖果。多年後的追蹤調查顯示，後一組人在完成大學教育、職業收入、免於酒癮方面都優於前一組人。40 年後請那些原參與研究的人再做類似但不同的選擇，結果他們在延遲享樂上的做法並沒有改變 (Mischel, 1988, 1989; Casey et al., 2011)。

四、社會與人格的發展

比較有系統的人格發展論首推佛洛伊德的心理性慾發展論 (psychosexual development) 與艾瑞克森 (Erik H. Erikson, 1902–1994) 的心理社會發展論 (psychosocial theory of development)。

(一)佛洛伊德的人格發展論

佛洛伊德以自由聯想與夢的分析對精神病患者進行研究，發現個人 6 歲以前的生活衝突經驗，決定其人格發展的基本型態。他的人格發展論有兩大特點：肯定潛意識對行為的影響，重視性衝動 (sexual impulse) 對人格發展的作用。因此，他的人格發展論被稱為心理性慾發展論。

依佛洛伊德的看法，人格發展的歷程是個體以不同身體部位來滿足其「性」衝動的過程。人類滿足性衝動的部位依序為口腔、肛門、性器、生殖器。各時期中，若性衝動獲得適當的滿足，則發展出健全的人格；否則產生過與不及的固著現象 (fixation)，乃有各種不合理的人格出現。人格發展包括口腔期 (oral stage)、肛門期 (anal stage)、性器期 (phallic stage)、潛伏期 (latent stage)、生殖期 (genital stage)。各時期的特色與內容請參見下表 2–2：

▼表 2-2　佛洛伊德的性心理發展階段

階 段	年 齡	行為特徵
口腔期	出生至 1 歲	透過咬嚼、吞嚥等口腔活動得到滿足,而形成基本人際信賴感;若未能獲得適度滿足,則易形成過度依賴、退縮、不信任等性格
肛門期	1 至 3 歲	滿足快樂的途徑由口腔轉移至肛門。透過排便訓練與照顧者更進一步互動,進而形成自我節制的性格;若未能獲取適度滿足,則易形成頑固、吝嗇、冷漠、衝動等性格
性器期	3 至 6 歲	開始對性器官感到興趣,會有「戀母情結」或「戀父情結」,透過對異性父母的模仿與認同歷程而逐漸形成性別概念;若未能適度發展則易形成性別認同上的偏差
潛伏期	6 至 11 歲	兒童在先前口腔期、肛門期、性器期所經驗的不安、嫉妒、恐懼等全被壓抑到潛意識裡;他們對學校裡的物質與社會環境開始注意,並引起興趣
生殖期	青春期開始	由於荷爾蒙的刺激與社會環境的影響,他們對異性感到興趣,逐漸進入兩性交往的階段;若未能得以適度發展,則易形成兩性關係上的困難

(二)艾瑞克森的人格發展論

　　艾瑞克森的一生可說是面對許多生命中的衝突與認同問題。直到長大成人,他才知道自己口中的「父親」原來是繼父,而真正的生父卻是個沒人能解開的謎。早年的艾瑞克森喜愛歷史、藝術等學科,他曾經由到處旅行、學習繪畫以「發現自我」(finding self),對一個生涯未定的年輕人來說,這些興趣給了他一個自我探索的空間。艾瑞克森一生的歷程,可說就是一場追尋自我生命的故事。

　　艾瑞克森認為,人類雖具有來自內在的需欲,但他更重視個體與社會環境的相互影

▲圖 2-3　德裔美國心理學家艾瑞克森與他的妻子瓊 (Joan Serson)。

響，他的學說乃被稱為心理社會發展論。根據艾律克森的觀察，一個正在生長中的人，有一種注意外界並且與外界交互作用的需求，人格便在這種交互作用中發展。然而，在人格發展歷程中，擺在個人面前的是一系列的「危機」有待解決。成功而合理地解決危機方能發展健全的人格；否則，不健全的人格便相對地產生。艾瑞克森認為人格發展應該是整個人生的歷程，因此將人格發展分為八個階段，每一階段各有其待解決的危機。請參見表 2-3：

▼表 2-3　艾瑞克森的心理社會發展階段

階　　段 （大約年齡）	發展的需求	人格發展的危機	利於發展的社會環境
出生至 1 歲	內在的確實感	信賴 vs. 懷疑	穩定與可靠的愛護
2 至 3 歲	試探自己的能力	自動自主 vs. 羞恥猜疑	鼓勵嘗試與體驗
4 至 5 歲	想像力	主動自發 vs. 內疚	鼓勵發問、接納建議
6 至 11 歲	成就感	勤勉 vs. 自卑	讚許與嘉勉各方成就
青春期	自我認同、廓清角色	角色認同 vs. 角色混淆	工作與社交經驗配合一致的角色扮演
成年前期	分享自我	與人親近 vs. 孤立隔離	親和的社區與友善的工作環境
中壯年期	推展興趣與關懷	服務社稷 vs. 利己自娛	開放與包容的社區
老年期	統整的人生	統合 vs. 絕望	安祥的家庭與社會

　　艾瑞克森的心理社會發展論中特別指出，青春期的人格發展進入尋求自我認同與廓清自我角色的時期。擺在眼前的危機抉擇是角色認同對角色混淆(role identity vs. role confusion)：(1)如果家庭與學校所提供的工作與社交經驗，足以協助他們發展明確而一致的性角色、社會角色、職業角色，則獲得認同的自我得以發展；(2)如果家庭或學校給予的差事令他們覺得不當，或由於社交招來譏諷，使他們無法找出一致的自我觀，乃發展出自我角色混淆的人格。

第四節　不同人生階段發展的重要課題

一、與自我共處

　　青春期是整個人生發展中必經的階段，由於生理與心理上的變化，使得此時期成為兒童變為成人的「轉換期」。在這個階段的青少年都會不斷的自問：「我是誰？他人眼中的我是什麼模樣？」但是，卻非人人都能在這急劇地轉換中找到自我；在這個階段中的青少年大多認為自己已經是「大人」，卻仍帶有「小孩子氣」；認為自己可以獨立自主，卻仍需要依賴父母的支持；雙親的影響力日漸式微，同儕的影響力卻不斷高升；當自我的理想與父母的現實觀點格格不入，親子間的衝突也日漸增加。

　　一個正在快速變換的個人，在這些兩極之間尋找自我，並不是一件易事；緊張、焦慮不安、敏感、衝動、易怒等情緒反應在所難免，但青春期絕非過去學者所形容的「風暴與壓力」階段。多數人在青春期的自我認識與抉擇中決定人生的目標，逐步瞭解自己、認同自己。但有些人乾脆取消自我定位的權利，讓父母決定自己的角色；也有一些人暫時不做痛苦的抉擇，將自己的定位予以「緩議」；更有一些人不幸在諸多選擇中迷失。

二、成熟的婚姻關係

　　兩人彼此相親相愛、情投意合、互許終身，婚姻是一個重要的結局，從為自己而生活轉換到為家庭而生活。從單身至成偶，不只是為了彼此互愛、滿足性生活或生兒育女，而且必須共同處理家庭經濟、教養子女、分擔家務、對待親友、解決意外等，因此是一個重要的人際關係考驗期。

　　既然雙方都山盟海誓，願意永浴愛河，為何又會反目成仇、彼此仳離呢？心理學家對此提供了一些解釋。首先，愛情有別於友情 (companionship)。雙方在結婚前後的感情是激情 (passion)，但維繫婚姻所需的感情是穩定而深入

的友情 (Hatfield, 1988)，只有激情而缺乏友情，婚姻難以持久。其次，伴侶關係應該平等，才能互惠、互尊、互愛，重要決定也需經由共同協商來取決，有成就則共勉與共享，遇失敗則共同擔負責任。再者，伴侶間必須親密 (intimacy)，彼此沒有隔閡、沒有隱藏、勇於傾吐心聲、敢於自我揭露。最後，持久的婚姻來自彼此正面的互動，避免負面的對待。正面的互動常表現在經常的微笑、互相觸摸、彼此讚美、相互支持；負面的對待則使用冷漠、譏諷、批評，甚至中傷。

三、邁向成功的工作生涯

除了成家之外，立業是另一件成人的大事。就理想而言，工作是為了自我潛能的實現；一般而言，人們對自己的工作感到稱職與滿意，因而對生活總體也會保持相當高的滿意度。工作對個人的自尊、自信也異常重要，快樂、進取、成功、滿足的工作者都重視工作的品質、工作同仁間的關係與工作對自我挑戰的機會。當然，若工作不能令人滿意、收入難以支撐日常開支、日夜陷於壓力與焦急之中，對自我的打擊與傷害很大。只要注意那些頓時失業者的痛苦感受，不難體會「工作神聖」的意義。目前，許多婦女在養護子女的同時亦加入工作行列，而非因為家庭而放棄自己在工作上可能達到的成就。

四、快樂度過中年危機

自從雷文森 (Daniel J. Levinson, 1920–1994) 提出中年危機 (midlife crisis) 一說之後，許多人爭相將它引用於自己、親友或同事身上。所謂中年危機是指 45 歲左右的中年人，在自我評估其婚姻、家庭、事業、成就、道德、人生價值後，對其未來有可能採取進一步調適的壓力。根據調查

▲ 圖 2–4　中年危機是人生的再評估期，是自青少年期之後，再次深刻反省「我是誰？我要往何處去？」的重要時期。

(Hunter & Sundel, 1989)，這一階段的成年人大多數並沒有嚴重的中年危機適

應問題,例如,有些人子女多已相繼長大,自己的事業也有相當的成就,對過去的生命歷程相當滿意;有些人深感奮鬥了半輩子,已經證明自我的能力與成就,乃有嘗試新的生活方式,也有賦予新生命意義的想法與做法。然而一些人,覺得庸碌半生,事事不如己意,覺得鬱鬱寡歡,乃沉湎於不良嗜好。

五、年老與死亡的適應問題

由於注意保健與醫療,人們的平均壽命愈來愈長,老年人在人口中的比例愈來愈高,不少老年人開始選擇早日退休,以便安排晚年生活。我們到處可以看到老年人在散步、工作、運動、旅遊或照顧孫兒女,而如何做好老年的生涯規劃,成為現代人必須思考的問題。成功的退休生活來自:事先有良好的計畫與準備,對自己的成就感到滿足,健康良好,與無經濟顧慮。那些經常注意起居、飲食、運動、保健、閱讀、運用思考的老人,其心智能力的衰退也比較緩慢。因此,一個重視社會福利與人類福祉的國家,已逐步建立健全的長照制度,協助老人安度其晚年。

死亡是老年人無法迴避的問題。事實上,從懂事到終老,人們時常對其死亡表示不同的關切與焦慮。面對死亡這項生命課題,我們都得學習接受有限的生命,好好把握時光,保持身心的健康。許多老年人最需要面對的是長期揮之不去的憂鬱,憂鬱不僅對心理健康有害,也是殘害老年人身體健康的禍首之一,它與心臟病、癌症、腸胃病等息息相關。因此建議老年人,除注意飲食、適當運動之外,多參與團體或社交活動以活絡人際關係、調節心情。

打開心視界

面臨死亡的心理狀態

　　根據心理學家的發現 (Kubler-Ross, 1975)，面臨死亡者經歷否認 (denial)、憤怒 (anger)、討價還價 (bargaining)、抑鬱 (depression)、接受 (acceptance) 等五個反應階段。否認指不認為自己會死亡，乃要求醫師重診或全力救治其病情或傷勢；憤怒指對死亡的降臨而憎恨；討價還價指試圖以善行作「交易」，請求醫師、親人或神靈等給予自己延長生命的機會；抑鬱指討價無望後，開始沮喪、難過；接受指接納命運的安排，等待死亡的來臨。

▲圖 2-5

本章摘要

1. 發展指個體自生命開始至死亡之間的序列性身心改變與成熟的歷程。

2. 在發展歷程中，遺傳與環境成為不斷地影響行為的兩大因素。發展的分期約可分為：產前期、兒童期、青春期、成年期。

3. 皮亞傑認為，人類與生俱來組織與適應兩種基本傾向。認知的發展須經歷四個本質不同的階段：感官動作期、準備運思期、具體運思期及形式運思期。

4. 明辨是非、行善避惡、知理達義是道德發展的結果。柯爾柏將道德發展分為：習俗前階段、習俗階段、習俗後階段三階段。

5. 佛洛伊德使用自由聯想與夢的分析，發現多數個人的心理問題源自早期生活的衝突經驗，乃認為人格發展在 6 歲以前已經底定。他的人格發展論有兩大特點：發現潛意識對行為的影響、重視性衝動對人格發展的作用。

6. 佛洛伊德的心理性慾發展論，將人格發展分為五期：口腔期、肛門期、性器期、潛伏期與生殖期。

7. 艾瑞克森的心理社會發展論重視個體與社會環境的相互影響。人格發展劃分為八個階段，每一階段各有其待解決的危機。青春期的人格發展進入尋求自我統一與廓清自我角色的時期。擺在眼前的危機抉擇是角色統一對角色混淆。

重點名詞

development	發展	reflex	反射
heredity	遺傳	maturation	成熟
environment	環境	schema	基模
genes	基因	assimilation	同化
dominance	顯性	accommodation	調整
recessive	隱性	puberty	青春期
teratogen	畸胎原	sex hormone	性荷爾蒙

autobiographical memory　傳記記憶

cognition　認知

dream analysis　夢的分析

midlife crisis　中年危機

sensorimotor stage　感覺動作期

preoperational stage　準備運思期

egocentric　自我中心

concrete operational stage　具體運思期

formal operational stage　形式運思期

delayed gratification　延遲享樂

sexual impulse　性衝動

fixation　固著現象

oral stage　口腔期

anal stage　肛門期

phallic stage　性器期

latent stage　潛伏期

genital stage　生殖期

role identity　角色認同

role confusion　角色混淆

◆ 自我檢測 ◆

是非題

（　　）1. 發展是指個體自生命開始至死亡之間的序列性身心改變與成熟的歷程。

（　　）2. 準備運思期的兒童會有注意力集中、以自我為中心的認知特徵。

（　　）3. 嬰兒的發展特徵為先從四肢成長，再發展至軀幹。

（　　）4. 佛洛伊德認為，個人 12 歲以前的生活衝突經驗，決定其人格發展的基本型態。

（　　）5. 處在青春期階段的青少年都會經歷成長的「狂風暴雨期」，而無法建立自我角色的認同。

選擇題

（　　）6. 嬰兒透過排便訓練，進而形成自我節制的性格；若未能獲取適度滿足，則易形成頑固、吝嗇、冷漠、衝動等性格。請問這是佛洛伊德性心理發展階段的哪一個時期？　(A)口腔期　(B)肛門期　(C)性器期　(D)潛伏期

（　　）7. 艾瑞克森認為青少年的發展任務為何？　(A)勤奮對自卑　(B)自我認同對角色混淆　(C)親密對孤立　(D)生氣蓬勃對停滯頹廢

（　　）8.一般人會遵循法律的規定作為道德行為的判斷準則，請問這屬於
　　　　柯爾柏道德發展理論中的哪一個階段？　(A)習俗後階段　(B)習俗
　　　　階段　(C)習俗前階段　(D)以上皆是

（　　）9.將裝在高而窄的玻璃杯中的液體，倒入矮而寬的燒杯中時，兒童
　　　　會誤認為液體變少。這說明了兒童的認知發展具有何種特徵？　(A)
　　　　自我中心　(B)缺乏質量保存觀念　(C)萬物皆有靈　(D)抽象思考

（　　）10.下列選項中，何者「不是」基因可能影響的範圍？　(A)癌症　(B)
　　　　歌唱天賦　(C)肥胖　(D)消費行為

◆ 想想看 ◆

1.為什麼童話書中萬物皆有生命，彼此相互交談？

2.「一分天才，九分努力」一言是否合乎事實，其涵義何在？

3.若說青年愛「頂撞」父母，為什麼？

4.青年期受到同儕團體的影響大增，其利弊何在？

5.對於課文中談到皮亞傑、柯爾柏、佛洛伊德、艾瑞克森提出的發展理論，
　你認為他們各有什麼優缺點？

CHAPTER 3

感覺與知覺

　　環繞在我們周遭的是大量的光波、音波、化學物、壓力、溫度等物理世界。幸好大自然有個巧妙的安排：讓我們以看、聽、嗅、舔、觸摸等不同方式去感覺這些外界刺激；也令我們的大腦以選擇、組織、解釋等歷程去瞭解被感知的外界刺激的意義。事實上這是兩個緊密地相互關聯的歷程：前者稱為感覺 (sensation)，後者稱為知覺 (perception)。本章試圖回答下列問題：

◆ 什麼是感覺與知覺的生理基礎？

◆ 什麼是感覺？它的通性是什麼？

◆ 視、聽、嗅、味、膚、運動、平衡等感覺是如何感知與傳導的？

◆ 什麼是知覺？何謂知覺的恆常性？

◆ 深度知覺靠哪些線索或指引？物體的移動如何感知？

◆ 常見的錯覺有哪些？

◆ 什麼是超感知覺？超感知覺可信嗎？

第一節 感覺與知覺的生理基礎

我們能感受外界或內在刺激，是因為我們有神奇的感官。感官的最基本單位是神經元與由神經元組成的神經與神經系統。

一、神經元 (neuron)

神經元又稱神經原，是神經系統最基本的單位。神經是由許多神經元聚集而成的；神經系統則是由許多神經所組成的。一個人的體內有 1,000 億至 2,000 億個神經元。它們因功能的不同而分為感覺神經元 (sensory neuron)、運動神經元 (motor neuron)、連結神經元 (connect neuron) 三類。感覺神經元將身體感官獲得的訊息內導，因而又稱內導神經元；運動神經元將中央神經系統的指令外導至肌肉或器官，因此又稱外導神經元；連結神經元便是居於內導與外導神經之間做複雜運作的神經元。可知這三種神經元的彼此合作，使個體能感知、能思考、能活動。

二、神經系統 (nervous system)

神經系統包含中樞與周圍兩大神經系統。各系統中又包括不同的組成部分，從圖 3–1 我們能更清楚地瞭解神經系統：

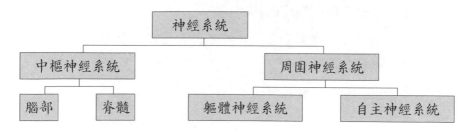

▲ 圖 3–1　人體神經系統的組織層次

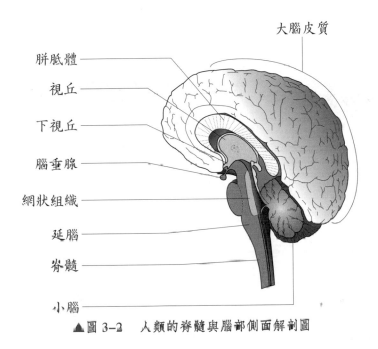

大腦皮質

胼胝體

視丘

下視丘

腦垂腺

網狀組織

延腦

脊髓

小腦

▲圖 3-2　人類的脊髓與腦部側面解剖圖

(一)中樞神經系統 (central nervous system, CNS)

　　中樞神經系統包括腦和脊髓。其作用是統合並分析由感覺神經傳達的多種情報，控制身體一切運動以及身體內部環境，掌管記憶以及學習等高層次機能。

1.脊　髓 (spinal cord)

　　脊髓在 24 節脊椎骨所組成的脊柱之內 。 它一端與腦部最下方的延髓 (medulla oblongate) 相連接，另一端與周圍神經系統相接觸。它有兩個重要的功能：一是作為腦部與周圍神經之間的唯一通道，將感覺神經的神經衝動內傳至腦部，或把腦部的神經衝動外導至運動神經；一是作為脊髓反射的中樞，將感覺神經內傳的神經衝動經由脊髓的連結神經作中介，立即將訊息交由運動神經做快速的反射動作。例如：手指不慎碰觸熱盤時立即將手縮回來。

2.腦 (brain)

　　人類是靈長類，與其他動物相比，愈依賴大腦的思考、推理與判斷，以決定應有的適應行為。有關大腦的後腦、中腦、前腦的相關位置與其功能，

請參見表 3-1。

▼表 3-1　大腦的分部區域、結構與功能

腦的分布區域	主要的組成結構	結構的功能
後腦 (hindbrain)	包括小腦、橋腦、延腦等	是腦部在演化史中最古老的部分，它與脊髓相連接，負責維持個體生命的基本活動
中腦 (midbrain)	處於腦的正中央，它與延髓、橋腦組合而成腦幹	負責溝通前腦與後腦，並主控視覺與聽覺的肌肉運作。其網狀組織，負責控制個體的意識狀態
前腦 (forebrain)	包括視丘、下視丘、邊緣系統、大腦皮質部等	負責思考、學習、記憶、情緒、性慾、飲食、生殖等功能

　　大腦皮質是大腦的表層，是灰質 (gray matter)，負責處理資訊。大腦包括左半球與右半球兩部分，左半球控制右半身，右半球控制左半身，並由胼胝體 (corpus callosum) 的密集神經纖維居間聯結起來。大腦皮質約有 2 公釐厚，其重量約為 1.36 公斤。大腦皮質被區分為額葉 (frontal lobe)、頂葉 (parietal lobe)、顳葉 (temporal lobe)、枕葉 (occipital lobe) 四部分。額葉主掌抽象思考與運動；頂葉負責皮膚與肌肉的感覺歷程；顳葉管理聽覺的協調；枕葉專司視覺的統整。這四部分彼此聯絡，兩半球又相互溝通，外界的刺激便成為有意義的情境了。

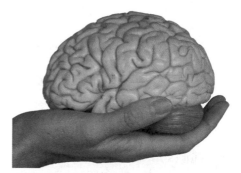

▲圖 3-3　常聽到人們說：「這孩子頭大，將來一定聰明。」然而這樣的說法恐怕不盡然正確。以頭顱大小來推測智力，不如以腦的大小及腦功能的運作來推論比較可信。

3.大腦兩半球的功能差異

　　我們已知左腦主管語言、數理邏輯、分析性問題解決、正情緒反應；右腦則主管非語言的空間知覺、藝術、整體性問題解決、負情緒反應。這就是所謂的左右半腦的單側優勢性。大腦中主管語言的主要區域有布洛卡區與威

尼克區：布洛卡區 (Broca's area) 與說話的能力有關；威尼克區 (Wernicke's area) 與語言的解碼與詮釋有關。因此，布洛卡失語症 (Broca's Aphasia) 患者無法說出想說的話，又稱為表達型失語症 (expressive aphasia)；威尼克失語症 (wernicke's Aphasia) 患者能順暢地說出一大堆話，但不知自己在說什麼，又稱為接受型失語症 (receptive aphasia)。

(二)周圍神經系統 (peripheral nervous system)

周圍神經系統是中樞神經系統以外的神經組織系統，它包括軀體神經系統與自主神經系統兩部分。

1. 軀體神經系統 (somatic nervous system)

與脊髓及腦部相連接，將神經衝動經由感覺神經元傳遞至中樞神經系統，並將中樞神經系統的訊息傳達至運動神經元，以操控肌肉的活動。

2. 自主神經系統 (autonomic nervous system)

又稱自律神經系統，分布於內臟器官的肌肉裡，以規律地控制內臟肌肉的活動。自主神經系統的交感神經系統 (sympathetic nervous system) 將身體儲存的養分化成熱能以供身體使用；副交感神經系統 (parasympathetic nervous system) 則自空氣、水與食物中吸取必備的能源並儲存起來。

交感神經系統與副交感神經系統是個體不可或缺與不斷地交互作用的自主神經系統。例如：當你於夜晚從大街轉進小巷時，忽覺有個陌生人緊跟在你後頭，似乎來意不善。此際你若開始緊張，其必然的身體反應是：瞳孔放大（擴大視野）、心跳加速（增加活力）、呼吸加快（增多氧氣）、釋放肝醣（準備攻擊或逃脫）、抑制唾液分泌與消化活動（使血液不致分散功能）等，這些都是交感神經系統運作的結果。待你再回顧時，此人已無蹤影，你開始鬆口氣，此際你身體的一般反應是：瞳孔收縮、心跳與呼吸逐漸減慢、唾腺與胃腸開始活躍等，這時副交感神經系統開始儲備與補充熱能。

第二節　感覺歷程

所謂「感覺」，是指各種感覺器官接受刺激獲得訊息的生理過程，例如：眼睛產生視覺、耳朵產生聽覺、鼻子產生嗅覺等等，另外還有味覺、觸覺、膚覺等。首先，我們先來認識感覺的基本通性。

一、感覺的基本通性

引起感官反應的主要物理刺激屬性是刺激能量的強度及其變化，能被個體感受到的最低刺激強度，稱為閾 (threshold)。

㈠絕對閾 (absolute threshold)

絕對閾是適足以引起感官反應的單一刺激能量的強度。如果刺激的強度無法達到絕對閾，則無法被我們的感覺器官所感知。例如：太微弱的聲音我們是無法聽到的。此外，絕對閾也會受個人的預期、動機、性格等「心理因素」的影響。

打開 心 視界

人類感覺的絕對閾

視覺——在晴朗的黑夜裡可以看見 30 英里外的燭光

聽覺——在靜室裡可聽到 20 英尺外手錶的「滴答」聲

味覺——可以嚐出溶解在 2 加侖水中的一茶匙白糖

嗅覺——在三個房間大的公寓裡可以聞出一滴的香水

觸覺——可以感覺到從 1 公分高落在面頰上的蜜蜂翅膀

㈡閾下刺激 (subliminal stimulation)

　　閾下刺激是不足以引起感官反應、低於絕對閾的微弱刺激。微弱的刺激可能引起微弱的感應，但未在意識層面上感到刺激的存在。不少工商界企圖利用閾下刺激的可能功效，設計出各種帶有遊說顧客選購他們產品的閾下刺激訊息，應用在電視廣告畫面裡，希望顧客在無意中接受其廣告訊息，但此舉在美國是被禁止的。

> ◎ 名詞解釋：閾下刺激知覺 1957 年美國紐澤西的一家電影院曾進行一項為期 6 週的實驗。心理學家在播放的電影中，每隔 5 秒鐘穿插一張時僅 1/1000 秒的膠卷，上面寫著「吃爆米花」及「喝可口可樂」，這極為短促的訊息，竟使販賣部門爆米花與可口可樂的銷售量提高許多！

㈢差異閾 (difference threshold)

　　差異閾又稱為最小可覺差異量。例如：我剛提起 100 磅重的米，如果你暗中增添或減少，要增減多少我才能感覺出來呢？這增添之間造成我們感覺到的最小差異量就稱為差異閾。我們生存在這個世界裡，不僅要感覺刺激的存在與否，而且要察覺原刺激是否已有顯著的變化。

　　德國生理學家韋柏 (Ernst H. Weber, 1795–1878) 發現一標準刺激量（原刺激量）與達到差異閾而增減的刺激量之間的比例，是一個常數。這個定比的關係表達，稱為韋柏定律 (Weber's law)。其公式為：

$$\frac{\Delta I}{I} = K \qquad \begin{array}{l} \Delta I：差異閾 \\ I：標準刺激強度 \\ K：常數值 \end{array}$$

　　以下是不同感覺的韋柏常數：

電擊 = 0.01　音量 = 0.05　重量 = 0.02　嗅覺 = 0.05

長度 = 0.03　亮度 = 0.08　指觸 = 0.04　味覺 = 0.2

從上列常數值我們可以看出，人類對電擊變化有敏感的反應、對味覺變化反應遲鈍。根據上面所列出的重量的偉伯常數 (0.02)，我們可以回答前面的問題：如果你提 100 磅重的米，我要暗中加 2 磅的米（$100 \times 0.02 = 2$），你才會感到重量的變化。然而，人類感覺的差異閾有很大的個別差異。

㈣感覺的適應

個體對同一外來刺激的感覺並非一成不變的，若刺激持續呈現，對同一刺激的感官敏銳度會開始逐漸下降，這就是感覺的適應。例如：剛跳入泳池裡，覺得水冷而顫抖，不一會兒便覺得水溫適宜。有了感覺的適應，個體便不至於對新刺激保持高度的反應狀態而疲憊不堪，也使個體轉移其注意力到其他新奇或重要刺激上。例如：許多百貨公司每隔一陣子便把商品的擺設與裝飾完全更新，以防止顧客對同一擺設與布置逛多了因而「視而不見」。

二、視覺歷程

人類使用視覺 (visual sense) 與聽覺 (audition) 的時間與機會多，它們占據了絕大多數的大腦活動，也統御了其他的感覺歷程。在視覺上，「光」與「眼睛」是產生視覺的兩大支柱，缺一不可。

㈠光波的屬性

光是一種波，因此我們常用「光波」一詞以凸顯其物理屬性。人類能以肉眼看見的光波是電磁譜中波長介於 380 奈米（紫藍色）至 760 奈米（紅色）之間者。奈米 (nanometer, nm) 等於十億分之一公尺長。許多昆蟲可以看見紫外線；許多魚、蛇可以看見紅外線。

光波有三種與視覺有關的屬性：決定彩色的波長、決定亮度的波幅與決定飽和度的光波純度。因此波長、波幅、純度是物理屬性；彩色、亮度、飽和度則是心理屬性。圖 3-4 是波長與波幅的側面說明圖。

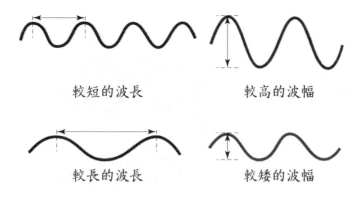

較短的波長　　　　　　較高的波幅

較長的波長　　　　　　較矮的波幅

▲ 圖 3-4　　波長與波幅

　　波長代表兩波峰之間的距離；肉眼可見的光譜中，從 380nm 起為紫藍色、480nm 為綠色、580nm 為黃色、660nm 為橘色，至 760nm 為紅色。波幅代表由波峰至波谷之間的垂直距離或高度；波幅愈高則愈明亮、波幅愈矮小則愈陰暗。飽和度代表光波是否為單一光波或混合光波。單一光波飽和度高、混合光波飽和度低。例如：當你看一張紙是白的，那是它把所有可見的光波全部反射出來之故。

(二)眼睛的結構與功能

　　眼睛形如球狀，因而常以眼球或眼珠稱之。眼睛的結構若依光波通過感官的順序來看 ， 有角膜→瞳孔→水晶體→玻璃狀液→網膜→視神經。 角膜 (cornea) 是眼球的透明外膜，它維持適當的弧度，使光波精確地聚集在眼球裡。瞳孔 (pupil) 是虹膜中央的圓孔，它隨外界光線的明暗而縮小或放大，以便調節眼裡物像的光度。水晶體 (lens) 如同照相機的鏡片， 但它可以改變弧度使物像清楚地落在網膜上。 玻璃狀液 (vitreous humor) 是一種膠狀透明液體，它負責維持眼球內部的正常眼壓。網膜 (retina) 是眼球內的底層，包括數以億計的感應光波的錐狀細胞 (pyramidal cell)、桿狀細胞 (rod cell) 與層層的神經元（見圖 3-5）。

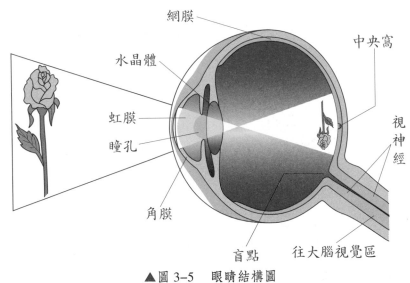

▲圖 3-5　眼睛結構圖

　　在網膜裡，錐狀細胞是「彩色」接納器，集中在稱為中央窩的網膜中央區。不同的錐狀細胞分別接納不同的波長。桿狀細胞則是「黑白」接納器，分布在中央窩以外的區域。網膜上有一處，被視神經所占據，既沒有錐狀細胞也沒有桿狀細胞，因而無法接納光波，乃稱為盲點（見圖 3-6）。也因此，物像若落在盲點上是無法產生視覺的。

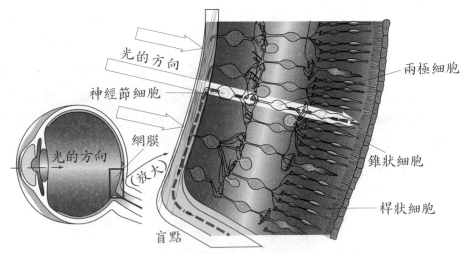

▲圖 3-6　網膜的錐狀細胞、桿狀細胞、視神經

(三)大腦的視覺功能

　　左右兩個眼球的視神經離開網膜後在腦垂腺前方的視徑交叉處相交錯，使左半視野上的物像進入右腦，並使右半視野上的物像進入左腦。隨後，左右視野的物像便在視丘左右側的側膝核做必要的整合，然後分別進入大腦的視覺區（見圖 3-7）。

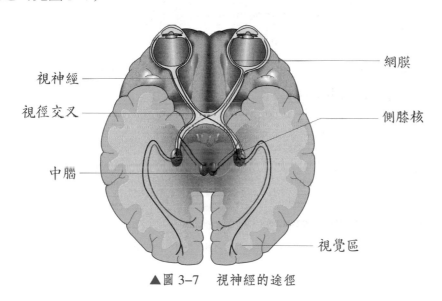

視神經

視徑交叉

中腦

網膜

側膝核

視覺區

▲圖 3-7　視神經的途徑

(四)視覺敏銳度

　　視覺敏銳度是使用視力以辨識物體細節的能力。影響視覺敏銳度的主要因素有三：光線的強度、眼球的形狀、水晶體的伸縮能力。在正常亮度之下，物體反射的光波使網膜中央窩的錐狀細胞能充分感應。若環境昏暗或燈光不足，眼睛的瞳孔放大，使更多的光線進入。

　　理想的眼球形狀，是令物像的焦點正落在網膜上，視覺有良好的敏銳度。若眼球突出，則其水晶體與網膜之間的距離過長，物像的焦點落在網膜之前，視覺模糊不清，這是典型的近視眼；若眼球扁平，其水晶體與網膜之間的距離過短，物像的焦點落在網膜之後，視覺就模糊不清，這是典型的遠視眼。

(五)彩色視覺歷程與理論

網膜上的三種錐狀細胞分別處理紅、綠、藍三個彩色，其餘的彩色是由這三色中的二色做不同的組合而形成的。若紅、綠、藍三種錐狀細胞同時被刺激時，我們所見的是白色。有些人，尤其是男性，有色盲 (color blindness) 的彩色視覺缺陷，他們無法區辨某些顏色。主要的色盲是紅綠色盲，這類色盲患者的視網膜裡，只有感應藍色與紅色的錐狀細胞，或只有感應藍色與綠色的錐狀細胞，前者喪失對綠色的感應，後者喪失對紅色的感應。除紅綠色盲外，也有少數的黃藍色盲，還有極少數的全色盲。多數色盲是遺傳的結果。

1. 三色論 (trichromatic theory)

三色論是十九世紀時，由德國生理學家楊格 (Thomas Young, 1773–1829) 與赫姆霍茲 (Hermann von Helmholtz, 1821–1894) 所提出。他們一致認為，人類的眼睛有感應紅、藍、綠三原色的接納細胞，其餘的彩色是由此三原色分別混合衍生而成的。彩色電視機上的畫面是由密集的三原色點子所構成的。

2. 相對處理論 (opponent-process theory)

德國生理學家赫林 (Ewald Hering, 1834–1918) 提出視覺的相對處理論。根據這個理論，紅與綠、黃與藍，是互補的或相對的顏色。一接納細胞對光波的反應是以相對彩色呈現的，亦即「非紅即綠」或「非綠即紅」。例如，我們凝視紅色時，綠色反應暫且被抑制；待約 30 秒鐘後，當視線移開紅色而轉移至空白區域時，原被抑制的綠色立即反彈而呈現。同理，接納細胞對黃藍的反應或對黑白的反應也都是相對的。

這兩個彩色理論似乎對彩色視覺歷程的不同現象做了相當合理的解釋。三色論偏重於解釋眼睛網膜上接納細胞的彩色感應歷程；相對處理論則解釋視神經如何傳遞被激起的與被抑制的相對彩色訊息，使視丘與大腦有個選擇與統整的歷程。

(六)視覺的性別差異

也許你我都有同感，男女的視知覺是有差異的。男性對空間的特徵（如

山河或路徑的形勢或方向）或移動的物體有較佳的視覺反應；女性則對區辨物件、辨識顏色與觀察他人的面貌與表情較為精準。從歷史的演變來看，男女因不同的社會角色而有不同的視覺資訊處理需求，男性要保家護土，因而必須在外奔波、工作、狩獵與覓食；女性則需區別、整理、準備用具與食物以養育子女。

三、聽覺歷程

聲與耳是構成聽覺的兩個重要因素。我們生活在這個世界裡，除了眼見多彩多姿的世界與閱讀豐富的書報雜誌外，也欣賞大自然悅耳的鳥語、潺潺的水聲、溝通訊息的語言，及扣人心弦的歌唱與演奏。

(一)聲波的屬性

光是波，聲也是波。光波靠光量子作媒介，其速度快；聲波主要是靠空氣作媒介，其速度較慢。這說明了我們先見閃電後聞雷聲的現象。聲波也有三個屬性：決定音調的頻率、決定音強的振幅、決定音色的複雜度。頻率、振幅、複雜度是聲波的物理屬性；音調、音強、音色是由聲波引起的心理屬性。

1. 頻率是指 1 秒鐘內的聲波的週波數，它決定聲的音調，通常以赫 (Hertz, Hz) 為單位。頻率愈高，則音調愈高；頻率愈低，則音調愈低。能引起人類聽覺的音調約在 20Hz 至 20,000Hz 之間。與人類相比，鴿子與大象可以聽到更低音調的聲音；蝙蝠與狗則可以聽到更高音調的聲音。

2. 振幅是聲波起伏的垂直高度，它決定聲的音強。振幅愈高，音響愈強；振幅愈低，音響愈弱。計算音強的單位是分貝 (decibel, db)。人類能聽取與容忍的音強介於 15 分貝與 150 分貝之間，過高則恐怕傷害到聽力。

3. 複雜度是指不同聲波的組合程度，它決定聲的音色。事實上，我們很少聽到單一頻率的聲音，多數聲音是由不同聲波組合而成的。例如：交響樂團演奏的樂曲便是具有高複雜度、高規律性的聲波組合。

(二)耳的結構與功能

　　人耳的結構可分為三部分：外耳、中耳、內耳（見圖 3-8）。外耳是由耳翼經聽道至鼓膜的部分。聲波於振動鼓膜時，其振波由中耳的鎚骨、砧骨、鐙骨等三小骨骼依序傳導。進入內耳耳蝸的振波是液體振波，內耳的聽覺接納器便在此開始處理聽覺訊息。

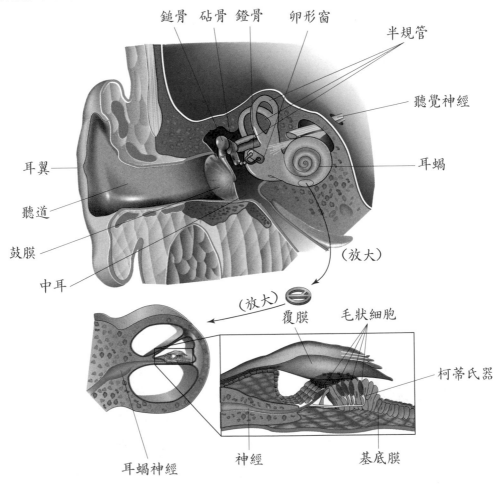

▲ 圖 3-8　人耳的結構及接納細胞

(三)聲音來源的覺察

估計與判定聲源的確實地點有賴「兩耳」的合作。若聲音來自左前方，一則左耳聽到的聲音比右耳聽到的略微強些，一則左耳比右耳略微先聽到聲音。兩耳聽覺經驗的比較，協助個體決定聲音的來源。音強由弱而強或音調由低而高時，也表示聲源由遠處向近處移動。

(四)聽覺理論

決定音調高低的頻率進入內耳時，是如何被感知的呢？對此，目前有三種不同的解釋：部位論、頻率論、重複論。

1. 部位論 (place theory)

1863 年，赫姆霍茲指出，不同的聲波使耳蝸裡不同部位的毛狀細胞興奮，因而產生不同的音調。依此論，在接近卵形窗的較短的毛狀細胞，反應高音調聲波；在遠離卵形窗另一端的較長的毛狀細胞，則反應低音調聲波。

2. 頻率論 (frequency theory)

1886 年，盧澤佛 (Ernest Rutherford, 1871–1937) 試圖以頻率論來解釋音調聽覺。根據頻率論，音調是由基底膜的振動速率而決定的：低頻率聲波引起低振動速率，因而產生低音調；高頻率聲波引起高振動速率，於是產生高音調。

3. 重複論 (duplicity theory)

近年來，部位論與頻率論有被整合的趨勢，認為耳蝸裡不同部位的毛狀細胞的不同振動速率，相互整合而產生各種音調。至於它們如何整合，則有待進一步研究。

四、其他感覺

(一)味　覺 (taste)

味覺是化學感覺，它的產生所需的物理刺激是化學分子，它的生理接納

器是舌上的味蕾。總數達一萬左右的味蕾分別集中在舌尖、舌側、舌根一帶：舌尖主甜味、舌前側主鹹味、舌中後側主酸味、舌根主苦味，其餘味覺是這四種味覺的不同組合的結果。味蕾因年齡的增加而遞減，年輕人的味覺較老年人的味覺靈敏。因此，兒童總覺得什麼都好吃，老年人則要求加重食物的味道，以取悅其鈍化的味覺。

㈡嗅　覺 (smell)

嗅覺與味覺同是化學感覺。嗅覺的刺激物是飄浮在空中的化學分子。鼻腔上端有一層嗅覺皮膜，皮膜裡密密地排列著數達一千萬個帶有細毛的接納細胞。如同觸鬚的細毛浸在皮膜上的黏液裡，以備與由空氣中吸進並溶解在液體裡的化學分子相接觸。至於說一嗅覺是否由某特定化學分子在某特定接納器上所引起，則有可能過分簡化嗅覺歷程而忽略其複雜性 (Triller et al., 2008)。有人將氣味歸納為六類：花味、果味、香料味、樹脂味、煙味、臭味 (Fernald, 1997)。不少動物，例如：狗、貓、鼠、鯊魚等，有遠超過人類的嗅覺能力。

㈢膚　覺 (skin sense)

人類的皮膚有 2 平方公尺大，具備許多功能，是非常重要的感覺系統。皮膚除了保護肌肉、骨骼、體液，並調節體溫外，它含有許多不同的接納細胞（見圖 3–9），以便產生觸覺、溫度覺、痛覺等。

1.觸　覺 (sense of touch)

又稱壓覺，是皮膚表面與外物接觸或「施」、「受」壓力而引起的心理反應。觸覺接納細胞分別分布在皮膚裡的上、中、下層，使不同觸覺由多種接納細胞配合而引發。皮膚的觸覺敏感度因部位不同而有差異：較敏感的是手、手指、面頰、嘴唇、腳趾；較不敏感的是肩部、手臂、大小腿等；女性比男性有較佳的觸覺敏感度。

2.溫度覺 (sense of temperature)

溫度覺是溫覺接納細胞與冷覺接納細胞分別感應而生的。人體體溫平常是攝氏 37 度，體膚的溫度在攝氏 32 度左右，超過體膚溫度的空氣或物質產

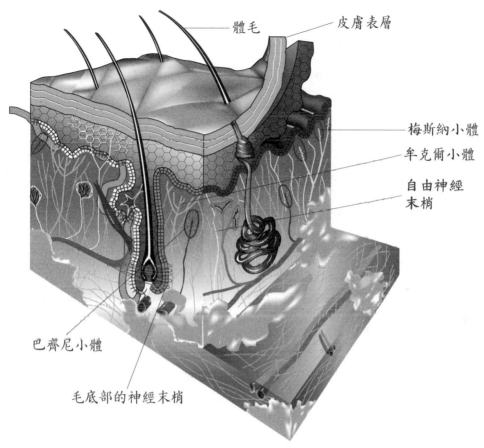

體毛　　　　　皮膚表層

梅斯納小體

牟克爾小體

自由神經
末梢

巴齊尼小體

毛底部的神經末梢

▲圖 3-9　皮膚裡的主要接納細胞

生溫覺，低於體膚溫度的空氣或物質產生冷覺。溫覺與冷覺兩種細胞若「同時」被刺激，會引起熱覺。

3. 痛　覺 (pain)

　　痛覺是另一重要感覺。人若喪失痛覺，則身體創傷、毀損、重病也無所感知，生命有隨時喪失的可能。人類的痛覺受情緒的影響很大；同一程度的創傷，各人的痛覺敏感度也互異。

㈣動覺 (kinesthesis) 與平衡覺 (vestibular sense)

　　個體感知身體各部的相關位置與其運動，稱為動覺。動覺的接納細胞分

布於肌肉、關節、筋腱等處，因此全身各部的相對位置及其運動，都由其接納細胞將訊息傳至大腦的運動區，以便協調與整合。

　　平衡覺負責維持整個身體的定向。內耳半規管負責頭部的平衡，前庭負責身體主幹的平衡。暈車、暈船等運動暈眩，是大腦因處理互不一致的感官訊息時所產生的失衡現象。

第三節　知覺歷程

一、知覺的形成

　　對感覺訊息予以組織與解釋的歷程，稱為知覺。人類的知覺有何種特性？舉一個親身例子來說明，筆者在美國教外國學生「學習理論」課時，在黑板上寫了一個「口」字，並告訴他們那是一個中文字。結果沒有一個學生猜得出它的意義。但當筆者在黑板上寫道："The dentist asked the patient to open his 口 ."（即「牙醫師要病人把口張開」）頓時，全班幾乎異口同聲地大聲回答說："mouth！"

　　上面這個例子說明知覺的形成必須要有引起知覺的基本素材（如「口」字），也必須有對產生知覺的整個情境具有「認知結構」（如該字是牙醫要求病人有作為時的關鍵字）。基於此，心理學家對於知覺的形成，提出「由下而上處理」(bottom-up processing) 抑或「由上而下處理」(top-down processing) 的不同的看法。

(一)知覺形成的歷程

　　持由下而上處理的觀點者認為，處理所有組成刺激的素材是產生知覺的先決條件。這個觀點重視由感官所獲得的感覺經驗，強

▲ 圖 3-10　知覺的整體性

調經驗對高層知覺歷程所具有的實質貢獻。

持由上而下處理的觀點者認為，知覺是由既存知識、經驗、期待、動機等指導而形成的。大腦以其選擇、組織、解釋、預測的能力，將大量湧進大腦的事物心像予以選擇，並統合成有組織、有意義的整體。從圖 3–10 所呈現的兩個三角形，可以看出，儘管構成三角形的背景圖形是支離破碎的，但在知覺上卻形成二個三角形的圖像。

目前，認知心理學從認知神經學家以新的偵測技術，在知覺過程中對相關部位大腦神經活動予以記錄與觀察所得，認為「由下而上」與「由上而下」兩歷程幾乎是同時進行的。

㈡知覺的組織原則

知覺的組織循一些原則而進行，在此我們討論兩個重要的原則：

1.形象與背景

在知覺範疇內，一時被集中注意的感覺經驗，稱為形象；因形象而被暫且忽略的周緣感覺經驗，稱為背景。一如念書，書上的文字是形象，白紙便是背景。有時形象與背景是可以互易的，形象成為背景，背景成為形象。圖 3–11 是典型的形象與背景可以互易的例子。

▲圖 3–11 可互易的形象與背景

2.完形原則

　　每個人的知覺經驗是整體的，也就是完形的。完形是指事物的整體性，它的具體說法是：「全體並不是部分的總和」，因為只是把許多部分加在一起，不見得就是我們所要的全體，要看部分如何組成。圖 3-12 是代表幾個主要組織原則的例子，茲簡單地解釋如下：(a)鄰近律：相鄰的物體愈相近，愈被視為一體。(b)類似律：相類似的物體，易被歸為一類。(c)連續律：許多短線，一條接近一條地排列，便成為一條長的虛線。(d)封閉律：將未封閉的物體看成封閉的物體。

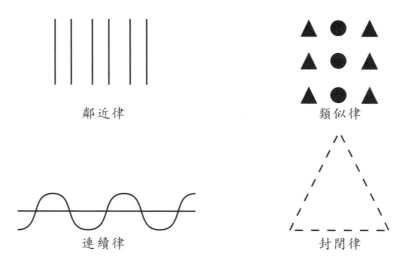

▲圖 3-12　完形原則

打開心視界

完形心理學的誕生

　　以 "Gestalt"（德文，意為形狀或形式）為名的完形心理學（又譯為格式塔心理學）發源於二十世紀初的歐洲，在研究人類知覺與意識問題。首先探討完形概念的學者是德國心理學家魏泰默，他從觀察火車行進時窗外景物飛馳的現象，以及萬花筒中奇妙的線條變化，進而開始研究人

類視覺中的錯覺現象，他也提出人類先天具有知覺組織律 (perceptual organization) 此重要發現。

(三)知覺與注意

由於感官的處理能力相當有限，因此我們必須在眾多刺激中做必要的選擇，這時若對某特定刺激予以集中注意，稱為選擇性注意 (selective attention)。

當我們集中注意某一刺激時，對於未予注意的刺激，我們能否有分散注意的可能呢？從所謂的雞尾酒會現象 (cocktail party phenomenon) 來看，分散的注意的確存在。一個人在喧鬧的雞尾酒會中與朋友交談時，竟能聽到附近有人談到「他的名字」。一般而言，我們能清楚地記憶受注意的訊息，對應忽略的訊息只能略微記得其特徵（如說話者的性別）。

雖說我們總希望事事都能集中注意，但事實不然。根據一研究，讓一群人在室內一邊上網、一面觀看並調控電視，結果發現，約半小時之內他們居然不自覺地在上網與看電視之間，有 120 次之多的更換注意 (Brasel & Council, 2010)。就拿不幸的車禍來說，有 28% 的車禍肇因於開車時以手機通話或傳送簡訊 (National Safety Council, 2010)。我們在日常生活中要盡量避免「視而不見」、「聽而不聞」，讓知覺發揮其最大的功能，避免危險的發生。

(四)影響知覺的因素

由於各人的經驗、需求、動機、所處情境、文化背景可能彼此不同，即使有完全相同的感覺，卻可能有差異很大的知覺。大家同看一棵古木，有人讚其歷久長存、有人賞其美姿、有人謝其蔭涼、有人憶起童年攀援的趣史、有人卻看作未來的柴火來源……。究竟造成人們產生具差異性的知覺因素有哪些？

1.個人因素

個人對其環境的人、事、物有其特有的經驗、期待、需求、價值判斷等，

因而形成其對環境的知覺取向。例如：曾經被洪水圍困的居民，談「水」色變（經驗）；久旱不雨的農場，待「水」如至寶（需求）。

2.情境因素

就以圖 3–13 為例，上排英文字母的 "13" 與下排序數的 "13" 不是完全相同嗎？但它在不同情境中卻產生不同的知覺。如果你把這兩個字的前後字母或數字同時遮住，你一定會認出它們是什麼。同樣的刺激，大腦把情境因素考慮在內，其意義就因而改變了。

A 13 C D E F G
10 11 12 13 14 15 16

▲圖 3–13　文字情境對知覺的影響

3.文化因素

知覺受學習的影響，因此文化對知覺的「統御」是既廣又深。例如：東方人與西方人看畫龍，各異其趣；喜慶送帖子，東方講究紅，西方愛用白。再如，本書圖 3–15 (b)的繆萊氏錯覺（見 p. 69），在非洲的許多族人身上就不會產生，因為他們的生活環境裡少見高樓大廈或各種房屋的直線條，他們所見的屋舍都是曲線的。生活於都市的人就免不了這類錯覺。

二、知覺的恆常性 (perceptual constancy)

感覺經驗儘管改變，其所代表的知覺維持不變，稱為知覺恆常性。知覺的恆常性表現在認知事物的大小、形狀、亮度、彩色上。例如：遠處的汽車看來雖小，它仍然是一般的大汽車；白襯衫在昏暗中看來是灰色，但它仍是白的。

三、知覺歷程

(一)深度知覺 (depth perception)

儘管物體是占有三度空間的立體物，但它們投射在眼球網膜上的影像，

是兩度空間的。由於知覺的組織與統合功能，網膜上的兩度空間物像被自動地轉換成三度空間的物體知覺。能知覺物體的深度，或估計物體與知覺者之間的距離，稱為深度知覺。基本上，深度知覺是天生的，嬰兒到 6 個月時已有深度知覺。

　　協助知覺系統將兩度空間物像看成三度空間的物體，需要一些線索。視覺線索可分兩類：雙眼線索與單眼線索。

1.雙眼線索 (binocular cue)

　　我們所用的雙眼線索有：雙眼輻輳與雙眼像差。當一物體從遠處逐漸向個體移近時，個體對著它注視的兩眼便向內慢慢輻輳，以維持清晰的視線焦點，眼肌帶給大腦「物體由遠而近」移動的訊息；反之，當一物體從近處逐漸往遠處移去時，我們內聚的雙眼慢慢往外鬆弛，眼肌給予大腦「物體由近而遠」移動的訊息。

　　當我們注視近處的物體時，左眼對物體的左側有較多的物像，右眼則對物體的右側有較多的物像，兩眼相互差異的物像，稱為雙眼像差。大腦將兩眼的物像融合為一，深度知覺便自然產生。

2.單眼線索 (monocular cue)

　　物像在單眼中提供深度知覺所需的線索，稱為單眼線索。主要的單眼線索有相對大小、相對位置、重疊、紋理遞變、大氣透視、直線透視、移動視差等。例如：物近則大、物遠則小。

▲圖 3–14　單眼線索依「近大遠小」的原則提供深度知覺。

㈡移動知覺 (motion perception)

　　若我們的頭部保持不動，所注視的目標（如人、交通工具、動物等）在靜止的背景上持續地更換位置，或其大小逐漸變大或變小，則引起真實移動的知覺。然而，我們也對靜止不動的目標物產生錯覺性的移動知覺，這便是似動現象。似動現象有：閃動、誘動、自動。

1.閃動現象是連續閃示靜止不動的物像，但於不同位置相繼出現時，所引起

的物體似動的知覺現象。例如：夜晚燈光閃爍的廣告牌，是連續閃亮相鄰的燈光所引起的「燈光移動」現象。

2. 誘動現象是在暗室裡置一靜止不動的光點於感光的方框之中，然後開始使方框左右移動，結果我們所感知的是光點在方框內移動。

3. 自動效應是指在黑暗中凝視一靜止的光點時，光點呈橢圓形方向移動的現象。例如：在黑夜凝視天空中的一顆星星時，覺得星光在晃動。

(三)錯　覺 (illusion)

人們時刻將進入大腦的環境訊息做最佳的組織、推論、解釋。這並不是被動地吸納過程，而是主動地對已有訊息做最合理的推測。由大腦對環境訊息所做的推測，稱為知覺性假設 (perceptual hypothesis)。知覺經驗的不斷充實，固然使許多知覺性假設更為正確；但是也令不少假設陷入錯誤而不自覺。

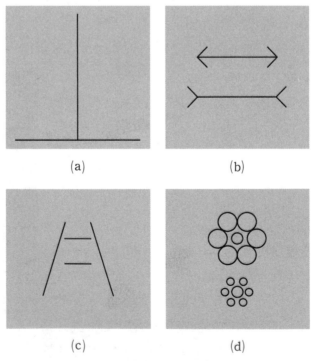

(a)　　　　　　(b)

(c)　　　　　　(d)

▲圖 3–15　知覺性假設錯誤下的視錯覺

錯誤的知覺性假設就是我們通稱的錯覺。我們常見的視錯覺 (visual illusion)，是兩個物體在網膜上引起完全相同的物像，卻在知覺上被解釋為不同的物像。

　　圖 3–15 的(a)稱為橫豎錯覺 (horizontal-vertical illusion)，看來豎線長於橫線，但兩線是等長的；(b)稱為繆萊氏錯覺 (Müller-Lyer illusion)，是將上橫線看成短於下橫線，但兩線是等長的；(c)稱為龐氏錯覺 (Ponzo illusion)，是將夾在相會兩線間的上一線看成比下一線長些，其實上下兩線是等長的；(d)稱為愛氏錯覺 (Ebbinghaus illusion)，是將被大圈圈包圍的圈子看成小於被小圈圈包圍的圈子，其實被包圍的兩個圈子一樣大。

第四節　超感知覺

　　科學的突飛猛進，並沒有減少人們對超科學的「心靈作用」的興趣。生活在現實社會裡，人們對世界的萬象抱有許多的好奇，然而人們的感官卻十分有限，他們真希望有個能超越物體障礙的心靈去滿足他們的好奇。超感知覺（extrasensory perception, ESP）是不需經由感官的刺激而能產生知覺的現象。有人宣稱他們有超感知覺，能預測世界大事，甚至試圖協助警察破案。

一、超感知覺的領域

　　超感知覺包括心電感應、靈覺、預知、心理致動。

1. **心電感應 (telepathy)**：指不需經由任何媒介而能將思想直接送達他者。例如，你突然覺得耳朵癢癢的，原來是好友正在想念你。

2. **靈覺 (clairvoyance)**：指不需視、聽、觸等感覺經驗而能認知事物者。例如，有人「見」到其姪兒在鄰鎮落水求救的景象。

3. **預知 (precognition)**：指能預知未來事故的能力者。例如：有人於一年前便預言某政要會有生命危險，一年後該政要果然因墜機喪命。

4. **心理致動 (psychokinesis)**：指能使物體隨心理的動力而移動者。據說，有人在賭場裡能令骰子滾到某一數字才停止。

二、超感知覺的可靠性

超感知覺是否存在，至今仍不能予以肯定，許多所謂的例證連比瞎猜都不如，因此大部分的人都採取半信半疑的態度，亦有科學家仍努力於此領域的研究。為研究超驗心理學 (parapsychology) 而聘僱專家的國家有：英國、荷蘭、澳洲等國。要大家真正相信超感知覺的存在，則有待心理學家與科學家的共同努力，找出可以重複驗證的事例。

本章摘要

1. 神經元是神經系統最基本的單位；神經是由許多神經元聚集而成；神經系統則是由許多神經所組成的。

2. 神經系統含中樞與周圍兩大神經系統。中樞神經系統包括腦部與脊髓；周圍神經系統包括軀體神經系統與自主神經系統。

3. 腦部可劃分為後腦、中腦、前腦三部分；大腦皮質可區分為額葉、頂葉、顳葉、枕葉四部分。大腦有左半球與右半球之分：左半球控制右半身，右半球控制左半身，兩半球經由胼胝體彼此相互溝通。

4. 「光」與「眼睛」是產生視覺的兩大支柱。光是一種波，人類能以肉眼看見的光波是電磁譜中波長介於 380nm 至 760nm 之間者。眼睛的結構若依光波通過感官的順序是角膜、瞳孔、水晶體、玻璃狀液、網膜、視神經。

5. 聲與耳是構成聽覺的兩個重要因素。聲波的頻率決定音調、聲波的振幅決定音強、聲波的複雜度決定音色。人耳可分三部分：外耳、中耳、內耳。外耳專司聲波的收集；中耳專司聲波的骨骼傳導；內耳專司聲波的液體傳導、接納、轉換、神經傳導等。

6. 對感覺訊息予以組織與解釋的歷程，稱為知覺。知覺的形成必須要有由下而上的感覺經驗，也必須有由上而下的知能作統整與指導。

7. 知覺是相當主觀的，受個人經驗、需求、動機、所處情境、文化背景等的影響。然而感覺經驗儘管改變，其所代表的知覺維持不變，稱為知覺恆常性。

8. 超感知覺是不需經由感官的刺激而能產生知覺的現象。超感知覺是否存在，至今仍不能予以肯定。

重點名詞

sensation	感覺	sensory neuron	感覺神經元
perception	知覺	motor neuron	運動神經元
neuron	神經元	connect neuron	連結神經元

nervous system　神經系統

spinal cord　脊髓

forebrain　前腦

midbrain　中腦

hindbrain　後腦

threshold　閾

absolute threshold　絕對閾

subliminal stimulation　閾下刺激

trichromatic theory　三色論

central nervous system, CNS　中樞神經系統

peripheral nervous system　周圍神經系統

sympathetic nervous system　交感神經系統

parasym pathetic nervous system　副交感神經系統

cocktail party phenomenon　雞尾酒會現象

color blindness　色盲

Hertz　赫

attention　注意

Gestalt　完形

perceptual constancy　知覺的恆常性

illusion　錯覺

extrasensory perception, ESP　超感知覺

telepathy　心電感應

◆ 自我檢測 ◆

是非題

(　) 1.感官的最基本單位是神經元與由神經元組成的神經與神經系統。

(　) 2.胼胝體能作為腦部與周圍神經之間的唯一通道,將感覺神經的神經衝動內傳至腦部或外導至運動神經。

(　) 3.當一個人的神經系統受損而喪失功能,他便不再擁有痛覺。

(　) 4.持知覺歷程為由下而上處理的觀點者認為,知覺是由個體的知識、經驗、期待、動機等指導而形成的。

(　) 5.基本上,深度知覺是天生的,嬰兒到6個月大時已具有深度知覺。

選擇題

(　) 6.人類接觸外界訊息的第一道關卡是　(A)知覺　(B)感覺　(C)大腦　(D)小腦

(　) 7.下列何者為影響知覺的因素?　(A)個人因素　(B)情境因素　(C)文

化因素　(D)以上皆是

(　　) 8.生活中出現大量的資訊，當無法同時間處理訊息時，必須忽略某
些訊息，而將較多的注意力放在某些地方。請問上述所說明的是
(A)知覺的完形　(B)知覺的選擇性　(C)知覺的恆常性　(D)知覺的相
對性

(　　) 9.下列有關大腦的敘述，何者為「非」？　(A)可劃分為後腦、中腦、
前腦　(B)前腦負責維持個體生命的基本活動　(C)大腦有左右半球
之分：右半球控制左半身、左半球控制右半身　(D)中腦負責溝通
前腦與後腦，主控視覺與聽覺的肌肉運作

(　　) 10.為了控制癲癇症，神經外科醫生有時會將病人連結大腦兩個半球
的胼胝體割斷。此時，若在病人的左視野放一個茶杯，在病人的
右視野放一盒蠟筆，則此病人會回答他看到什麼？　(A)一個茶杯
(B)一盒蠟筆　(C)一個茶杯和一盒蠟筆　(D)什麼也沒看見

◆ 想想看 ◆

1.從神經傳導的歷程看，半身不遂是什麼意思？

2.男女有沒有左右腦單側優勢的差異？試舉例說明。

3.上課時，你是視覺型或聽覺型？為什麼？

4.知覺受個人動機的影響，試舉出幾個不同的實例。

5.你有過超感知覺的經驗嗎？它是真的發生，抑或只是巧合？

CHAPTER 4

不同的意識領域

　　當你在念這本書時，你知道你正在做什麼。這種對自己與環境刺激的覺知狀態，稱為意識 (consciousness)。換言之，意識是個人在特定時間內對其環境的人、事與物及其感覺、思考、感觸等予以注意的心理境界。讀書、寫作、交談、開車、進食、看電視、觀賞景色等都是屬於這一類的意識狀態。然而，這些意識狀態只是我們所有意識界的一部分而已；其他如潛意識、睡眠、作夢、催眠、靜坐等則被稱為變更的意識 (altered consciousness)，是另一種心理境界。人生便在這許多不同的意識境界中度過。本章介紹幾個主要的意識領域，並試圖回答下列幾個問題：

◆ 什麼是意識、潛意識？它們有何功用？

◆ 睡眠包括哪些歷程？其功能何在？有哪些失眠症候？

◆ 什麼是日韻律？如何克服飛行時差？

◆ 為什麼要作夢？夢有哪些類別？

◆ 催眠要經歷哪些歷程？何謂催眠感受性？

◆ 有哪些靜坐方式？其功能何在？

◆ 何謂影響心理藥物？它們有哪些功能與負作用？

第一節　意識的層面

一般而言，廣義的意識可以概分為焦點意識（通稱意識）、無意識、潛意識三個層面。

一、意　識

意識 (consciousness) 的最大特徵是注意 (attention)，注意所集中之處便是意識所及。考試時，你聚精會神地去解題，大概一時不會去注意椅子的不適、空氣的鬱悶或鄰座者的衣著，除非它們吸引你的注意。意識有兩個主要功能：監視與控制 (Kihlstrom, 1984)。監視 (monitoring) 是指個體時刻維持其對內在與外在刺激的注意；控制 (controlling) 是指個體不斷地設計、促動、指導個體的活動，使所有在監視下的活動對個體有益。例如：我要你回答 "42 × 8 + 299 = ?" 時，你的心智活動便在意識的監視與控制下處理這些資訊並予以反應。可是當你在行走或駕車時，其活動多因熟練而自動地處理 (automatic processing)，意識控制便大量地減少。

二、無意識

無意識 (unconscious) 是指非常活躍於大腦中但不在焦點注意內「隨時待命」的所有意識活動，如那些一召即到的記憶體（如迅速以「巴黎」回答法國的首都所在）。根據認知神經學的研究，所有意識活動中，屬於焦點部分的只占 5%，屬於無意識的（包括潛意識）占 95% (Raichle, 2010)。

三、潛意識

潛意識 (subconscious) 又稱下意識，與無意識相類似。從佛洛伊德的心理分析觀點看，凡是不能被意識界所接受的衝動、慾望、記憶等，都被壓抑在一個不能自覺的潛意識裡，但是它們仍然時刻影響個人的行為。作夢、焦慮、

怪誕行為、說溜嘴（如叫錯男女朋友的名字）等，被心理分析家認為是無意識裡的衝動試圖返回意識界的實例。

第二節　睡眠與作夢

　　從早到晚忙於上課、活動、寫作業、趕報告或整天忙於工作的你，到了夜晚不禁感到疲憊而昏昏欲睡，也開始步入睡眠與夢鄉，一個變更的意識在等著你去經歷。我們在一天 24 小時內，睡眠時間約占 1/3，作夢時間約占睡眠時間的 1/5（即約 100 分鐘，你相信嗎？）睡眠雖不算清醒，亦不是毫無意識（如時常還能聽到雷雨聲）；睡眠時雖然大腦阻擋一般感覺訊息的進入，但重要訊息（如自己的嬰兒在深夜輕微的哭聲）仍能驚醒熟睡者。

一、生理韻律與生理時鐘

　　人生是大自然的一部分。自然界有春夏秋冬的四季循環，人也有生老病死的變化。且看四季中動植物秩序井然的生態變化，不禁讚嘆大自然規律的統御力，人們也似乎難逃億萬年來已經奠定的生理韻律 (biological rhythm)。

　　我們「日出而作、日入而息」，似乎顯示人的生理時鐘 (biological clock) 與大自然的日夜變遷相當一致。地球自轉一次是 24 小時，人的日韻律 (circadian rhythm) 也在 24 至 25 小時之間，而主導日韻律的大腦組織是下視丘 (hypothalamus)(Zee & Manthena, 2007)。下視丘裡有一群腦細胞稱為視交叉上核（suprachiasmatic nucleus，簡稱 SCN），如同內在時鐘一樣，主控清醒或入睡的時間。它對日光的強弱非常敏感，藉由它對日光的反應促使大腦釋放褪黑激素 (melatonin) 以調節個體的睡眠時間。就以象徵生理韻律的體溫變化來說，我們的體溫在熟睡的凌晨 4 時最低，清醒後的上午逐漸升高，至中午時體溫最高，也伴隨著最高的活力。雖然多數人的睡眠大體在晚上 10 時至早上 6 時之間，但也有少數的晚睡者或早起者。由於他們的日韻律不同，早起者愛上早課或早班，晨間的表現甚佳，只是到了午後情況顯然不繼；晚睡晚起

的「夜貓子」愈是到了午後愈有較佳的表現。請問，你是屬於哪一類呢？

工商發達後，由於產業的需求，許多人無法享受上午 8 時至下午 5 時的上班或工作時間，他們必須在夜晚或清晨工作。警察、護士、工廠工人、貨運司機、飛行員等時常更換上班時間。輪班改變了睡眠時間，也打斷正常的睡眠習慣，工作時亦難免因而睏盹。

如果你在一個城鎮久住，一旦乘坐飛機跨越時區而遠行（如由臺北飛往洛杉磯），可能日夜正好相反，你的生理韻律與現實所處環境不符，這種乘坐飛機跨越時區旅行所引起的日韻律的不適應現象，稱為飛行時差 (jet lag)。飛行時差給我們的啟示是：生理韻律把我們的生活規律化了，要是違抗它，只得受罪一時。欲克服飛行時差，旅行之前要有充分的睡眠；心理上接受到達地點的新時區；多喝液體，不要飲酒；到達地點的第一天，盡量暴露在室外。

二、睡眠的理由

工作一整天後覺得疲憊的人，總希望好好地睡個覺，以便有個精神抖擻的明天。看來睡覺像是「加油」，但是為何睡覺偏偏多在晚間進行呢？解釋睡眠的主要理由有五：復原、演化、醫療、記憶與創思。

㈠復原 (restoration)：睡眠使個體補充與恢復其原有的精力與體力。個人因勞動而疲乏，因睡眠而精力充沛、精神清醒。

㈡演化 (evolution)：由於長期演化的結果，個體藉睡眠以保存其體能，並防避「弱肉強食」者的侵害。換言之，利用日間獵取食物的動物，在夜間尋找隱蔽處睡眠，既可避免暴露身體，又能保持體能。

㈢醫療 (medical therapy)：身體利用睡眠時間製造大量免疫細胞，以便吞食感染病菌或癌細胞，因此睡眠有自體醫療的功能 (Motivala & Irwin, 2007)。

㈣記憶 (memory)：白天的學習與記憶的編碼，要靠夜晚睡眠時來增強與統整，因此睡眠後的記憶更顯得完整與清晰 (Kurdziel et al., 2013)。

㈤創思 (creative thinking)：有學者將其創新歸功於睡眠，如柯庫雷 (August Kekulé, 1829–1896) 於睡眠後發現苯 (benzene) 的結構；奧文 (Carl R. Alving, 2011) 於睡眠後創用痘苗貼片 (vaccine patch)。

三、睡眠的過程

　　睡眠的過程並不是像 U 字形那樣由淺入深直到醒起，而是有四個不同的睡眠階段進行（見圖 4–1）。茲將睡眠過程及其特有的眼動現象介紹於後。

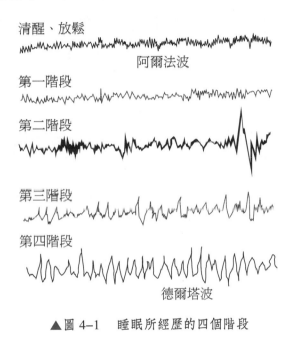

清醒、放鬆

阿爾法波

第一階段

第二階段

第三階段

第四階段

德爾塔波

▲圖 4–1　睡眠所經歷的四個階段

(一)睡眠的四階段

1. 第一階段：是剛進入睡眠數分鐘的初睡階段，意識昏迷、腦波頻率減緩且無規律。
2. 第二階段：是已經入寢 20 分鐘左右的淺睡階段，腦波快速而不規則、波幅高低互現。
3. 第三階段：是深睡階段，腦波呈緩慢而寬闊，趨近德爾塔波 (delta wave)。
4. 第四階段：是非常熟睡的沉睡階段，腦波是粗而緩的德爾塔波。

　　一個人約 8 小時的睡眠，共有 5 個深淺互現的週期。圖 4–2 是典型的從入睡至醒起的起伏性睡眠旅程。圖中顯示：每個週期長約 90 分鐘；頭兩個週

期都有四個睡眠階段；次兩個週期則不再出現第四階段的沉睡；最後一個週期只及第二階段的淺睡。

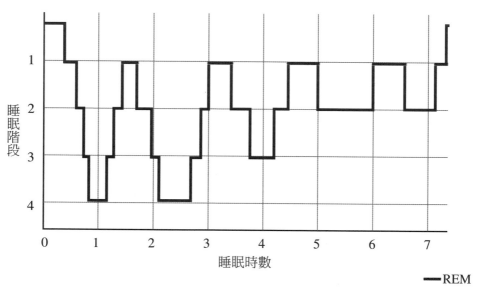

睡眠階段

睡眠時數

━━REM

▲圖 4-2　睡眠的週期性

(二)快速動眼睡眠（REM 睡眠）

每當睡者從較深的階段返回第一階段後，眼皮仍然闔著的兩眼開始急速地左右移動，我們稱此時的睡眠為快速動眼睡眠（rapid eye movement sleep，簡稱 REM 睡眠），並且把其他睡眠統稱為非快速動眼睡眠（non-REM sleep，簡稱 NREM 睡眠）。

若一個人的睡眠包括 5 個週期（可能是 4 至 6 個週期），REM 睡眠也出現 5 次，而且由首次的約 10 分鐘依次增加到最後的 30 至 60 分鐘。當受試者在 REM 睡眠中被叫醒時，有 78% 的次數說是正在作夢，即使那些宣稱從未作夢者亦復如此；至於在 NREM 睡眠時被叫醒的受試者，只有 14% 的次數說是正在作夢 (Dement, 1992)。於 REM 睡夢中，大腦活躍但軀體麻木（以保護個體的安全）；於 NREM 睡夢中，大腦遲鈍但軀體活躍（不斷翻動身體與四

肢）(Colemen, 1986)。

　　愈來愈多的研究使我們對 REM 睡眠有更多的瞭解：嬰兒與兒童比成人有更長的 REM 睡眠；一個人前一天的 REM 睡眠被剝奪後，第二天便因反彈效應 (rebound effect) 而有比平時更長的 REM 睡眠；完成一學習作業後，若 REM 睡眠被干擾，則醒後對該學習的回憶比平時更差，因此 REM 睡眠或許在修改與重組訊息 (Diekelmann & Born, 2010)，也涉及處理新近的情緒經驗 (Walker & van der Helm, 2009)。與 REM 睡眠相比，剝奪 NREM 睡眠對個體的身心影響較少。

㈢剝奪睡眠

　　由於一些生理或心理的原因，我們偶爾有短暫失眠的現象，但很快地身心又回復正常運作。一般而言，睡眠被剝奪得愈長久，其影響愈嚴重。根據研究 (Borbely, 1986)，失眠的頭一天，受試者仍然顯得輕鬆愉快，但晚間開始顯得難挨；再失眠一天，受試者覺得疲倦，白天工作時會失控而睏盹；失眠三天後，開始對事冷漠、容易因瑣事而暴躁、做事有氣無力，至晚間幾乎無法支撐，有些人開始產生幻覺 (hallucination) 而「無中生有」。根據報告 (Barger, et al., 2009; Koslowsky & Babkoff, 1992)，失眠者覺得疲倦、反應遲緩、抑鬱寡歡、創造思考鈍化、思考難於集中、判斷錯誤、免疫力減弱等。

四、睡眠的性別差異

　　於清醒時，男女在工作上、情緒上、態度上有性別差異；於夜晚睡眠時也有不同程度的性別差異。研究顯示，即使男性比女性少睡，仍然可達到最佳工作效率，要達到最佳工作效率，女性則可能需要每日睡滿 8 小時以上。相較男性，女性多有睡眠或休息不足的報導 (Mcknight-Eily et al., 2009) 或白天睏盹，須半小時以上才能入睡的情形 (Oginski & Pokorski, 2006)；女性較男性更多的失眠，男性則較女性更會打呼和窒息性睡眠 (Morlock Tan & Mitchell, 2006; Jordan & McEvoy, 2003)。

五、睡眠異常

睡眠不僅可以恢復疲勞，又能帶人進入夢鄉，人人都願意一睡到天亮。可惜有些人，有些時候就沒有這樣的福氣，他們不是患了嚴重失眠，就是患了失控性突眠或窒息性睡眠。

(一)失　　眠 (insomnia)

失眠泛指睡眠不足。由於個人所需的睡眠時數不同，加上人有高估失眠時數的現象，因此失眠是相當主觀的判斷。失眠有屬於難以入睡的、有屬於醒得過早又無法回寢的，也有屬於睡眠期間醒的次數過頻的。下列是防止或適應失眠的一些有用的建議：(1)有規律的睡眠時間，避免太長的午睡或小睡；(2)睡前保持輕鬆；(3)睡前不暴食或飽食；(4)睡前不抽煙、不喝酒、不喝含咖啡因的飲料；(5)睡前做例行的輕微運動，避免激烈運動；(6)遇入睡困難時，不逼迫自己睡眠，不妨做些分心的事；(7)千萬不要服用安眠藥，它只會使以後的情況更為惡化；(8)床只作睡眠之用，不該在床上看書、看電視或工作。

(二)失控性突眠 (narcolepsy)

失控性突眠（又稱猝睡）是患者於平時上課、工作、開車、交談或進食時突然入睡幾秒鐘至 10–20 分鐘的現象。失控性突眠是 REM 睡眠，而且有時因肌肉失持而全身倒下。有 1/1000 比例的人患有此症，它與下視丘內的細胞喪失有關 (Nishino, 2007)。有些人因症狀輕微，2–3 秒鐘一閃而過，因此常不被察覺，倖免於失態。

(三)窒息性睡眠 (sleep apnea)

窒息性睡眠是患者睡眠時的間歇性停止呼吸的症狀。患者於停止呼吸約 1 分鐘後，大腦因血氧過低而醒來，並以打鼾恢復呼吸。窒息性睡眠與遺傳有關 (Chinag, 2006)，患者多為年過 40 的中老年肥胖者。減胖與戒酒有助於減輕症狀，但至今仍無有效的藥物控制。有些嬰孩猝死症 (sudden infant death syndrome, SIDS) 可能與窒息性睡眠症有關 (Taylor & Sanderson, 1995)，若能避免嬰兒俯臥而睡（俯臥時易使呼吸更為困難），可以減少嬰兒的死亡率。

㈣夢遊、夢話、夢魘、夜驚、夜尿

夢遊 (sleepwalking) 是誤稱，應該稱之為「睡中行走」，因為它發生於睡眠時很少作夢的第三、四階段。在熟睡之際，有的患者突然坐起，喃喃幾句，又躺回入睡；有的患者突然下床、著衣、獨自行走（甚至離開房舍），再回床就寢。這類症狀的患者幾乎全是兒童。睡中行走者於事發後並沒有什麼記憶。

夢話 (sleep talking) 稱為睡中說話。它發生於 REM 睡眠與 NREM 睡眠之中。睡中說話，有的口齒不清、有的清楚可辨，更有少數可以相互交談。不論何者，當事人於事後並無記憶。

夢魘 (nightmare) 是作不愉快的夢，也就是我們常說的惡夢。夢魘多數是無害的，因為它發生於 REM 睡眠期，此時雖然大腦活躍，四肢卻麻木而不能動彈。夢魘多發生於幼童，至成年期便很少見。

夜驚 (night terror) 是兒童在熟睡之際，突然坐起、驚惶尖叫、心跳倍增、呼吸困難、渾身汗透。然而，事後毫無記憶。夜驚發生於睡眠的第三或第四階段，因此與夢魘無關。

夜尿 (enuresis) 是 5 歲以上兒童於腦波緩慢而輕鬆熟睡時，無意識地尿泌的現象。它與遺傳有關，多發生於男孩，至青春期症候會有所改善。

六、夢的功能與解釋

從夢裡，有人得到靈感、有人得到啟示、有人得到慰藉、有人得到發洩、有人自扮主角、有人扮演觀眾。夢給予人們多少的喜怒哀樂、多少的離奇古怪，因此它可以說是個人獨自擁有的「晚間劇場」(Davis & Palladino, 1997)。

㈠夢的性質

從 REM 睡眠與作夢的關係來看，作夢是生理與心理互動的結果。欲瞭解夢的必要性，請看下列三個事實：(1)大多數哺乳動物都有 REM 睡眠；(2)人類

REM 睡眠的需求與大腦的發育成熟度相關, 它與睡眠的百分比是出生兒的 50%、6 個月嬰兒的 30%、2 歲兒童的 25%、早期兒童的 20% (Marks et al., 1995);(3)當 REM 睡眠被剝奪時,受試者於次夜有反彈性的補充需求,因而有比平時更長的 REM 睡眠 (Brunner et al., 1990)。

㈡夢的內容

我們常說:「日有所思,夜有所夢」,這跟研究調查的結果是否相符呢?根據一項報告 (Stark, 1984),出現最多的夢依次是:身體下墜、被追趕或攻擊;欲完成一事但屢試不成;空中飛行;對要事不備或時時遲到;被拒;或當眾裸體等。根據另一個對一萬人的調查研究 (Hall & Van de Castle, 1966),在所有報告出的夢之中,64% 屬於悲哀、恐懼或憤怒,只有 18% 屬於快樂或興奮;攻擊是表達友誼的 2 倍;29% 是彩色的;婦女較多夢及室內之事物,男子較多夢及室外之事物。有一報告指出 (Van de Castle, 1994),兒童較成人作更多的涉及動物的夢。綜上所述,夢的素材來源有三:日常生活中所關切的事物、外界環境中的有關刺激、作夢者本人的需求。

㈢夢的解釋

到目前為止,試圖對夢提出解釋的觀點有:佛洛伊德夢的分析、連續論、記憶論、威脅虛擬論、促動合成論。

1. 佛洛伊德夢的分析 (Freudian dream analysis)

根據佛洛伊德 (Freud, 1900),人與生俱來就有「性」與「攻擊性」的潛在衝動。由於這類動機不為社會所接受,乃被壓抑於潛意識裡,但它們時刻等待機會以求滿足。睡眠時意識警戒鬆弛,潛意識裡的動機得以「化裝」出現;夢便是一種被重新結構與間接表達的內在動機的實現。佛洛伊德把夢分成兩個層面:一是自睡眠醒來時所道出來的,稱為顯性內涵 (manifest content);一是構成該夢背後的思想、衝動、需求、衝突、慾念等,稱為隱性內涵 (latent content)。根據這個說法,由夢的顯性內涵去窺視其隱性內涵,便是夢的分析之功能。

2. 連續論 (continuity theory)

連續論認為，夢是適應日常問題的一種手段。藉著日常問題在夢中持續出現，個人可以找出必要的適應策略 (Pesant & Zadra, 2006)。

3. 記憶論 (memory theory)

記憶論認為，夢是資訊整合與記憶合成的歷程，因此日有所思、夜有所夢 (Eiser, 2005)。REM 睡眠受到干擾後記憶會受到影響，證明夢與記憶有關。

4. 威脅虛擬論 (threat simulation theory)

威脅虛擬論認為，夢有演化的功能。夢裡充斥對人類有威脅的虛擬事故，旨在鍛鍊個人抵禦外侮的能力 (Valli & Revonsuo, 2009)；夢中有許多虛擬的恐怖事件，旨在使人習以為常，以便在清醒時能較從容地應付令人恐懼的事象。

5. 促動合成論 (activation-synthesis theory)

促動合成論是從神經科學與認知心理學的觀念去解釋夢的形成及其內容 (Antrobus, 1991)。此一理論認為，夢的形成包括兩個歷程：(1)由腦幹 (brainstem) 隨機引發的神經衝動向大腦皮質部 (cerebral covtex) 擴散而去，這是夢的促動歷程 (activation process)；(2)大腦根據其儲存的往日經驗，將擴散而來的訊息組成有意義的意象或故事，這是夢的合成歷程 (synthesis process)。依此說法，於 REM 睡眠時，感覺神經元引發的神經衝動，使夢中充滿光澤、色彩、形象等物像 (Antrobus, 1991)；於 REM 睡眠時，運動神經元引發的神經衝動，使夢中含有飛行、降落、爬行等動作 (Porte & Hobson, 1996)。

第三節　催　眠

催眠 (hypnosis) 是一種歷程，它使個人極度輕鬆、注意專一，因而能依暗示 (suggestion) 而行動的一種意識狀態。催眠術由於許多催眠師的大肆廣告與宣傳、魔術界與嘉年盛會的表演，使大眾對它的神祕更加好奇；加上臨床上的應用以治療酒癮、煙癮，或用以鎮痛、減重等，使人們對它的研究與應用

有更高的興趣。

一、催眠境界的引進

過去一般人認為，催眠一定要由催眠師施展其特殊技巧或使用特有的「神奇」功力。事實不然。喀欣 (Kassin, 1998) 認為，催眠應循兩個步驟：引進與暗示。

引進 (induction) 是使個體從一般意識狀態導引至可以被動地接受暗示的另一種意識狀態。引進的核心技巧是：使個體完全集中其注意。首先，催眠者以柔和而單調的聲音要求被催眠者將注意定於一：一枝筆、一鐘擺、一燭光等都可以，也可想像自己躺在安適的沙發上或寧靜的沙灘上。其次，要求被催眠者閉上眼睛並且盡量放鬆，並對被催眠者慢慢說：「你的身體一定很放鬆了！」、「你也愈來愈累了！」、「你現在累極了！」這樣做，就是要使被催眠者在鬆弛中，排除雜念，集中其注意。

暗示 (suggestion) 是給予被催眠者行動的指令，或告知被催眠者的屬性特徵（如你的手不怕冷）。為確保被催眠者已成功進入接受暗示的境界，催眠者可以試探地說：「你的眼睛已牢牢地閉著，你現在怎麼試也張不開了。」如果還不敢肯定，你可以要他聞一滴「香水」（其實是氨），以考驗他的反應。若他證實是「香水」，則他已進入暗示期了。

二、催眠的感受性

催眠並不是困難的技巧，若按部就班地在指導下練習，人人都會催眠。但是人人都可被催眠嗎？答案是：有人可以，有人不行。催眠的科學研究先進希爾嘉 (Ernest R. Hilgard, 1904–2001) 發展出一套史丹福催眠感受性量表 (Stanford Hypnotic Susceptibility Scale, SHSS)，以評量個人的可催眠性。量表的主要評量變項是個人對暗示的感受性。希爾嘉使用該量表的結果發現，有些人極易受催眠，有人極難受催眠，大多數人居於兩極之間 (Hilgard, 1982; Naish, 2010)。一般而言，兒童比成人易於催眠，在青春期前催眠感受性到達最高峰，此後開始逐漸下降。

三、催眠的功效

催眠使人進入一種特殊的意識狀態中，其目的何在？下面是常見的催眠功能。

㈠鎮　痛

痛可經由催眠暗示而減輕 (Weichman, A. & Patterson, 2007; Zimbardo & Gerrig, 1996)。對於高度催眠感受性者而言，催眠能變成他們的心理麻醉劑 (psychological anesthetic)。我們可以對已進入催眠狀態者暗示，他的手如木頭，或他的手不怕冷，結果他放在冰冷水中的手絲毫沒有痛的感受 (Hargadon et al., 1995)。催眠在醫學上的鎮痛功效已在牙醫、婦產、頭痛、背痛、風濕痛、氣喘等方面廣泛使用。催眠不限於催眠師使用，自我催眠 (self-hypnosis) 也是非常有效的手段。

㈡強　制 (coercion)

強制是要求被催眠者同意他平時不苟同的想法。催眠是否可以像某些電影裡所描述的，令個人違反其良知而去殺人呢？既然催眠不能違抗意願，因此其答案是否定的。事實上，一個在催眠狀態下的人知道他在幹什麼，因此他不會做出損人或害己的事 (Gibson, 1991)。

㈢催眠後暗示 (posthypnotic suggestion)

催眠後暗示是指被催眠者在催眠狀態中所接受的暗示，於催眠狀態結束後繼續有效的現象。例如：在為戒煙者催眠時，被催眠者接受「香煙真難聞」的暗示；被催眠者於催眠結束後果然不十分願意再聞香煙味。

㈣記憶增強 (hypermnesia)

記憶增強是指個人被催眠時因接受暗示而有超越平時的記憶能力。儘管警察或司法機關常借用這個可能性以協助破案，但綜合研究所得的結果是：

固然催眠使個人有較清晰的往事記憶，但也摻雜許多扭曲或錯誤的記憶 (Dinges et al., 1992; McConkey & Sheehan, 1995)。

㈤心理治療 (psychotherapy)

使用催眠做心理治療已證明可以減輕患者的焦慮與恐懼 (Saadat et al., 2006)。這類治療方式現已相當普遍。

第四節　靜　坐

催眠狀態是由他人引進而形成的特有意識境界，靜坐 (meditation) 則是一種排除外界刺激，控制自己的思維，與注意定於一的自我修練的歷程。它是源自宗教上的靈修，以達到平心靜氣、了無雜念、徹底領悟、天地合一的境界。

一、不同的靜坐法

目前受到心理學家注意的主要靜坐方式有三：坐禪、瑜伽術、超覺靜坐。坐禪 (Zen meditation) 集中注意於呼吸時的體內活動；瑜伽 (Yoga) 注意呼吸技巧，體驗不同的姿勢，複誦咒語（默誦或朗誦）等；超覺靜坐 (transcendental meditation, TM) 可以使用咒語，亦可以使用心像，以求注意的集中。

二、靜坐達成的境界

成功的靜坐使個人進入「空」、「清」、「虛無」的另一種意識境界，無感覺訊息，也無知覺內涵；它使個人有欣快感 (euphoria)、高亢的情緒、擴展的注意、無時間的感覺 (Bourne & Russo, 1998)。進入此境界者的腦波特徵是，有清醒時的阿爾法波 (alpha wave) 與淺睡時的西塔波 (theta wave) (Karamatsu & Hirai, 1969)。同時，個人的代謝作用與心跳減慢、對焦慮刺激的反應減低、大腦的血量增加，兩個半腦的活動更為一致 (Holmes, 1984)。

三、靜坐的功效

靜坐的最大功效是，它使個人極為輕鬆與平靜。就以超覺靜坐的效益而言，它不僅減少焦慮，也使 LSD 濫用者減少 97%、大麻菸濫用者減少 78% (Wallace & Benson, 1972)。由於超覺靜坐自然而簡易，現已成為濫用禁藥者的有效治療法 (Alexander et al., 1994)。

第五節　影響心理藥物

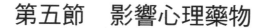

人類不斷地探索與體驗各種不同的意識狀態，除了睡眠、作夢、催眠、靜坐以外，甚至使用藥物以刺激、麻醉、改變身心狀態，這是不是人類與生俱來的天性呢？(Weil & Rosen, 1993) 在許多藥物中，能夠變更意識或改變行為的，稱為影響心理藥物 (psychoactive drug)；而專門研究藥物如何影響心理歷程的科學，稱為心理藥理學 (psychopharmacology)。

長期使用影響心理藥物可能導致兩個症候：依賴性 (dependence) 與耐藥力 (drug tolerance) 的提升。依賴性是指一旦令人上癮的藥物被停止，個體對藥物產生更強烈的需求，並有異常難受的戒斷 (withdrawal) 症候群。常見的戒斷症候有：發抖、冒汗、流淚、嘔吐等。

依賴性分身體與心理兩方面。對一個已對藥物上癮的人來說，驟然停止服用藥物，身體（尤其是大腦）的神經傳導物與荷爾蒙突然失衡，生理功能因而失調，對藥物的「需求」更加強烈，這是屬於身體依賴性 (physical dependence)；同理，若長期使用藥物，到該服用藥物時卻無藥可用，心理上乃產生更強烈的用藥「願望」，這是屬於心理依賴性 (psychological dependence)。許多人上了咖啡癮，每天上下午的一段時間內若少了一杯咖啡，一心便在咖啡上徘徊，無法專心工作。

耐藥力是指用藥一久，藥物作用減弱，身體需要更多的用量以維持原有的效力。用藥量有增無減，不僅傷害身體，而且費用負擔加重。無怪乎許多

「吸毒」者，由於愈用愈多，加上毒品昂貴，終至傾家蕩產，甚至鋌而走險（如偷、詐、搶、劫等）。

我們可以依其對心理產生作用的不同而分成三大類：鎮定、刺激、迷幻。下面將分別舉例說明一些藥物在變更意識上的作用。

一、中樞神經抑制劑

㈠酒　精 (alcohol)

酒精是歷史最悠久、使用最普遍的一種抑制劑。酒精抑制醋膽素 (acetly-choline) 作用，但提升多巴胺 (dopamine) 作用。醋膽素與多巴胺皆為神經傳導物質，當醋膽素不足，可能會引起自律神經失調或癡呆，多巴胺則會影響情緒與幸福感，因此它一方面有助興與鬆綁自律的作用，另一方面卻有鎮定與壓抑的效果。

然而酒精會令人視覺不清楚，注意力減弱，嗅覺、味覺、痛覺鈍化、反應遲緩、身體失衡、語言不清與思路不暢等。酒醉的人走進了另一個意識境界，也因而容易有失言、失禮、失敬、失事（如駕車闖禍、打架、舉刀殺人）等行為而不自知。喝酒上了癮就是酒精中毒 (alcoholism)，不僅影響工作表現，而且難以忍受依賴性所引起的戒斷症候。

請注意，嗜酒與基因有某些程度的關聯 (Stacey, Clarks & Schumann, 2009)。例如：同卵雙胞胎中，其中一位嗜酒，則另一位也有嗜酒的現象；這在異卵雙胞胎就沒有這種現象。而且，一家之中父親若嗜酒，其子女也有嗜酒的傾向。有趣的是，中日兩國人民有許多人一喝酒就面紅耳赤，這在西方白人界就很少見，也證明種族上的基因差異。

值得警惕的是，有 1/3 以上的死亡車禍與酒駕有關，有 1/2 以上的強姦事件與家庭暴力發生在飲酒後，不當飲酒也導致離婚率上升、工作效率降低或工作中受傷機率上升等。

㈡巴比妥酸鹽 (barbiturates)

巴比妥酸鹽是一種非常普遍使用的抑制劑，用以治療焦慮、失眠或癲癇症等。服用巴比妥酸鹽製劑後會使人睏盹、遲緩，引起較差的知覺與認知（如考試）表現，大量使用有鎮痛效果。安眠藥多含巴比妥酸鹽，因此考前不應使用。多數鎮定藥物容易使人上癮，耐藥力也快速增加，戒斷症候更是難挨。若巴比妥酸鹽與酒精飲料同時使用，可能有致命的危險。

㈢鴉片劑 (opiate)

鴉片劑包括鴉片 (opium)、嗎啡 (morphine)、海洛因 (heroin)、可待因 (codeine)、美沙酮 (methadone) 等，是強而有力的抑制劑。它們抑制與痛有關的 P 要素的分泌，並增加多巴胺酸的分泌。使用者瞳孔縮小、呼吸緩慢、身體睏倦、焦慮喪失、疼痛減弱；當鎮靜功能奏效時，取而代之的是極為幸福快樂的感覺。鴉片劑易於上癮，停用後有痛苦的收回症候，個體逐漸喪失自己的鎮痛能力。服用過量的鴉片劑可能導致死亡。

二、中樞神經興奮劑 (stimulant)

最廣泛使用的興奮劑是咖啡因、尼古丁、安非他命、古柯鹼等。它們對生理產生作用而改變意識狀態。其使用後的主要反應是：瞳孔擴張、食慾減低、心跳加快、呼吸加速、體力增加、信心增高等。許多人以刺激藥物保持清醒、提神、減重、增加體能等。

㈠咖啡因 (caffeine)

咖啡因存在於人們常飲用的咖啡、茶、可樂、熱巧克力、提神飲料等。它具有保持清醒、提神、振奮等作用。含咖啡因的飲料都會使人上癮。

㈡尼古丁 (nicotine)

香煙中的尼古丁，它可以提神、減少食慾、減少焦慮、減低痛覺、增加

警覺性，並引起興奮感等作用。吸煙容易上癮，一旦上癮便很難戒除。於 1997 年，由於多起法院訴訟案，香煙製造商終於坦承香煙致癌的事實，世界各地乃掀起禁煙運動。至今許多公共場所，例如：教室、辦公室、公車、捷運、公園等皆禁止吸煙。

㈢安非他命 (amphetamine)

安非他命可以使人快速興奮、減少疲勞、加速體能活動。使用少量安非他命可以提高警覺、增加能量、減少疲乏、壓制食慾；使用多量則使人困惑、產生狂躁、具攻擊性。長期使用此藥可能引起類似精神分裂的症候。安非他命是合成藥物，可以用來治療氣喘、失控性突眠、抑鬱、肥胖等 (Palfai & Jankiewicz, 1991)。安非他命會使人上癮，不宜長期使用。

㈣甲基安非他命 (methamphetamine)

此藥又稱「冰毒」或去氧麻黃鹼，它可激起情緒、警覺性，引起焦慮、失眠、食慾降低或妄想。用以治療注意力不足過動症 (Attention Deficit Hyperactivity Disorder, ADHD) 或作短暫減輕體重之用。

㈤亞甲二氧甲基安非他命 (MDMA)

此藥俗稱搖頭丸、快樂丸，其化學結構類似安非他命，具有安非他命的興奮作用及三甲氧苯乙胺 (mescaline) 之迷幻作用，食用後會激發洞察力、情緒反應、肌體緊張、焦慮、妄想與睡眠困難，此藥並無醫療作用。MDMA 常以各種不同顏色、圖案之錠劑、膠囊或粉末出現，很難從外觀來辨識，但多以口服方式使用。

㈥古柯鹼 (cocaine)

是由古柯葉 (coca leaf) 提煉出來的。若由鼻孔或裹在煙支裡吸取古柯鹼，會即刻感到高度欣悅，約半小時後身體因缺乏多巴胺酸與正腎上腺素，又猛然地感到抑鬱、乏神，因而再度吸毒的需求更為強烈。它的容易上癮，加上

它對意識的快速變更能力，令人擔憂它對個人身心所造成的摧殘。

三、中樞神經迷幻劑 (hallucinogen)

迷幻劑又稱心理變更藥物 (psychedelic drug)，是能扭曲時空知覺並引起幻覺的藥物。幻覺是沒有某種刺激物，卻產生該物的感覺經驗，例如：見雨卻無雨。

㈠麥角二乙胺 (LSD)

LSD (lysergic acid diethylamide)，是由裸麥的麥角菌提取的一種迷幻劑，俗稱一粒沙、搖腳丸等。它能使瞳孔放大、體溫升高、心跳加速、血壓增高；能使多種情緒快速更易。使用多量的 LSD 會產生色彩與形狀不斷變幻的幻覺與妄想。長期使用者，會有先前幻覺經驗的回閃 (flashback) 現象，也有隨之而來的知覺扭曲與迫害妄想症狀。可怕的是，這些症狀出現後，患者即使立即停止使用此藥，其症候可能仍持續數年之久。

㈡苯環己呱啶 (PCP)

PCP (phencyclidine) 是一種強而有力但藥效難測的迷幻劑，俗稱天使塵 (angel dust)，它因用量的不同而可能有鎮定、刺激、幻覺、止痛等多種作用。常見的藥物反應是：欣悅、不快、感覺扭曲、幻覺或暴力傾向等。當感覺扭曲時，個體可能有無痛的感覺，因此有身受創傷而不自覺的危險。

㈢大麻煙 (marijuana)

大麻煙，是乾燥的大麻 (cannabis sativa) 葉與花。它可以當煙吸，亦可當食物食用。麻藥 (hashish) 是由大麻的葉與花的脂所壓縮出來的，其藥性要比原來的葉或花要強得多。大麻煙有叫做 THC (tetrahydrocannabinol) 的成分，可使心跳加速與眼球變紅，注意力與短期記憶也可能受到影響 (Leavitt, 1995)。使用中度以下的 THC 會有欣悅與幸福感；使用大量的 THC 會導致妄想症 (delusional disorder)、幻覺 (illusion)、昏迷等。大麻也被作為醫療之用，如減少化學療法的副作用，也可用以治療青光眼 (Grinspoon & Baker, 1993)。

本章摘要

1. 意識包括意識、無意識、潛意識三個層面。

2. 人的日韻律是在 24 至 25 小時之間。因乘坐飛機跨越時區而引起的日韻律不適應現象稱為飛行時差。

3. 解釋睡眠的主要理由有五：復原、演化、醫療、記憶與創思。復原，睡眠能補充與恢復體力；演化，經長期演化，個體藉睡眠保存體能，並防避侵害；醫療，睡眠有自體醫療的功能；記憶，睡眠可幫助記憶增強與統整；創思，睡眠有助於思考或創新。

4. 睡眠包括初睡、淺睡、深睡、沉睡四階段。作夢多發生在快速動眼睡眠期間，干擾快速動眼睡眠對身心有不良的影響。

5. 睡眠異常包括失眠、失控性突眠、窒息性睡眠。

6. 夢的解釋包括精神分析的夢分析論、連續論、記憶論、威脅虛擬論、促動合成論。

7. 催眠包括引進與暗示兩步驟。催眠的成敗與個人的催眠感受性高低有關。催眠的功能包括：鎮痛、強制、催眠後暗示、記憶增強、心理治療等。

8. 靜坐有坐禪、瑜伽、超覺靜坐等方式。

9. 能變更意識或改變行為的藥物稱為影響心理藥物，主要的有抑制劑、興奮劑、迷幻劑。

重點名詞

consciousness 　意識

unconscious 　無意識

subconscious 　潛意識

circadian rhythm 　日韻律

hypothalamus 　下視丘

jet lag 　飛行時差

REM sleep 　快速動眼睡眠

NREM sleep 　非快速眼動睡眠

rebound effect 　反彈效應

hallucination 　幻覺

insomnia 　失眠

sleep apnea 　窒息性睡眠

narcolepsy 　失控性突眠

sleepwalking 　夢遊

sleep talking　夢話

nightmare　夢魘

night terror　夜驚

enuresis　夜尿

hypnosis　催眠

induction　引進

suggestion　暗示

self-hypnosis　自我催眠

coercion　強制

posthypnotic suggestion　催延後暗示

hypermnesia　記憶增強

psychotherapy　心理治療

meditation　靜坐

psychoactive drug　影響心理藥物

dependence　依賴性

drug tolerance　耐藥力

suprachiasmatic nucleus, SCN　視交叉上核

lysergic acid diethylamide, LSD　麥角二乙胺

alcohol　酒精

dopamine　多巴胺

barbiturates　巴比妥酸鹽

opiate　鴉片劑

stimulant　中樞神經興奮劑

caffeine　咖啡因

nicotine　尼古丁

amphetamine　安非他命

methamphetamine　甲基安非他命

MDMA　亞甲二氧甲基安非他命

cocaine　古柯鹼

hallucinogen　中樞神經迷幻劑

phencyclidine, PCP　苯環己呱啶

marijuana　大麻煙

threat simulation theory　威脅虛擬論

—◆ 自我檢測 ◆—

是非題

（　　）1. 我們感覺不到潛意識的存在，因此它不影響我們的生活。

（　　）2. 根據佛洛伊德的夢分析，自睡夢中醒過來時所說出來夢的內容，就是隱性內涵。

（　　）3. 反彈效應是 REM 睡眠被剝奪所引發的。

（　　）4. NREM 睡眠時，大腦活躍但軀體麻木，故不至於傷害自己。

（　　）5. 一個人能否被催眠要看他的催眠感受性的高低。

選擇題

（　　）6.人的日韻律大約在_____小時之間　(A) 8 至 9　(B) 12 至 15　(C) 18 至 20　(D) 24 至 25

（　　）7.要避免失眠，應該保持　(A)睡前喝酒的習慣　(B)睡前運動到疲憊為止　(C)規律的睡眠時間　(D)睡前飽食的習慣

（　　）8.兒童在熟睡之際突然下床、穿衣，然後獨自行走，這種現象稱為　(A)夜驚　(B)夢魘　(C)夢話　(D)夢遊

（　　）9.哪一個「不是」靜坐所引起的意識境界?　(A)空　(B)清　(C)鬱　(D)虛無

（　　）10.哪一個「不屬於」迷幻藥?　(A)安非他命　(B) LSD　(C) PCP　(D)大麻

◆ 想想看 ◆

1.你有哪些言行是與潛意識相關的?

2.你是如何克服時差的?

3.你能否舉例說明「日有所思、夜有所夢」的現象?

4.為何兒童比成人多夢魘?

5.酒精中毒既傷身又影響生活與工作，為何仍然有許多人仍嗜酒成癮?

CHAPTER 5

學習、記憶與遺忘

　　我們在科技、經濟、社會、文化等方面的卓越成就,要歸功於一個非常重要的因素:學習 (learning)。當然,與我們同享這個世界資源的其他動物中,有許多也有學習活動的存在,只是牠們在演化過程中,沒有發展出像人類一樣幾乎沒有學習限制的大腦。我們既然有幾乎無限的學習潛能,便應善用這個潛能。本章試圖回答下列問題:

◆ 什麼是學習?影響學習的因素有哪些?

◆ 何謂古典制約?何謂操作制約?分別有何應用?

◆ 何謂社會學習?社會學習的基本歷程是什麼?
　　社會學習有何應用?

◆ 什麼是記憶?分期記憶歷程包括哪些階段?

◆ 遺忘的原因有哪些?如何增進學習與記憶?

第一節　學習的意義與種類

　　學習是經由經驗而獲得的相當持久性行為改變的歷程。這裡所指的行為是廣義的，它包括外顯行為與內在的行為潛勢。對這個定義的進一步解釋，有助於你對人類各種行為的形成與發展的瞭解。

一、學習的定義

(一)學習是行為的改變

　　學習是行為改變的歷程，也是新行為的獲得。例如：從第 3 章中你已經學到人類獲得感覺的歷程，這就是從未知到已知的行為的改變。

(二)行為的改變是相當持久性的

　　被稱為學習的行為改變必須是相當持久性的。至於「多久」才算是「相當持久」，並沒有固定的標準可循，它可能從幾天、幾年，以至於永久存在。因此，它不包括那些非常短暫或偶發後立即消失的新行為，如酒後、用藥後的異於平常的行為變化。

(三)學習是經驗的結果

　　學習必須依靠經驗，也就是要經由實際的感官經驗或內在的認知活動而獲得。在此所用的「經驗」一詞是廣義的，包括可觀察的練習與內在的心像活動、思考、推理、判斷等。依據這個涵義，沒有經驗便沒有學習可言。

二、基本學習歷程的種類

　　到目前為止，基本學習歷程可概分為：古典制約、操作制約、社會學習。制約 (conditioning) 是學習聯結的歷程，也是一種最基本的學習。古典制約中，

個體學習將兩個刺激聯結起來；操作制約中，個體則學習將行為與其後果聯結起來；社會學習中，個人學習觀察與模仿他人的行為。

㈠古典制約 (classical conditioning)

　　古典制約又稱巴夫洛夫制約 (Pavlovian conditioning)，是俄國生理學家巴夫洛夫於研究消化系統時無意中發現。這個意外的發現引發他系統地研究學習的興趣，並提出古典制約學習論。古典制約的基本歷程包括下列兩個部分：

1.制約反應的獲得

　　狗餓時，見食物就自然地分泌唾液，這個反應是本能的（即不學而能的）。此際，食物被稱為非制約刺激 (unconditioned stimulus, US)；對食物分泌唾液被稱為非制約反應 (unconditioned response, UR)。如果讓餓狗先聞鈴聲並隨即餵以食物，如此配對出現數次後，狗即能只聞鈴聲而分泌唾液。鈴聲現在被

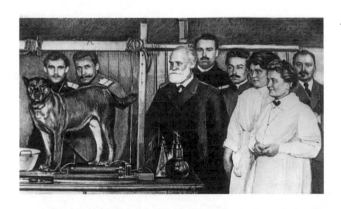

◀圖 5–1　巴夫洛夫為了研究消化的機制，將狗餵以不同食物，然後評量自唾液腺經細管流入瓶裡的唾液量。他發現：食物尚未餵進嘴裡之前，狗已分泌唾液。事實上，開門聲、人影、走路聲、食物的味道等都引起唾液的分泌。

(a) NS（中性刺激）　—引發→　無特殊反應

(b) CS（制約刺激）
　　+（伴隨）
　　US（非制約刺激）　—引發→　UR（非制約反應）

(c) CS（制約刺激）　—引發→　CR（制約反應）

▲圖 5–2　古典制約的基本歷程

稱為制約刺激 (conditioned stimulus, CS)，對鈴聲而做的分泌唾液反應，稱為制約反應 (conditioned response, CR)。學習便是制約反應獲得的歷程。人們見閃電而躲避、進餐館便開始流口水，都是古典制約的典型實例。

2. 習得反應的消止與自然恢復

制約反應既然是習得的，當然可以經由適當地安排而使之消失。就以巴夫洛夫的實驗來看，狗一旦學會對鈴聲分泌唾液後，若只搖鈴而不再以食物配對，則唾液的分泌開始急劇下降，終至幾乎完全消失，這個歷程稱為消止 (extinction)。例如：時常聽到「狼來了」的傳聞但屢屢不見「狼」，則不再對「狼來了」這件事感到恐懼。

制約反應被消止一段時間後，個體若碰上制約刺激，制約反應可能重新出現，這就是所謂的自然恢復 (spontaneous recovery)。例如：狗因消止而不再對鈴聲產生唾液，一段時日後，突然聽到鈴聲，乃忍不住微弱的口水。

3. 制約刺激與制約反應的類化

類化 (generalization) 是指將所學轉移到類似的情境上。一新刺激若能引起原刺激引起的反應，便構成制約刺激的類化。例如：原來使狗分泌唾液的鈴是 1 寸大的，若 1/2 寸的鈴也能引起類似的唾液反應，刺激便有類化作用。同理，反應亦有類化現象：同一刺激引起與原來制約反應近似的反應。例如：學會對閃電往後退，再次面對閃電時往右後方退，這就是反應的類化。

4. 制約刺激的辨識

辨識 (discrimination) 是要求個體僅對某一刺激做反應，而不對另一類似刺激做反應。例如：高音調鈴聲響時對狗餵食，低音調鈴聲響時則不餵食，則狗逐漸學會區辨高低音調的鈴聲。

5. 味覺嫌惡的制約歷程

味覺嫌惡 (taste aversion) 又稱為加西亞效應 (Garcia effect)，是經由古典制約習得的。例如：吃了一樣食物後不久突然嘔吐並感非常不適，因此於後來只要想到或聞到該食物就有厭惡的反應發生。這類制約，食物是 US，後來感到不適是 UR，人類在基因裡有味覺嫌惡的先天傾向，以避免誤食毒物致死。

㈡操作制約 (operant conditioning)

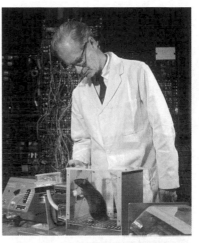

我們固然從古典制約中學習不少新行為，但是我們從操作制約中學習更多的新行為。行為主義者史金納依其對白鼠與鴿子的實驗觀察所得，認為行為是由附隨其後的增強物 (reinforcer) 而習得的。

操作制約的基本歷程包括下列四個部分：

1. 制約反應的獲得

為了研究操作制約歷程，史金納設計一套被稱為史金納箱 (Skinner Box) 的裝置。當白鼠在史金納箱中，牠只要壓下反應桿，食物顆粒就自動落入食物盤裡。壓桿行為因有食

▲圖 5-3 正在進行實驗研究的美國心理學家史金納。他曾寫作一本烏托邦小說《桃源二村》(Walden Two)，表達他心目中理想社會的形式。

物的附隨出現，使壓桿的次數因而增多。史金納稱白鼠為取食而壓桿為操作行為 (operant behavior)，操作行為的出現反應了新的學習。附隨於行為之後的任何措施（如給予食物），若能使行為的機率因而增高，則稱之為增強作用 (reinforcement)；引起增強作用的任何人、事、物均稱增強物。

增強物有初級與次級之分：初級增強物 (primacy reinforcer) 是指有直接產生增強作用的事物，例如：食物、飲料、性快感；次級增強物 (secondary reinforcer) 是指可以換取初級增強物的事物，例如：金錢。利用代表金錢的小銅板或星星作為增強集體行為的措施稱為代幣制度 (token economy)，此法常在學校或監獄使用。

2. 習得行為的消止

既然操作行為因增強措施而習得，其消止也因停止增強措施而消失。白鼠藉壓桿而得食，若繼續壓桿但不見食物，則其壓桿行為會遞減以至完全消失。以人類而言，小孩子的良好行為因增強而牢固，父母若疏於繼續獎勵，則其行為可能逐漸消止。

3.刺激的類化與辨識

操作制約裡也有類化與辨識的學習現象。例如：個體對一刺激做反應而受到增強（如獎勵或受賞）後，乃對類似刺激做同樣的反應，這是刺激的類化；反之，刺激也可經由制約學習來辨識。例如：對甲刺激做反應則受賞，對乙刺激做反應則不予受賞，則個體學會辨別甲乙兩個不同的刺激。

4.行為的增強方式

增強方式包括正增強與負增強。當理想行為出現後，立即「提供」能增強該行為的措施，稱為正增強 (positive reinforcement)。例如：員工表現良好，老闆就以加薪、口頭鼓勵等方式給予獎勵。若理想行為出現後，個體所厭惡的刺激因而「移除」，稱為負增強 (negative reinforcement)。例如：學生這次段考成績進步了，留校晚自習便因而取消，以鼓勵學生平時努力用功。正增強與負增強都在使個體建立學習行為。

增強的方式

除了正增強與負增強兩種增強方式，增強還包括下列三種：

■連續增強與部分增強

如果每一理想行為都予以增強，便是連續增強。例如：國小學生作文成績只要得到甲上，老師便發送貼紙一枚。如果不是每一理想行為都予增強，就稱為部分增強。

■定時增強與不定時增強

定時增強是只要理想行為於每隔一固定時間之前仍然出現，即予以增強的一種安排。例如：學生的月考與員工的月薪是典型的定時增強安排。不定時增強是理想行為於每隔長短不定的時間，即予以增強的一種安排。例如：不定期抽考學生、不定期獎勵員工。

■定次增強與不定次增強

定次增強是理想行為每達一固定次數，即予以增強的一種安排，例如：

> 員工的按件計酬。不定次增強是理想行為獲得增強所需的行為次數不
> 予以固定。例如：買彩券，個人無法預知哪一次會中獎發財。

事實上，人類社會所使用的增強安排，在許多情況下是複合的。例如：
在學校裡，既有月考又有抽考；百貨公司也會利用週年慶或臨時宣布的降價
廉售來增加買氣。

5. 厭惡刺激的運用

厭惡刺激 (aversive stimulus) 是任何令個體厭惡或不快的刺激。以移除厭
惡刺激來增強特定行為是常見的負增強措施。例如：宋媽媽愛嘮叨，可是只
要她女兒小萍開始念書，嘮叨就會完全消聲。媽媽深知小萍最怕她的嘮叨，
乃以停止嘮叨來誘引女兒念書，這可算是一個好手段吧！

6. 懲罰的使用

懲罰 (punishment) 與負增強不同。懲罰是當個體的不合理行為出現時，
對個體施以厭惡刺激，比如答錯試題被扣分、做錯事要挨罰。一般而言，懲
罰並不消除行為，它只壓抑行為，僅告知受懲者什麼是錯的，並不指出什麼
是對的。使用懲罰必須關切的是，它時常成為不恰當的管教模式，他人容易
受到感染而模仿；也常激起憤怒或恐懼，引起不當的情緒反應。

(三) 社會學習 (social learning)

古人說見賢思齊，意思是我們能觀察與仿效賢者的思考與行為而獲益。
在心理學上，也有人提出學習是經由觀察與模仿他人而獲得新行為的歷程，這
個理論稱為社會學習論。社會學習論的大師班度拉 (Albert Bandura, 1925-)
認為，多數的人類行為在未親身體會之前，早已從觀察他人的行為上獲知行
為的後果。

想一想，我們穿什麼衣服、說話的用語、去哪裡旅遊，哪個不是模仿而
來的？

1.社會學習的基本歷程

社會學習使用「社會」一詞，旨在表明「人際」的關係行為。換言之，這種學習歷程包括「被模仿者」與「模仿者」兩方面，而被模仿者稱為榜樣(model)。一般而言，成功的模仿包括下列四個因素：注意（榜樣要能引起觀察者的注意）、保持（把所注意的行為及其後果予以記憶下來）、展示（觀察者要有能力於事後表現他所觀察的榜樣）、動機（模仿要有意願）。

2.社會學習的增強作用

根據班度拉的論點，模仿不是盲目的，模仿包括榜樣的行為與後果。觀察者預期在他完成模仿後，心理上覺得與榜樣同樣地有應得的獎勵或懲罰，稱為替代增強。不用直接增強是觀察學習的最大優點。例如：社會上，當眾隆重獎勵善行，期收「見賢思齊」之功；公開審判罪犯的刑責，欲收「殺一儆百」之效。

觀察與模仿是生存適應的一種學習方式。中小學教科書或故事書裡充滿成功或英雄人物的描述，社教機構經常提倡並舉辦各種有益社會的習俗與活動，旨在試圖使人們經由觀察與模仿，學習社會認可的行為。同時，社會也應設法減少貪贓枉法、傷風敗俗或色情暴力等行為，以減少不當的模仿對象。

打開 心 視界

暴行媒體對視聽人的影響

人們觀看暴行電視、電影或新聞報導是否會自動地引起模仿呢？

我們來看看班度拉等人 (Bandura et al., 1961) 的一個實驗。他讓一組學前兒童觀看鄰室的成人，連打帶罵地在踢、揍、投擲充氣的玩具人達10分鐘之久，然後將兒童們帶到另一房間玩玩具。實驗者隨即進房告訴他們說，那些玩具是要留給別人的（故意令他們挫折），並將他們帶開到另一個房間裡，內有少數玩具與充氣玩具人，但不予以看管。其結果：與未觀看暴力的控制組兒童相比，實驗組兒童竟然模仿成人的粗暴言行，也狠狠地搥打玩具人。這個結果，也被最近的一些研究所證實

(Donnerstein, 1995; Wood et al., 1991)。

　　上述研究結果的確支持觀看暴行的負面影響。但是暴行對觀眾的影響，與其說是普遍性的，不如說是選擇性的。換言之，心存侵略慾者愛模仿暴行；滿懷憤怒者欣賞攻擊行為；心懷敵意者注意他人如何報復。因此我們所關切的是：如何防止那些心懷侵略慾、憤怒、敵意的人，因觀看暴行而影響社會的秩序、治安與福利。

第二節　影響學習的因素

　　影響學習的因素，除學習材料的難度與複雜度外，包括下列四個方面：

一、學習者的特性

　　與學習有關的個人特性主要包括智力、體能、注意力、情緒等。由於學習者存在著個別差異 (individual difference)，因此，每個人的學習狀況也不同，有些學習障礙的孩子學習的速度就是比一般人慢，學習必須依照個人的步調進行與調整。

二、學習者的動機

　　學習動機是學習的動力，它包括個體的需求、情緒、價值、意志與堅忍等。由於人類的行為均有其動因及目的，因此，學習動機便成為影響學習的重要因素；對某特定學習，其學習動機愈高表示學習需求愈強烈，愈能堅定地面對挫折並繼續學習。

▲圖 5–4　如何克服學習的挫折感，是學習心理學研究的重要議題。

三、學習者的策略

學習策略是能夠幫助我們學習的方法、技巧、計畫與活動。例如：習得有效的學習方法、懂得運用學習資源、適度地運用增強作用、培養良好的學習習慣等，皆是有效學習的策略。

四、學習者的環境

學習活動常發生於與學習者相互作用的個人、團體與外在環境，例如：家庭中的父母、學校中的教師與同學，以及外在的學習環境等，都是影響學習者學習的因素。

五、學習與新科技

多年來，有助於學習速度、廣度、深度、效率的工具大量出現，尤其是電腦與手機。在已發展國家裡，幾乎家家有電腦、人人有手機。這兩樣工具對學習有不可限量的幫助。網際網路的發達、便利、迅速，使得人們對學習材料的尋找、蒐集、儲存、整理、使用、溝通與分享易如反掌。如果能善加利用，學習會更方便與靈活，受益會更普及而擴大。希望學習者多妥善利用這類新科技的助學工具。不過，這類工具也可能夾雜有害身心健康的「風險」：若在不適當的情境（如開車時）中使用，也有生命安全的疑慮。

第三節　記憶的種類與機轉

我們的學習歷程若沒有相當長久的記憶，則我們必須對同樣的事物不斷地重覆學習。所幸，我們都有正常的記憶能力。記憶令我們有快樂的回味，記憶也難免勾起痛苦的往事。到底什麼是記憶？記憶有哪些類別？

記憶可以說是經驗的編碼、儲存與使用的歷程。根據已有的研究，記憶歷程可以分為編碼 (encoding)、儲存 (storage)、提取 (retrieval) 等三階段；記

憶的處理又可分為感覺記憶、短期記憶、長期記憶等類別（見圖 5-5）。編碼是神經系統將世界萬象有系統地轉換成個體所能瞭解與處理的代像；儲存是指編碼後的記憶材料儲放在神經系統或大腦裡的歷程；提取是將儲存在記憶體裡的資訊提到操作記憶裡，以便使用的歷程。

一、三段記憶論

記憶處理的程序有持三段論看法的，亦即感覺記憶、短期記憶與長期記憶。茲分別說明如下：

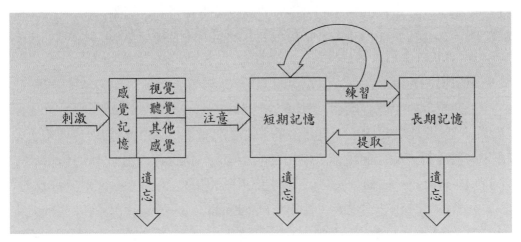

▲圖 5-5　三段記憶的結構與彼此間的依存關係

㈠感覺記憶 (sensory memory) 的編碼與停留

感覺記憶的編碼，主要的是物像記憶（形碼）與迴響記憶（聲碼）。物像記憶是物像在大腦裡所留存的極短暫記憶，其容量很廣闊，但保留時間約在 1 秒鐘以內。例如：開車時進入視線的路況與路旁的景色。迴響記憶是聽到的聲響在大腦裡留存的極短暫記憶，其保留時間約在 4 秒鐘以內。例如：進入菜市場所聽到的叫賣聲。可見，感覺記憶的編碼與儲存是相當短暫的歷程。

㈡短期記憶 (short-term memory) 的編碼與停留

1.短期記憶的編碼

感覺記憶中獲得「注意」的部分，自動成為短期記憶的素材。短期記憶的編碼是以聲音為主，亦得以形象或意義相輔佐。例如：我們查閱電話（感覺記憶）而找到所需電話號碼時（予以注意），通常將號碼讀出。

由於短期記憶的容量相當有限（一時容納約 7 個單位），材料一旦進入短期記憶，個體為了編碼而自動地簡化原材料的結構，將相關聯的個別物體聚集成新的單位，這個歷程稱為塊體化或集組 (chunking)。例如：57529879 原是一個 8 位數的電話號碼，它被塊體化成 5752–9879 兩個記憶單位，或 575–29–879 三個單位，以便於記憶。

2.短期記憶的停留

短期記憶是記憶容量相當有限，記憶保持相當短暫（約 20 秒鐘）的記憶處理系統。它維持足夠的時間，以應資訊操作之需。由於它的短暫與不十分穩定，有人提出操作記憶或工作記憶 (working memory) 予以取代 (Baddeley, 2002; Heathcoate et. al., 2015)。維持短期記憶的方式有二：一是重覆練習 (rehearsal)，一是增富其意義（採用意碼 (semantic encoding)。例如：將前述電話號碼 5752–9879 聯想成「無妻無兒、酒吧吃酒」，就更容易記憶了）。兩者促使短期記憶進入長期記憶。

㈢長期記憶 (long-term memory) 的編碼、儲存與提取

長期記憶是相當長久性的記憶，是知識技能的寶庫。它與短期記憶相比，有下列特徵：編碼以意碼為主；相當持久，甚至永久存在；容量幾乎無限；有系統、有組織；卻易受扭曲、失實、偏見的影響。

1.長期記憶的編碼

長期記憶的編碼是以意碼為主。例如：我們念一段文章，並用幾個字概括文章要旨以便記憶，這是意碼的特徵。雖然長期記憶是以意碼為主，但聲碼與形碼也被使用。

2. 長期記憶的儲存

　　長期記憶是有組織、有系統的記憶體。一般而言，記憶訊息在編碼與儲存一段時間後，被分送到大腦不同皮質部裡，如語文記憶在左腦、空間記憶在右腦。至於屬於技能的隱含性記憶則是儲存在腦幹與小腦裡。

3. 長期記憶的類別

　　有心理學家 (Tulving, 1983) 認為，長期記憶包括敘述性記憶與程序性記憶兩種不同的記憶。敘述性記憶 (declarative memory) 是指可用語言表達與溝通的記憶體。它包括語意記憶 (semantic memory) 與事件記憶 (episodic memory)，前者如概念的稱呼，後者如某事件的發生及其時日、地點等。程序性記憶 (procedural memory) 是指經由學習而獲得的習慣與技能，如打字、騎車、彈琴、玩電腦遊戲等。

4. 長期記憶的提取

　　提取 (retrieval) 是將儲存在記憶體裡的資訊，提到操作記憶裡以便使用的歷程。這與電腦裡「開啟檔案」相類似。我們在編碼時，許多提取線索 (retrieval cues) 也被編列為記憶的一部分，使新訊息成為整個語意聯網中的一分子。因此，提取線索是提取訊息時聯想的指引。

　　記憶因所依循線索的不同可分為「依境記憶」(context-dependent memory) 與「依情記憶」(state-dependent memory)。依境記憶是指記憶的線索來自記憶材料所處的環境。例如：你是在球場上認識臨座的陳姓友人，回到原球場的原座位時最容易回憶該陳姓友人。依情記憶是指記憶的線索來自記憶材料當時所處的情緒。例如：你在一次因工作受挫而非常難過時，認識一位來安慰你的李姓友人，日後當你在受挫難過時就比較容易記起這位朋友。

二、工作記憶論

　　工作記憶 (working memory) 或稱操作記憶。由於三段記憶論主張記憶的程序是刻板地由感覺記憶經過短期記憶然後進入長期記憶，巴德里 (Baddeley，2002) 鑒於日常記憶的形成並不是完全依三段刻板的記憶程序而進行，乃提出工作記憶或操作記憶來解釋記憶程序中三段記憶體是如何平行

互動的。例如：深夜裡聽到有人敲門（感覺記憶產生），想：「到底有誰會在此時來敲門？」（從長期記憶中拉出可能的解釋）然後小心地到門前大聲地詢問是何人，等到敲門者說是隔壁的老李（短期記憶開始作用）就放心開門見客（三段記憶體都在此時完成）。

根據巴德里的說法，工作記憶體事實上屬於短期記憶，工作記憶是指在心中把訊息保存一段很短的時間內，同時可以把它處理的能力。既是對談、讀書、計算等的基礎，也是支持我們的日常生活、學習的重要機能。巴德里於 1974 年提倡三要素（3 components）模式，認為工作記憶有一套「中央執行」(central executive) 系統在操作記憶活動（如圖 5-6），其下有音韻迴路 (phonological loop) 和視覺空間描繪板 (visuospatial sketchpad) 兩輔助系統 (subordinate components) 負責處理音響訊息或視空間訊息進入記憶體的活動。

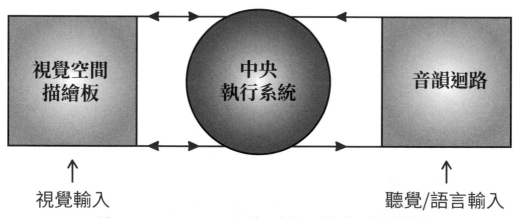

▲圖 5-6　Baddeley (1974) 第一世代三要素的工作記憶模式

雖說工作記憶論補充三段記憶論的不足，但具體地說，到底工作記憶如何操作，其下是否只有兩個輔助體，其支持者也沒有沒有合人滿意的答覆，不過他們還在持續努力試著找出可行的答案。

三、回憶及其精確性

回憶的方式有二：回想 (recall) 與再認 (recognition)。回想是試圖從記憶體中提取資訊時沒有相關的線索；再認則是從記憶體中提取資訊時有許多相關線索，甚至出現資訊本身，只需確認它的存在即可。例如：要回答「你高三時的班長是誰？」便需要回想；要回答「你高三時的班長是王麗文嗎？」則需要再認。一般而言，再認比回想容易。考試或測驗用問答題便是利用回想法，用選擇題則是利用再認法。

記憶歷程與相機的錄像歷程不同，它包括建構與重建等過程。為了方便記憶，人們將未曾記憶的新事物與既存知識與對事物的期待相結合，不僅使新知產生意義，也使新知成為知識結構的一部分。新事物已不再是被記憶之前的事物，而是整體記憶中的一個組成分子。換句話說，它已經變了，因此被回憶起來就「不那麼精確」。難怪在法院裡的證詞，雖然證人發誓不作假，也不見得會是正確無誤的了。

打開 心 視界

記憶的研究

關於記憶的研究除了將記憶分為感覺記憶、短期記憶與長期記憶外，柯雷克 (Fergus Craik, 1935–) 的分層處理記憶論，將記憶分為淺層、中層、深層。使用形碼，屬淺層記憶；使用聲碼，屬中層記憶；使用意碼，屬深層記憶。一般而言，記憶層次愈深，愈能保持長久。多數人關心自己的生存、安危或福祉，因此與這方面相關的記憶最為深層，最能保持。最令人難忘，而且非常清晰的一種記憶，心理學上稱為閃光燈記憶 (flashbulb memory)，這類記憶是關係自己的、重要的、突發的、引起情緒反應的。

也許你曾被父母、師長甚至法庭傳訊，因為你是某突發事件的目擊證人

(eyewitness)。當你被要求報告當時的所見所聞時,你可能確信所報都是「千真萬確」,沒有造假或偽報,但經對方一再分析、查詢的結果,報告與事實有若干差異。這是自然發生的現象,因為目擊後的「記憶」是可能有誤的,因為它們與你當時的心境、情緒與事件的本質與現象可能產生互動 (Wixted & Well, 2017)。

另一有趣的記憶體稱為自傳式記憶 (autobiographical memory),它回憶個人的過去生活經驗,尤其是事件記憶 (Nelbantian, 2011),在這裡提出是因為許多自傳式記憶的報導常與個人的歷史事實並不一致,也受到相當程度的扭曲。因此,如果你喜歡閱讀他人的自傳,盡量抱持欣賞的態度,至於其記憶精確性只好暫時擱置一邊了。

第四節　遺忘與增進記憶

你認為自己是個記性好的人嗎?根據記憶研究中典型的遺忘曲線顯示,學習後的頭 1 小時之內,記憶迅速地消失約達 60%,其餘 40% 則呈長期而微量的減弱。既然一般記憶經過編碼與儲存的歷程,為什麼會有遺忘呢?

一、遺忘的原因

(一)編碼的疏失

多數記憶的材料是以意碼為主而編碼的,因此材料的細節或多或少地被忽略。請問:你能正確地畫出 1 元銅幣嗎?如果不能,並不令人訝異。人們只要一看或一摸就能認出銅幣來,何必知道它的設計細節呢?也因此,在記憶編碼時會將細節予以忽略,以求合乎認知上的簡易原則。

(二)憶痕的衰退

這是一個最古老的遺忘理論,假定記憶的痕跡隨時間的消失而衰退。這

一說法常與事實不符。一則諸多記憶即使天天複習仍然易忘；反之，一些經驗只需一次卻永久長存。你跟男友或女友的初吻，如有憶痕為什麼不易衰退呢？

㈢訊息間的干擾

目前被證實為比較實際的遺忘理論是干擾論。干擾是指兩個學習在回憶時彼此抑制的現象。干擾有兩個不同的方向：一是順向抑制，一是逆向抑制。

1. **順向抑制 (proactive inhibition)**：指先前學習的記憶對後來學習的記憶所產生的抑制現象。例如：你先記一組電話號碼 2856–7843，後記另一組電話號碼 2856–7483；由於先記住前一組號碼，使回憶後一組號碼時發生困難。

2. **逆向抑制 (retroactive inhibition)**：指後來學習的記憶對先前學習的記憶所產生的抑制現象。例如：明天學校要考歷史年代有關的史實，但新應徵的餐廳工作又必須記憶菜單上的價錢，則兩者可能產生逆向抑制。

㈣缺乏線索

與所要記憶的對象相關聯的人、事、物稱為線索，它提供聯想的可能。要靠線索來回憶稱為依線索記憶 (cue-dependent memory)。回憶時，若感到「明明」有記憶的資訊存在卻一時無法提取，稱為舌尖現象 (tip-of-the-tongue, TOT)。顯然，這是缺乏有效線索之故。

有的線索屬於境界，有的線索屬於情緒。當一個人需要回憶他剛剛把鑰匙放在哪裡時，他必須回想他剛去過哪裡（情境），哪裡有許多跟放置鑰匙相關的地方（如桌椅、床、衣櫃等），以便聯想出鑰匙來。如果他從來不把鑰匙放在桌椅、床、衣櫃等地方，他又想不出可能放置的地點，就會缺乏應有的聯想線索，難以回憶了。假如他剛要出門時，發現自己的鞋帶鬆了，立刻蹲下把它繫好（此時不經意地把手上的鑰匙擱在一邊），然後站起就走了。他左想右想，就沒想到臨時繫鞋帶的事，線索沒了，記憶也一時不見了。

由於依境記憶與依情記憶在回憶中扮演重要角色，因此你在哪個情境或情緒下學習，最好在同一情境或情緒下回憶，才會出現必要的線索。

(五)壓　抑

壓抑是指為避免極端不快、不安或內疚的回憶而引起的遺忘。根據佛洛伊德的說法，每個人都有一種「防衛機制」(defense mechanism)，為避免痛苦難堪的記憶進入意識界，乃將它們壓抑在潛意識裡，這就構成一種特殊的動機性遺忘。

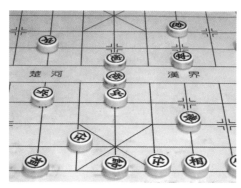

▲圖 5-7　回想一下，你第一次學習下象棋時，是如何學會將棋盤上棋子的位置記憶下來？你是否運用書中所提到的記憶策略？

(六)整合失敗

在學習完成之後，大腦需要一段時間去整合各方訊息，使成為有意義的記憶體。若在此際頭部受到重擊、電痙治療或藥物干擾，則大腦對訊息的整合產生困難，無法記憶所學，這就是整合失敗的遺忘現象。一個人在車禍後清醒時，常無法回憶車禍前一剎那的所見所聞，這被認為是整合失敗之故。

二、增進記憶的方法

瞭解記憶歷程與遺忘現象之後，我們必須面對一個切身的問題：如何增進記憶。我們不妨從不同的角度來介紹增進記憶的方法。

(一)重視練習

學習之後立即重覆練習，其好處有二：一則可使訊息得以編碼而儲存在長期記憶裡；一則有牢固的訊息，可以避免因誤導而扭曲訊息的真實性。練習的方式宜採分配練習，少用集中練習。至於練習的策略，應多運用延伸性練習、多舉實例、多加查閱相關資料，並輔以機械式重覆的維持性練習，直到純然不忘的地步。

㈡講求含義性

將表面上無意義的資訊做適當地安排，可以增富其含義性以獲得記憶的長久保持。例如：國內某知名的 Pizza 店便運用有趣又易記的口訣，作為訂購專線的電話號碼，豈不是好記多了嗎？

㈢關係自身

自我是記憶的主宰。涉己的記憶，如自傳式記憶 (autobiographical memory) 在意義上是最深層的，也有最佳的回憶效果。欲增進記憶，就應盡量使記憶的訊息與自我連繫起來。例如：將書中內容應用到自身真實生活經驗中，能使訊息更容易記憶。

㈣善用線索

愈是孤立的經驗，愈是難以記憶，因為它難以提供聯想的線索。線索與記憶訊息愈相關，愈能迅速地找到儲存的訊息。例如：你在上課時，聽老師講解、做筆記、舉手發問、與同學討論等都能成為建立線索的機會。獨自閉門苦讀，雖較能專注，但從記憶的觀點看，不全是善策。

㈤減少干擾

不論是順向抑制或逆向抑制，干擾使回憶產生困難。如果作息安排得當，可使干擾減少到最低程度。假如你明天下午 1 點起要考心理學導論，你明天整個上午複習它，然後赴考，一定比你今天晚上複習它，明天上午複習後天要考的社會學，要好得多。讀完書，盡量休息，最佳的休息是睡眠。

㈥講求組織

有組織、有系統的訊息比散亂、無組織的訊息容易記憶。以大綱方式重新整理你的筆記，將原來彼此無關的一些字詞編組成一個故事，都是改善學習與記憶的善策。

(七)利用記憶術 (mnemonics)

記憶術是以增加意義作為改善記憶的技巧。已經證實有效的記憶術有地點法、字鉤法、心像法等。

1. 地點法 (method of loci)

是將欲記憶的訊息與地理位置相聯結。例如：為記憶廚房的必需品，將必需品分別與房屋的主要地點相配對：食用油—車庫（車子需要加油）、胡蘿蔔—餐桌（餐桌腳的形狀很像胡蘿蔔）等。

2. 字鉤法 (peg-word method)

是將欲記憶的訊息與有序列性的字組相聯結。例如：學習英語常用的字鉤法："One is a bun; Two is a shoe; Three is a tree; Four is a door."，數字與英文字相聯結，既押韻又易記。

3. 心像法 (imagery)

是以心理方式建造代表物體或行動的形象。例如：讀歷史課本時，自己扮演其中的歷史人物，如此對課本知識會有良好的記憶。使用視覺心像是增強記憶的有效策略，此策略應用在背誦詩詞上亦有效果。

4. SQ3R

有一種記憶術稱為 SQ3R，S 代表 Survey（調查），Q 代表 Question（發問），3R 代表 Read（閱讀）、Recite（背誦）和 Review（複習）。此法對閱讀課文章節、增強記憶頗為有用，不妨試試。

1. 調查：將要研讀的範圍迅速、概略地瀏覽一遍，瞭解全貌。閱讀時可注意閱讀第一段及最後一段。因為第一段通常會說明全篇的主旨，最後一段通常是全篇的摘要或總結。

2. 發問：當你概覽之後，試著自發地提出問題，把篇名、章節標題、及其他關鍵字轉變成基本問題。你可以用「誰」、「什麼」、「何時」、「何處」、或「為何」等疑問詞來發問。

3. 閱讀：透過主動的、批判的閱讀，試著找出前項發問的答案。當你碰到某細節或段落裡的主要概念，有助於解答你所提出的問題，你可以劃重點、做記號以加強印象。

4. 背誦：在你讀完每一節後，暫時離開書本，試著向自己背誦教材的重點。用你自己的話或文字，將文中有關的問題答案背誦出來。

5. 複習：完成整篇的學習以後，開始進行總複習。可先重讀每章標題，試著回憶重點，然後參照筆記，將記憶模糊處再加強一次。

本章摘要

1. 學習是經由經驗而獲得的相當持久性行為改變的歷程，它包括外顯行為與內在的行為潛勢。

2. 基本學習歷程包括古典制約、操作制約、社會學習。制約是學習聯結的歷程，也是一種最基本的學習。

3. 古典制約是個體學習將兩個刺激聯結起來。巴夫洛夫藉由狗接受一刺激（鈴聲）與另一刺激（食物）的配對，引起制約（分泌唾液）行為的建立。

4. 行為主義者史金納認為，行為是由附隨其後的「增強物」而習得的，經由增強作用而出現獲取增強物的操作行為，就產生操作制約的學習行為。

5. 經觀察與模仿他人而獲得新行為的歷程稱為社會學習，觀察者預期在他完成模仿後與榜樣同樣地有應得的獎勵或懲罰，稱為替代增強。

6. 影響學習的因素包括：學習者的特性、學習者的動機、學習者的策略、學習環境，以及學習工具的協助。

7. 記憶是經驗的編碼、儲存與使用的歷程。記憶歷程可分為編碼、儲存、提取等三階段；記憶的處理可分為感覺記憶、短期記憶、長期記憶等類別。

8. 長期記憶包括敘述性記憶與程序性記憶。

9. 增進記憶的方法有：重視練習、講求含義性、使材料與自身相關、善用線索、減少干擾、講求組織、利用記憶術等。

10. 回憶有兩種方式：回想與再認。

重點名詞

learning	學習	conditioned response, CR	制約反應
conditioning	制約	extinction	消止
classical conditioning	古典制約	generalization	類化
unconditioned stimulus, US	非制約刺激	discrimination	辨識
unconditioned response, UR	非制約反應	taste aversion	味覺嫌惡
conditioned stimulus, CS	制約刺激	Garcia effect	加西亞效應

operant conditioning　操作制約	autobiographical memory 自傳式記憶
reinforcer　增強物	recall　回想
punishment　懲罰	recognition　再認
social learning　社會學習	proactive inhibition　順向抑制
sensory memory　感覺記憶	retroactive inhibition　逆向抑制
short-term memory　短期記憶	cue-dependent memory　依線索記憶
working memory　工作記憶	tip-of-the-tongue　舌尖現象
long-term memory　長期記憶	mnemonics　記憶術
declarative memory　敘述性記憶	method of loci　地點法
semantic memory　語意記憶	peg-word method　字鉤法
episodic memory　事件記憶	imagery　心像法

◆ 自我檢測 ◆

是非題

(　　) 1. 我們可以從行為是否改變來判斷個體是否已經產生學習。

(　　) 2. 古典制約是由心理學家史金納提出。

(　　) 3. 負增強是指移除個體厭惡的刺激，增強理想行為的出現。

(　　) 4. 記憶的歷程可以分為編碼、儲存、提取三階段。

(　　) 5. 長期記憶容量限制在 7 個單位，以方便記憶的儲存與提取。

選擇題

(　　) 6. 「殺一儆百」是屬於何種理論的學習主張？　(A)人本主義學習論
(B)認知學習論　(C)社會學習論　(D)意義學習論

(　　) 7. 短期記憶的記憶處理系統必須維持足夠的時間，以應資訊操作之
需，因此又被稱為　(A)長期記憶　(B)感覺記憶　(C)工作記憶　(D)
統合記憶

(　　) 8. 下列何者屬於「操作制約」學習？　(A)小喬每次考滿分時都會拿
到母親給的糖果作為獎勵　(B)胖虎不在午休時間說話，因為他看
見同學因此而被懲罰　(C)小朋友觸摸插頭被電到，之後便不敢再

摸了　(D)小狗聽到鈴聲時會不自覺地流口水

（　　）9.下列何者為「非」？　(A)感覺記憶保留時間最短　(B)短期記憶的編碼以聲音為主　(C)感覺記憶運用塊體化策略以簡化記憶內容　(D)長期記憶是有組織、有系統的記憶體

（　　）10.下列有關記憶策略的選項中，何者「不是」增進記憶的方式？　(A)減少干擾　(B)關係自身　(C)使用藥物或酒精讓大腦休息　(D)善用各種記憶術

◆ 想想看 ◆

1.哪一類增強物對你的學習最有效？為什麼？

2.為什麼電影設有限制級？有效嗎？有更好的方法嗎？

3.為什麼我們的許多回憶會失實呢？為什麼回憶時會有「張冠李戴」的現象呢？

4.除了動機、情境、增強外，還有哪些因素可能影響學習效率？

5.記憶時如何善用可供聯想的線索？

CHAPTER 6

能力、智力與測驗

　　人類文化的快速發展，要歸功於天賦人類的無止境的學習與創新能力。當一個人在解決問題時，若判斷正確、推理合宜，並快速地發現答案，我們不禁稱讚他的智慧、他的能力；另一方面，人類對這種自身擁有的複雜能力的評量亦不遺餘力，如測量生理的反應速度、抽象能力、學習能力、適應環境能力，以至於評鑑多項心智能力。

　　此外，由於透視大腦神經活動技術的突破，我們對智力的生理基礎已有較為深入地瞭解，心理學家更希望探索何種心智活動最能受益於環境與經驗。本章試圖回答下列問題：

◆ 能力一詞的涵義是什麼？

◆ 測驗可以從哪些方式予以分類？

◆ 良好的測驗應具備哪些條件？

◆ 智力的主要理論有哪些？

◆ 什麼是智力的決定因素？

◆ 哪些人格特質與創造力相關？

◆ 智力與創造力的關係如何？

第一節　能力的涵義

　　廣義的能力 (ability) 一詞，包括特殊學習潛能、一般學習能力與學習的成就。

一、特殊學習潛能

　　特殊學習潛能 (potentiality) 又稱「性向」，它是個人先天但尚未表現出來的潛在能力，例如：我們說某人擁有音樂潛能、美術潛能，或機械性向、語文性向等。潛能既然是有待開發的能力，理論上它尚未在特定作業或專業上表現出來，當適當的學習與環境配合，便能在行為上表現出來。

二、一般學習能力

　　一般學習能力常以「智力」作為代表。智力 (intelligence) 可以界定為，從經驗中學習與適應周遭環境的能力。智力既然是一般學習能力，它常以語文學習與數字學習表現為主軸。例如：經由學校的期中、期末考試，我們得以瞭解自己的學習能力。

三、學習的成就

　　學習的「成就」是指學習的結果及其達到學習目標的程度。可知，成就 (achievement) 指已有的學習效果，前述的性向是未來的可能學習成果。學習的成就不僅與學習能力有關，而且受到學習動機、態度、努力與學習環境的影響。

　　請注意，將能力區分為特殊學習潛能、一般學習能力與學習的成就，是一種權宜的區辨措施。事實上，個體自出生後，其天賦潛能便與環境互動而不斷地學習、發展。三種能力隨著個體的生長與發展而逐漸重疊，其分界也逐漸模糊，性向不再是純性向（也包括學習與學習成就），智力也免不了經由

大量學習的結果。 無怪乎，美國的學業性向測驗 (Scholastic Aptitude Test, SAT) 已改名為學業評量測驗 (Scholastic Assessment Test)，不再使用「性向」一詞了。

第二節　能力測驗的類別及應具條件

一、能力測驗的類別

為了客觀地估計個人或團體的能力，在社會需求與心理學家、教育學家、測驗專家的努力下，許多不同的能力測驗 (ability test) 被發展出來。

1. **依測驗性質區分**：指依照測驗目的而選擇不同的能力測驗。 如性向測驗 (aptitude test)、智力測驗 (intelligence test)、成就測驗 (achievement test) 等。
2. **依測驗內容區分**：指使用不同測驗內容與方式的能力測驗。如使用語言或文字為內容的語文測驗 (verbal test) 或使用工具、圖畫、操作等方式的作業測驗 (performance test)。
3. **依測驗實施方式區分**：指依照實施對象的屬性而區分的能力測驗。如個別測驗 (individual test)、團體測驗 (group test)。

二、良好評量工具應具備的條件

由於能力是不能直接觀察的一種建構 (construct)，只有靠適當的刺激或試題使它具體地反映出來，因此測驗的編製與選用便顯得十分重要。良好測驗的特徵是：高信度、高效度、標準化。

(一)測驗的信度 (test reliability)

測驗信度是測驗使同一受試者引起同樣反應的程度。具體地說，測驗信度是測驗分數的一致性。信度愈高，愈可靠。例如：數學考試，如果你連續考兩次，其得分一樣或近似，則其信度高。反之，若兩次考試差異大，其信

度低，不知以哪一次分數來代表你的能力。

㈡測驗的效度 (test validity)

測驗效度是指一測驗能夠真正測試該測驗所欲測試的程度。換言之，測驗效度是測驗目的達成的程度。任何測驗的編製都有明確的測試目的，但並不是所有測驗都能完成它們所欲達成的目的。如果一智力測驗不能測試出你的智力，它便不是一份良好的智力測驗。試想：一支不能擊中目標的槍枝，有什麼用呢？

㈢測驗的標準化 (test standardization)

一個測驗有了理想的信度與效度，為了使測驗的結果得以比較，它便應該標準化。測驗的標準化有兩個主要的措施：測試程序的標準化與測驗分數解釋的標準化。測試程序的標準化是指規定如何施測與評分。若測試與評分按照一定的條件、程序、規定，則測試結果足以代表被評量的個人屬性（如智力）。

測驗分數解釋的標準化是指常模的建立。測驗的常模 (norm) 是樣本測試對象在該測驗得分的平均值。一個 16 歲的女生在測驗上的得分，可以與 16 歲女生的常模相比較而獲得定位與解釋。經過標準化的測驗，常被稱為標準化測驗 (standardized test)。

三、電腦化適性測驗

編制測驗與施測人員鑒於電腦處理資訊的快速與靈性，乃將電腦作為測驗的工具，因此乃有電腦化測驗的運用。加上測驗可以適應個別能力或屬性的差異，讓受試者可依照能力選定測驗開始的第一道題目，由這邊該題與否來決定提高或下降，因此稱為電腦化適性測驗（computerized adaptive testing，簡稱 CAT）。CAT 的受試結果所得的分數與一般常用的紙筆測驗結果非常近似，加上評分快速，頗為測驗人員所採用，唯編製試題較為費時費事，測驗人員應注意及此。(Lin, Ying & Zhang, 2015; Cheng, Diao & Behrens, 2017)

第三節　智力理論

　　智力雖然可以界定為從經驗中學習與適應周遭環境的能力 (Sternberg, 1998)。究竟智力是什麼？使用智力測驗來解釋智力，你認為這樣做合理嗎？我們不妨看看心理學家對智力所提出的不同理論。

一、司比爾曼的普通因素論

　　司比爾曼 (Charles Spearman, 1863–1945) 的研究發現，智力包括普通因素與特殊因素。普通因素（general factor，簡稱 G 因素）是智力的重心，它表現在活動或作業中的知覺、關係操控、抽象觀念；特殊因素（specific factor，簡稱 S 因素）代表個人的特殊能力（如數學推理、空間關係能力），但它們受控於普通因素。

二、卡特爾的兩種智力論

　　卡特爾 (Raymond Cattell, 1905–1998) 認為一般智力包括兩種不同的能力：流體智力與晶體智力。流體智力 (fluid intelligence) 是與生俱來的，它像液體一樣，無一定形態，藉學習、推論、解決問題等活動以獲得新知、適應環境；晶體智力 (crystallized intelligence) 是後天累積的知識與技能，受後天文化環境的影響很大。一般而言，性向測驗在評量流體智力，成就測驗在評量晶體智力。支持這兩種不同智力的有趣資料是：流體智力到 20 歲已達巔峰，但晶體智力在 20 歲以後隨經驗的累積而遞增 (Cattell, 1987)。

三、薩斯通的基本心智能力論

　　薩斯通 (Louis L. Thurstone, 1887–1955) 分析測驗試題的相關與聚集現象，結果並沒有發現共同的普通智力，卻發現彼此間相當獨立的 7 種基本心智能力 (primary mental abilities)：

1. 語文理解能力 (verbal comprehension)

2. 文字通暢能力 (word fluency)

3. 數字能力 (number)

4. 空間能力 (space)

5. 聯想記憶能力 (associative memory)

6. 知覺速率能力 (perceptual speed)

7. 推理能力 (reasoning)

四、史登伯格的三元智力論

史登伯格 (Robert Sternberg, 1949–) 將智力分為分析、實用、創造三部分。分析性智力 (analytical intelligence) 負責分析待解的問題；實用性智力 (practical intelligence) 負責獲取一般常識；創造性智力 (creative intelligence) 負責於面對新問題時提供新的解決方法。

五、賈德納的多元智力論

鑑於傳統的智力概念過分狹窄，智力的範圍往往侷限在語文與邏輯方面，並假定個體的智力特質能被單一的、標準的、可量化的數據所描述，忽略智能的多元發展，賈德納 (Howard Gardner, 1943–) 乃提出多元智力論。多元智力論 (multiple intelligences theory) 認為，智力是處理資訊的身心潛能，使資訊能在文化情境中解決問題或創造有益於文化的產物。依此定義，智力包括 9 種彼此相當獨立的不同智能 (Gardner, 2004)：

1. 語言 (linguistic)

2. 邏輯—數理 (logical-mathematic)

3. 音樂 (musical)

4. 空間 (spatial)

5. 肢體運動 (bodily-kinesthetic)

6. 自知 (intrapersonal)

7. 人際 (interpersonal)

8. 自然觀察 (natural observation)

9. 存在觀 (existential)

　　賈德納認為，這 9 種智能也許是看不見、也無法測量的心理潛能，端視個人所生存的社會環境和文化背景始能獲得良好的發展。相較於傳統的智力理論，多元智力論為智力的內涵帶來更具深度的視野。

打開 心 視界

I.Q. 的由來

　　I.Q. (intelligence quotation，譯為智力商數) 是一個耳熟能詳的名詞，然而，究竟智商這個概念是從何而來的呢？這得追溯到 1905 年，法國的兩位心理學家比奈 (Alfred Binet, 1857–1911) 和西蒙 (Théodore Simon, 1872–1961) 合力編製出世界上第一套智力測驗，稱為「比西智力量表」(Binet-Simon scale)。此量表採用「心理年齡」(同一年齡兒童在智力量表上所通過的平均試題值) 代表智力發展的程度。

　　後來，德國心理學家史騰 (Wilhelm Stern, 1871–1938) 鑑於不同年齡兒童的不同心理年齡在比較上造成困難，故於 1912 年發明智力商數作為智商的計算方式，智商也逐漸成為人們判斷智力高下之重要標準。其算式如下：

$$智商（簡稱 I.Q.）＝（心理年齡 / 實足年齡）\times 100$$

　　雖然人們大體上知道智力是什麼，但要精確地予以定義，並不容易。到底智力是單一因素還是多元因素，看法並不一致。如果智力是多元的，你認為應包括哪些因素呢？瞭解了上述理論，我們會更審慎地對待智力一詞，避免籠統地以「智商」(I.Q.) 或乾脆以某一智力測驗的結果論斷個人的智力。

第四節　影響智力的因素

　　智力為遺傳與環境交互影響的結果。至於遺傳與環境哪個對智力的影響較大，至今仍是爭論未休的問題。

一、遺傳對智力的影響

　　遺傳對智力影響的研究多從兩方面探討：(1)雙生兒在智力上的同質性，與(2)智力在不同環境下所保持的一致性。從理論上看，同卵雙生兒的智力應該彼此相同，或至少在智力測驗的表現上非常近似。首先，我們來看看同卵雙生兒、異卵雙生兒、兄弟姊妹、親生父母及子女、無親屬關係兒童、養父母及養子女等在智商上的相關。表 6-1 便是這方面的研究結果。

▼表 6-1　親屬關係、生活背景與智力商數的相關

被選擇的研究對象	相關係數
同卵雙生兒，一起養育者	0.87
同卵雙生兒，分開養育者	0.72
異卵雙生兒，一起養育者	0.60
兄弟姊妹，一起養育者	0.47
兄弟姊妹，分開養育者	0.24
親生父母及子女，一起養育者	0.42
親生父母及子女，子女被分別領養者	0.22
無親屬關係兒童，一起養育者	0.32
養父母及養子女	0.19

（採自 Bouchard & McCue, 1981）

　　由表 6-1 可知，遺傳關係愈接近，其智力愈相似。若進一步研究雙生兒在智力測驗上各分測驗的相關，可看出遺傳對智力影響的一致性。

　　表 6-2 是超過一百對雙生兒在魏氏智力量表 (Wechsler Intelligence Scale) 各分測驗得分的相關係數。資料顯示，遺傳對智力的影響在各項知能的

表現上相當一致。

詹森 (Arthur Jensen, 1923–2012) 鑑於同卵雙生兒智力相關之高（相關係數接近 0.90），乃有遺傳占 80%（相關係數的平方）與環境占 20% 的說法其觀點頗受教育學家、心理學家、少數民族領袖等的駁斥與抨擊。根據較為新近的估計，遺傳所占的比率是在 50–60% 之間 (Bouchard, 2004; Plomin Rende, 1991)。

▼表 6-2　雙生兒在魏氏智力量表係數分測驗得分的相關

魏氏量表分測驗	同卵雙生兒	非同卵雙生兒
知識 (Information)	0.81	0.51
字彙 (Vocabulary)	0.71	0.50
算術 (Arithmetic)	0.61	0.52
類似 (Similarities)	0.73	0.58
理解 (Comprehension)	0.80	0.62
動物房 (Animal house)	0.82	0.40
圖像完成 (Picture completion)	0.69	0.26
迷津 (Mazes)	0.61	0.45
幾何圖形 (Geometric design)	0.72	0.25
積木設計 (Block design)	0.68	0.43

（採自 Wilson, 1975）

二、環境對智力的影響

環境影響所有生物的生長與發展，因此它也影響人類行為的發展與表現。遺傳無疑地是智力的重大決定因素，然而遺傳基因必須在適當的環境下才能充分地表達其潛能。就以稻農為例，選擇良好的稻種固然重要，只有在理想的種植氣候下，提供適當的土壤、灌溉、肥料、蟲害控制等，才可預期良好的稻米收成。

法國的研究者卡普倫曾做了一個研究 (Capron & Duyme, 1989)，他發現低下社會階級兒童的平均智商為 92.4；但低下社會階級兒童被中上社會階級家庭領養後，其平均智商則為 103.6。反之，如果富有家庭子女被富有家庭收養後，其平均智商為 119.6；但富有家庭子女被貧窮家庭收養後，其平均智商

為 107.5。環境對智力的影響最嚴重的莫過於惡劣環境所造成的貧困、營養不良、感官缺乏刺激、人際關係孤獨、學習機會被剝奪，因而大大地傷害兒童與青少年大腦的正常發展。

　　雖然上述的研究顯示環境對智力具有一定的影響力，然而，如果對研究做持續地追蹤，會發現因領養而增加的智商幾乎完全消失。由此可知，環境對智商的影響並不是絕對的。

　　為了避免測驗的試題帶有某些文化的偏倚，影響測試結果，尤其是對測試「少數民族」可能所引起的不公，乃有人提議編制「文化公平智力測驗」(Culture-Fair IQ Test)。只選擇文化上帶有共同經驗的試題，甚至只使用圖畫性試題，然而其結果難以提出令人滿意的智力測驗。

第五節　智力、創造力與個人未來成就

一、男女智商的比較

　　根據心理學者的研究，男女的智商彼此並無顯著的差異 (Guenther, 1998)。但是可能由於遺傳的差異、大腦兩半球結構與功能差異、興趣的不同、文化的影響、男女角色的扮演，男性在數學推理、機械推理、空間判斷方面表現較佳；女性則在語文溝通、閱讀能力、文書處理速度與精確度方面有較佳的表現 (Bjorklund, 1995; Kimura, 1992)。有趣的是，根據對許多國家的調查結果，男子對自己智力的評定較女子對自己智力的評定為高 (Furnham, Wytykowska, & Petrides, 2005)。雖然男女在不同能力上略有差異，但此等差異在過去 40 年來已有逐漸減少的趨勢。

二、智力與創造力

　　創造力 (creativity) 是創新事物或解決問題的能力。高創造力者具有以下特質：心胸開放、動機強烈、做事頗為堅持、思考具有彈性、獨立自主、勇於

冒險 (Eysenck, 1990)。研究發現，高創造力時，往往與個人的高狂躁症候的高亢思考相關 (Jamison, 1997)，例如：藝術家梵谷 (Vincent van Gogh, 1853–1890) 便是一個例子。值得我們注意的是，創造力與教育程度沒有太大的關聯，教育水準太高或過低對創造力反而有害 (Jung & Chang, 2017; Simonton, 1988)。

　　智力與創造力有什麼關係呢？是不是高智力的人就一定具有高的創造力？根據鳩爾福 (Joy P. Guilford, 1897–1987) 的研究，智力低者少有高創造力，但智力高不必然導致高的創造力，只是由於創造力是新關係的發現或聯結的能力，若沒有相當的智力作基礎，創造力便要落空。

▲圖 6–1　梵谷自畫像。根據研究者的發現，集天才與瘋狂於一身的梵谷，其心智處於狂躁狀態時，特別能激發其源源不絕的藝術創意。

　　雖然智力與創造力之間並無顯著的相關，但擁有創造力的人在思考的方式則與缺乏創造力的人不同。具有創造力的人時常採取「擴散性思考」(divergent thinking)，思考較為靈活，對一問題迅速提出許多可能的解決方案，不以要求一個標準答案為滿足，也不易墨守成規。擴散性思考雖不等同於創造力，但卻是創造力的潛能或進行創造思考的重要歷程。

◎ 名詞解釋：擴散性思考
心理學家鳩爾福將人們的思考歷程劃分為「聚斂性思考」(convergent thinking) 和「擴散性思考」。前者指針對一個問題尋找一個可接受的最佳答案，後者指根據已有的訊息再生產大量、多樣化的訊息。

　　如果你發現自己有創造的潛力，如喜歡新奇的事物、愛做不尋常的解題方式、思想很有彈性，你可參考以下的建議：(1)專注於待解問題一段時間後，完全移開對該問題的思考，希望有新的思維滲入；(2)放鬆自己，多聽取不同文化背景者的觀點或做法；(3)不急躁，多給自己一些時間；(4)多多發展你的專長；(5)往反方向試試看 (Myers & Dewall, 2015)。

三、智力與學業成就

根據研究顯示 ， 智商與在校成績總平均的相關係數高過 0.50 (Sattler, 1988)。由於多數智力量表偏重抽象思考能力，因而智商與語文學科或數學的相關偏高，但同類測驗與美術或音樂科的相關則偏低。事實上，智力並非決定學業成就的唯一因素，其他因素如學生的健康、情緒、興趣、動機、勤勉、教師因素等，均會影響學業成績的好壞。

智力是遺傳與環境互動的結果。個人有好的天賦能力，固然是值得慶幸的事，但是天賦只是潛能，有待良好的環境來實現它，家庭的教養、學校教育、工作上的挑戰，便是啟發我們智力的重要因素。成功不只是靠智力的高低，個人努力不懈地學習、面對困難能堅持目標而不放棄，也是邁向成功的條件。有句話說：成功是靠 1% 的天分，99% 的努力。希望正在就學的你，能從中獲得啟示。

本章摘要

1. 廣義的「能力」包括：特殊學習潛能、一般學習能力與學習的成就。此種區分是一種權宜的區辨措施，隨著個體的生長、發展與環境互動，此三種能力已逐漸重疊，其分界也逐漸模糊。

2. 良好測驗的特徵是：高信度、高效度、標準化。

3. 智力是從經驗中學習與適應周遭環境的能力。司比爾曼認為智力包括普通因素與特殊因素；卡特爾認為智力包括流體智力與晶體智力；薩斯通發現7種基本心智能力；史坦波格將智力分為分析性智力、實用性智力、創造性智力三部分；賈德納所提出的多元智力論，包括9種不同的智力。

4. 智力為遺傳與環境交互影響的結果。至於遺傳與環境哪個對智力的影響較大，至今仍是爭論未休的問題。

5. 創造力是創新事物或解決問題的能力。高創造力者具有以下特質：心胸開放、動機強烈、做事頗為堅持、思考具有彈性、獨立自主、勇於冒險。

6. 智力與創造力之間並無顯著的相關，智力高雖不必然導致創造力高，但智力低者少有創造力。擁有創造力的人在思考的方式多採取「擴散性思考」。

7. 智力並非決定學業成就的唯一因素，其他的因素如學生的健康、情緒、興趣、動機、勤勉、教師因素等，均能影響學業成績的好壞。

重點名詞

ability　能力

potentiality　潛能

intelligence　智力

achievement　成就

ability test　能力測驗

standardization　標準化

norm　常模

general factors　普通因素

specific factors　特殊因素

fluid intelligence　流體智力

crystallized intelligence　晶體智力

analytical intelligence　分析性智力

practical intelligence　實用性智力

creative intelligence　創造性智力

computerized adaptive testing, CAT　電腦化適性測驗

multiple intelligences theory　　多元智力論

intelligence quotation, I.Q.　　智力商數　　divergent thinking　　擴散性思考

creativity　　創造力　　convergent thinking　　聚斂性思考

——◆ 自我檢測 ◆——

是非題

(　　) 1.一份良好測驗的特徵是：高信度、高效度、標準化。

(　　) 2.環境會改變一個人，是影響人類發展的唯一因素。

(　　) 3.高智力是高創造力的必要條件，高智力的人必然擁有高創造力。

(　　) 4.智力並非決定學業成就的唯一因素。

(　　) 5.智力為遺傳與環境交互影響的結果。至於遺傳與環境哪個對智力的影響較大，至今仍爭論未休。

選擇題

(　　) 6.測驗依照性質而區分，「不包括」　(A)成就測驗　(B)團體測驗　(C)智力測驗　(D)創造力測驗

(　　) 7.如果一份測驗經過數次的測試皆呈現相同的結果，則我們稱此測驗具有　(A)信度　(B)效度　(C)相關性　(D)準確性

(　　) 8.世界上第一份智力測驗是由下列何者編製而成？　(A)賈德納　(B)魏斯勒　(C)比奈和西蒙　(D)司比爾曼

(　　) 9.司比爾曼發現，智力包括兩個因素，其中一種為智力的重心，表現在活動或作業中的知覺、關係操控、抽象觀念等。請問上面所指的是　(A)普通因素 (g factors)　(B)特殊因素 (s factors)　(C)流體智力　(D)晶體智力

(　　) 10.鑑於傳統的智力概念過分狹窄，忽略智能的多元發展，而提出多元智力論者為　(A)史坦波格　(B)鳩爾福　(C)薩斯通　(D)賈德納

—◆ 想想看 ◆—

1. 你相信智力測驗嗎？為什麼？

2. 依你的經驗，你認為影響智力的遺傳與環境兩個因素中，哪一個較具有影響力？

3. 為什麼男性在空間觀念能力上較女性為優？女性在語文溝通能力上較男性為優？

4. 為什麼太多的教育反而阻礙創造力？

5. 想一想，哪些方式與行為有助於創造力的培養？

CHAPTER 7

思考、語言與問題解決

　　人類比起其他動物，有幾個截然不同的特點：複雜的思考、語言與問題解決能力。思考與問題解決能力是屬於內在的心理歷程，語言是表達思想、情緒與溝通訊息的工具。思考 (thinking) 是一種認知活動，包括形成概念、進行推理、下判斷、解決問題等心智活動，認知心理學便是集中研究此等思考活動的科學。

　　人類的大多數行為並不循固定的基因模式機械地進行，而是複雜思考的結果。然而，思考的啟動應該來自內在或外在的需求，有構思的基本單位，依循一定的歷程，以達到特定的目標（如解決問題）。本章試圖回答下列問題：

- ◆ 何謂概念？它如何形成？
- ◆ 語言有哪些主要的功能？
- ◆ 如何界定有待解決的問題？
- ◆ 什麼是解決問題的主要心理障礙？
- ◆ 判斷遵循什麼原則？
- ◆ 進行判斷可能遭遇哪些誤差？

第一節　思考的心理結構

　　假如宇宙裡數以億萬的人、事、物，無法以系統的概念 (concept) 來代表，則我們必須為每一個人、事、物取個名稱，並分別把它們儲存在大腦裡，想一想，這是多麼耗費腦力的事情！所幸，我們對人、事、物有清楚可辨的主要概念，大家可以輕易地以概念溝通思想。無疑地，概念是思考的基本單位。

一、概念的意義與形成

㈠概念的意義

　　概念是從人、事、物所具有的共同屬性而獲得的抽象命名或分類。例如：我們統稱所有不同大小、形狀、顏色、材料的椅子為「椅子」，因為它們具備椅子的共同屬性：椅座、椅背、椅腳。事物中具備最清晰屬性的概念者，稱為「原型」(prototype)，或為「典型」。例如：一般教室裡學生們所坐的椅子，可稱為椅子的原型。概念不僅可將人、事、物依其共同屬性而分類，也可依其屬性的差異而區辨。例如：我們把「椅子」和「凳子」加以區分，以便識別。

　　然而，一概念之下所屬的個別事物，有的非常接近，有的卻相當疏遠。例如：在「鳥」的概念下，知更鳥是十足的鳥；但雞、鴨、鵝就不太覺得是鳥。

　　概念因其包含屬性的多寡與其一般性而可區分為高層、基層與低層等三個層次 (Rosch, et al., 2004)。高層 (superordinate level) 概念是最高階的、最具一般性的，如生物；基層 (basic level) 概念是中階的，是日常生活中思考與使用最多的，如蔬菜、水果；低層 (subordinate level) 概念是較基層更為特殊的、不屬於一般性的，如新竹椪柑、南投冬筍。

㈡概念的形成

　　人類對時、空的概念是與生俱來的，其他的概念則必須經由兩個途徑來

學習：一是概念的核心屬性，一是個別經驗的嘗試。

1. 學習概念的核心屬性

所有概念都有屬性，有的屬性是核心的（主要的），有的屬性是次要的。要幼童去瞭解一個新的概念，可以從提示該概念的核心屬性著手。例如：「鳥」有「羽毛」、多數是能「飛行」的動物，至於鳥的腳數、牠如何行走、啄食何物等，並非重要屬性，不宜引起不必要的注意。字典裡大多數的字、詞是代表概念的核心屬性。

2. 從經驗中嘗試

除了正式的學習之外，我們也從經驗中吸取許多重要的概念。例如：我曾經問那些不太懂「中國菜」的外國佬知道哪幾道菜名，結果常被他們提及的「名菜」是：「春捲」、「炒飯」、「青椒牛肉」、「甜酸肉」等。可見他們對中國菜的概念來自十足洋化的中國餐館的飲食經驗。因此，凡能就近取得的例子與經驗便可以成為概念形成的來源。

以經驗獲取概念的最大優點是它的具體性與實證性，這比從文字定義的敘述或文字屬性的分析更為實切；但其主要的缺點在於有可能「以偏概全」，因為人生可能經歷的事情畢竟有限，前述洋人對中菜的局限概念便是很好的例子。另外，利用正面實例 (example) 學習概念可以輔以負面實例 (non-example)，以增強概念的精確性。例如：我們在學習交通規則時，不僅要知道規則有哪些，而且要瞭解哪些行為違反了交通規則。

二、推理的歷程

若以理智的方式去達成思考的結論，通常要經過一番推理的工夫，其結果才有效度。推理有兩個基本上相反的策略：歸納式推理與演繹式推理。

(一) 歸納式推理 (inductive reasoning)

歸納式推理是以個別事實或特殊事例來形成普遍原則，它常被稱為「由下而上」的推理歷程。人們從所見所聞中找出其中的道理，是典型的歸納思考，許多的發明或發現便是從觀察中歸納出來的。歸納式推理對現代科學（包

括心理學）的進步貢獻很大，因為它是由事實出發的、是有根據的、是讓事實為其結論「說話」的。然而使用歸納式推理，並不是無瑕疵的。如果對個別事實的觀察不夠精確，推理的結果是可疑的；如果抽樣所得的資料不能代表母群，則其結論的普遍性是有局限的。例如：張三說「李四一直打噴嚏，一定是重感冒。」而不知他有過敏的問題。

(二)演繹式推理 (deductive reasoning)

演繹式推理與歸納式推理相反，是從普遍原則推論到特定事例，是「由上而下」的推理歷程。人們有見解或想法在先，然後去找事實當佐證，便是典型的演繹推理。許多哲學家、思想家有他們的先驗想法或理論在先，然後舉例予以證驗或支持。例如：主張「智力多數是由遺傳決定的」，可由同卵雙生兒的智商與異卵雙生兒的智商做比較而判定。

三、判斷與做決定

當我們思考過後，常需要下判斷與做決定。從上大學、選科系、交朋友、購物等等，都需要花心思做出最佳決定。到底人們下判斷與做決定是依據什麼原則？下判斷時可能有什麼誤差？

▲圖 7-1　現代人在生活各層面面臨五花八門的抉擇，多元的選項雖意味個人擁有高度的選擇自主性與自由度，卻也考驗著現代人的判斷與決策能力。

(一)判斷的原則

下判斷不是盲目的，它是根據一些原則來決定的。一般而言，個人下判斷時可能遵循的原則有三：最大效益模式、滿意模式、遊戲模式。

1.最大效益模式 (utility-maximization)

最大效益是指個人希望下判斷的結果可以獲致最高的快感（正的效益），同時也最能解除痛苦（負的效益）。例如：期末考前好友邀你共賞最新的熱門

電影。依據這個模式，看電影可使你快樂；但放棄幾個小時的應考準備會令你擔憂。為了兩相兼顧，你可能決定考完後才與好友共賞該片，既可以放心觀賞電影，又不須再為考試而擔心。

最大效益模式是一個刻板的理想模式，常與現實有差距。為此，認知心理學倡議主觀用處論，認為每個人對什麼是最高效益各有其主觀的見解。例如，某太太在先生面前對友人訴說：「我買東西精打細算，貨比三家不吃虧，因此貨美價廉。我先生就不同了，他一進店，只知抓貨付帳，簡直是浪費。」先生禮貌地辯解說：「時間是金錢，若購買衣服，我快買快穿，既趕時髦又光彩，這才是貨真價實的真義。」可見，所謂「效益」是相當主觀的，也是多變數的，因此傳統的效益論，已無法充分解釋下判斷的標準了。

2. 滿意模式 (satisfaction)

根據賽蒙 (Simon, 1957)，人類在下判斷時，其典型的決定因素是滿意。在面對無限的選擇機會時，個人往往只找出幾個選擇，然後從中挑選最令其滿意的，縱然他深知可能還有更佳的選擇，甚至有遺珠之憾，但他對自己的選擇感到滿意就夠了。如銷售心理學最關切的是「顧客是否滿意」。他們有個格言：「顧客因情緒而購買，但用理智去解說。」試想：我們是否購買許多不需要的東西，只因購買的滿足感實在太難抗拒了？

3. 遊戲模式 (game theory)

當我們的決定牽涉到自己與他人的利害時，上述兩個原則就很少有效用，因為人己的關係可能使下判斷複雜化。遊戲模式認為，判斷必須考慮雙方最後是一贏一輸、雙贏或雙輸的結局。若是一贏一輸，贏的一方固然歡欣，輸的一方也不見得甘心罷休，因此是屬於零和 (zero-sum) 的遊戲。近年來社會上大力倡導雙贏 (win-win) 的遊戲方式，希望因而有和諧的結局。當然，錯誤的判斷常導致雙輸 (loss-loss) 的後果，使兩敗俱傷。例如：有一家工廠，工人因薪資要求不果乃集體罷工，幾經談判不成，廠方憤而關閉工廠，工人也因而失業在家。

(二)判斷的誤差

判斷進行時常有偏差而不自覺的現象，下列為常見的判斷誤差：

1. 代表性啟示 (representativeness heuristic)

代表性啟示是判斷特定事件發生的可能性，端賴該事件是否與典型相符。有一個良好的例子可以詮釋這個概念 (Nisbett & Ross, 1980)。當研究人員對學生說：「有一個矮小、瘦削並愛閱讀詩詞的人。你猜他是常春藤某大學的古典文學教授？還是卡車司機？」結果多數學生猜測那位矮小、瘦削並愛閱讀詩詞的人是古典文學教授，不是卡車司機。一個矮小、瘦削並愛閱讀詩詞的人符合學生對古典文學教授的刻板印象，這就是代表性啟示的具體表現。然而，就統計的定程方式推算，那位矮小、瘦削並愛閱讀詩詞的人屬於卡車司機的機率反而大得多。

2. 可利用啟示 (availability heuristic)

可利用啟示是判斷特定事件發生的可能性，完全以當時在情境中、思考中或記憶中可利用的資訊作為根據。這大大地限制可供研判的資訊來源，其誤差也因而難以免除。假如最近發生空難事件，使你決定不搭飛機改乘汽車從臺北去高雄。空難的傷亡報導成為你判斷交通安全的主要依據，也使你忽略一個事實：地上車禍的傷亡人數遠超過空難。由於媒體的報導與群眾的反應，令你在下判斷時，感到空難事件有「餘悸猶存」的啟示作用，也因而產生判斷上的誤差。

> ◎ 名詞解釋：閃光燈效應
> 判斷與記憶有關，如某些令人震撼、與己相關的事件，在記憶中留下深刻清晰的印象，下次有相似事件發生時，則會根據過去的記憶來下判斷。

3. 定位效應 (anchoring effect)

定位效應是一個定位對次一位置做判斷時所產生的誤差。例如：與鄉村（定位）做比較，大都市便顯得特別喧鬧；中產階級與低收入者相比，還算「小康」；中產階級與富豪相較，則頗有「捉襟見肘」之感。從事募捐的人善於利用定位效應。例如：原則上他們要你這位「善人」捐款 1,000 元，他們先說你「樂善好施」，於是建議你至少捐獻 2,000 元。經過一番「你來我往」，

你終於開一張 1,500 元的支票。你覺得省了 500 元，他們則為多募 500 元而慶幸。

4. 措辭效應 (framing effect)

　　文字與數字是溝通訊息的有力工具。人們的許多判斷或決定常受「措辭運用」的影響。措辭效應是指同一資訊以不同的措辭來陳述，足以影響個人的判斷。例如：年輕人若聽說「保險套有 95% 的成功率」時，多數相信它的安全性；但他們若聽說「保險套有 5% 的失敗率」時，多數人不敢相信它的安全性。「95% 的成功率」不就是「5% 的失敗率」嗎？

5. 過分自信 (overconfidence)

　　這個時代，人人強調自信。但是，人們對自己的判斷常有過分自信的誤差。過分自信是指信心超越實際表現。如股票投資者常過分自信他們的選擇；建商常自信可於短時間內以低價趕完工程。

打開 心 視界

從天而降的黃金雨

　　停放在前往高雄小港機場路旁的車輛，車身布滿了一塊一塊的黃褐色不明物，民眾氣呼呼地向新聞媒體抱怨，這一定是飛機從半空中偷偷灑下來的排泄物，還有民眾說，洗好的衣服經過這些「黃金雨」的洗禮之後都變臭了！他們懷疑這一定是飛機搞的鬼！不過也有人依照經驗的判斷，認為那應該是蜜蜂的排泄物。到底這「天上飛來的禮物」是什麼？經過環保局的檢測，因為沒有含大腸桿菌，初步排除是人類的排泄物，只不過對居民來說，這個結果很難令他們相信。你認為居民們為什麼會做出這樣的判斷？

第二節　語言的發展與功能

一、語言的發展

複雜的思考能力固然是人類先天特有的稟賦，複雜且運用自如的語言能力亦然，兩種能力的互動與交織，使燦爛的人類文化不斷地累積、傳承與創新。基於世界上各種族或地區人民在語言發展的年齡層次及速率上極為近似，以及驚人的語言運用能力，心理語言學家喬姆斯基 (Noam Chomsky, 1928–) 認為語言能力是與生俱來的。

在遺傳裡有發展語言的先天神經組織，稱為語言獲取裝置 （Language Acquisition Device，簡稱 LAD）。有了 LAD，語言從嬰兒期到幼兒期便迅速地發展，從音位 (phoneme)，經過詞位 (morpheme) 到複雜的語文法則 (syntax or grammar)。

兒童到了 6、7 歲已經運用接近成人的語文程度了。有人稱 7 歲以前為語言發展的臨界期 (critical period)，意指若過了這時期才開始學習語言（尤其是第二語言）會遭遇一些困難。可不是嗎？我們念完高中或大學才出國留學的人，不論如何努力學習寫或講英文，仍然甩不掉母語的影響，多多少少會露出「母語的尾巴」，無法像老外般流利自如。可是那些在 10 歲以前就到國外念書的人，他們對母語與外語，都能說、能寫，且流暢自如。

然而，個人在嬰兒期與兒童期就與父母以語言互動，不斷地模仿與學習他人的語言作為溝通的工具，因此，除了天賦能力外，學習在語言發展上還是占重要的角色。

二、語言的功能

思考與語言的關係非常密切，雖說沒有語言功能的人（如先天性全聾的人），也有思考能力，但他的思考缺乏著力點，因此在生活與工作上局限太大，

無法充分地展現他的才智，也難與他人完善地溝通。我們會思考，又有與思考相對稱的語文能力，兩者交互作用，是何等的幸福。

　　試想，如果沒有語言或文字，我們如何運用思維？如何充分表達情緒？如何溝通訊息？如何增進記憶？如何累積與傳遞文化？由此可知，有了語言作為媒介，我們的思考可以更為靈活，可用不同語詞代表或表達。語言不但可以協助學習與記憶，還能以不同方式描述或表達我們的情緒。語言更是日常生活與工作中溝通訊息的主要工具。我們上千上萬年的文化遺產藉由語言來記錄、累積與傳遞。

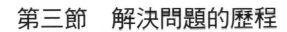

第三節　解決問題的歷程

　　我們在日常生活裡，有數不盡的問題待解決。問題的存在令人感到困惑，甚至受挫；問題的解決需要思考與行動。問題一旦解決，不僅令人歡欣鼓舞，也增強解決類似問題的能力。究竟人類如何認知問題？如何解決問題？哪些心理因素阻礙問題的解決？解決問題的專家有何特色？是本節要討論的主要課題。

一、問題的性質

　　問題是指達成目的之手段有待發現的狀態。公車司機罷工使你無法按時上學；口蹄疫肆虐、肉市遭殃等都是有待解決的問題。解決問題 (solving problem) 是利用已有知能以發現達成目的之手段的歷程。

　　問題可區分為結構良好問題、結構不良問題、爭論性問題等三大類。結構良好問題 (well-structured problem) 是指問題有良好的結構，其解答有清楚的參照標準，如 "1+1=?"。此類問題的主要功能是應用所學或練習解題技能。結構不良問題 (ill-structured problem) 是問題缺乏良好的結構，其解答無明顯的評定標準，指引也少，答案也較不明確。例如：「如何平衡雇主與雇員的權益？」或「夫婦如何分擔家務？」爭論性問題 (controversial issue) 是問題缺少

良好的結構，答案難有可循的參照標準，結果也難令爭論的雙方感到滿意。例如：「婦女有無墮胎的自由？」或「該不該有死刑？」

二、解決問題的策略

一個問題的解決必先認識問題的存在、界定與描述問題的性質、決定解題的策略、實際進行問題的解決，然後檢討解題的得失等。然而並非所有問題的解決都須刻板地經過五個步驟。多數問題因性質的差異需要不同的策略以求解答。常見的策略不外是：嘗試錯誤、定程法、啟示法、領悟等四種。

(一)嘗試錯誤

當我們面對一個比較簡單的問題，而且對它的解題步驟又缺乏認識時，我們常採取嘗試錯誤的方式以尋求解答。嘗試錯誤是以各種不同步驟嘗試，然後從中逐漸淘汰無關解題的錯誤，並逐步增加有助於解題的步驟，直到問題得到解決為止。例如：填字謎、猜謎語、拼圖片等，我們常試圖從猜測與嘗試中解答。

▲圖 7–2　時下熱門的益智遊戲——數獨 (Sudoku)「數獨」一詞來自日文，但此遊戲乃源起於瑞士。玩法為：在 9×9 的方陣中填上 1 到 9 的數字，但每行、每列、每宮都不能出現重複的數字。

(二)定程法 (algorithm)

定程法與嘗試錯誤相反，它循一定的規則與步驟進行以獲得答案。步驟嚴明的數學解題歷程或演算公式便是典型的定程法。假如我請你將 C、D、K、U 四個字母拼成一個有意義的英文單字，你可以拼成 24 個不同的組合，然後找出 DUCK（鴨子）一字。這些例子證明定程法的科學性及其優勢。然而，這種解決問題的方式既機械又費時。

㈢啟示法 (heuristic)

人類藉高度智慧與經驗的累積，使用靈感與經驗的組合以快速而便捷地解決問題，稱為啟示法。例如：要把 CDKU 四個字母拼成一個有意義的英文單字，我們可以從英文字的組型來判斷：CK 常是一字的末端（如 check, neck, pick...），剩下的只有 D 和 U，由於字的開端少用 UD，多用 DU，DU 與 CK 便一拍即合而成 DUCK。這種解題的思路，一面觀察問題與答案間的關係，一面借重過去解題經驗中所獲得的啟示，可以提供便捷的解題途徑。

㈣領　悟 (insight)

領悟是一種奇特的解題經驗，它是個體尚未意識到問題已有解決的跡象時，答案突然湧現的一種解題歷程。領悟既然是「豁然開朗」的解題現象，在達到這個境界之前，在歷程上還有一個稱為「孵化」或「潛伏」的效應。孵化效應 (incubation effect) 是指在試圖解決問題的歷程中，若給予一個休息 (a break) 的機會，「休息」使個人減少解題的壓力，使思考能較為流暢地進行，以便解決問題。可見，在努力不懈的解決問題歷程中，適當的「休息」也可算是提供「頓悟時機」的上策。

三、解決問題的步驟

欲有效地解決問題，可依以下四個步驟：

㈠認識問題的存在

好的問題解決者對問題的存在較一般人更機敏。例如：關懷學生健康的老師，會察覺教室光線不足與學生視力的問題、比較注意沉默學生的心理健康問題。

㈡界定並描述問題的性質

對待解問題予以適當地描述，不僅代表對問題的正確瞭解，也能協助解

題者集中其注意力於主要焦點上。界定問題需對問題有充分的知識,並對類似問題及其解決相當熟悉。專家們之所以能有效解決問題,乃是他們具備大量而組織完善的專業知識作為基礎 (Gagne et al., 1993)。

(三)準備解題的策略與資料

複雜的問題與爭論性問題不僅需要回憶相關資料與解題經驗,必要時應尋求他人的意見與支持 (Ruggiero, 2004)。策略多、相關資料豐富,成功解決問題的機率自然增加。

(四)進行問題的解決

要解決問題需選用已被證明相當有效的解題策略。例如:(1)研究已解過的問題前例;(2)參考比較簡易問題的解決策略;(3)將問題分成幾部分逐漸解決;(4)採用由已知答案反向找出解題策略;(5)解決與原問題類似的問題;(6)創建代表問題的心像。

第四節　影響問題解決的心理因素

一、影響問題解決的心理障礙

解決問題過程常遭遇一些阻力。這些阻力除了在於問題的難易、外界助力的有無之外,解題者心理上的盲點也可能導致問題解決的障礙。一般而言,解題的主要盲點有以下四點:

(一)對問題的不正確心像

待解的問題需要正確的認知。對問題的不正確認知所產生的心像,可能阻礙問題的理解與解決。例如:有個待解的火柴問題:「有 6 根火柴,請將它們拼成 4 個等邊三角形。」(見圖 7-3)你不妨試解這個問題。如果幾度嘗試

仍無結果，你就犯了「對問題的不正確心像」的心理障礙。如果你一直用火柴在平面上拼圖，如此做當然不會達成目的。試試用 3 根火柴拼成一個三角形，然後由各角上「豎起」一根火柴並在頂端集合（成「三角帳篷」狀），這就形成了 4 個等邊三角形。以平面的心像看這個問題，就是對問題的不正確的認知。

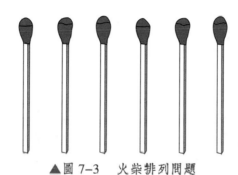

▲圖 7-3　火柴排列問題

(二)功能固著取向 (functional fixedness)

世上的物品或工具各有其主要功能，如筆是書寫的文具、硬幣是購物用的零錢。若將筆、硬幣的功能看作固定不變，則在解題時反而變成心理上的障礙。把物品或工具的既有功能看作一成不變的心理傾向，稱為功能固著取向。其實，筆也可以當臨時指揮棒、硬幣也可以用來扭緊大螺絲釘，這些都是為了解決問題而打破功能固著的例子。

(三)心向效應 (mental set)

心向效應是個人屢次成功地使用某一解題方式後，試圖重覆使用該解題方式，因而不能從新的觀點去解決新問題。心向效應在兒童期非常普遍。例如，若教師在指導兒童解答算術問題時，對兒童暗示：若見到「總共」有多少時，將相關數字「相加」；若遇到「相差」多少時，將相關數字「相減」。一般而言，依此法則解題多數結果是正確的，然而，亦可能因此形成刻板化的心向而導致解題錯誤。例如：「大明上個月存款 250 元，這個月的存款比上

個月多存 150 元，兩個月總共存了多少錢？」若兒童一看又是「總共」，迅速地將問題解答為 250 元 + 150 元 = 400 元，結果當然是錯了。

㈣確認偏差 (confirmation bias)

確認偏差是個人只注意那些支持自己想法的證據，因而忽略其他證據的心理傾向。例如：爸爸的小轎車突然無法發動，他「認為」是電池問題，因此他只探索解決「電池」問題的方式，反而忽略電路、保險絲或發電器等其他問題的可能性。

二、解題專家的特徵

假如人人都善用不同的解題策略，也能避免解題的各種心理障礙，都應變成善於解題者，但為什麼有些人是專家，有些人卻一直是生手呢？根據史坦柏格 (1998) 的綜合看法，專家有異於生手的主要關鍵有二：豐富的知識與優越的組織。除此而外，他列舉一些特質以資對照。表 7-1 節錄其要者，以供參考。試問：在你的日常生活裡是否見過或交往過解題專家或解題生手？有何感觸？

▼表 7-1　已被發現的專家與生手的解題特質對照表

專　家	生　手
大量而豐富的認知結構	有限而貧乏的認知結構
認知結構間彼此有高度的聯結	認知結構間的聯結不良、零亂而鬆散
在解題之前，以大量時間認知問題	花大量時間於找尋與執行解題策略
發展複雜的問題心像	發展相當浮淺的問題心像
由已知資訊經由策略發現未知資訊	由未知資訊逆向解題
認知結構中具有豐富的解題歷程知識	認知結構中具少量的解題歷程知識
許多解題策略的步驟多數已被自動化	解題策略的步驟多數尚未自動化
由於高效率，解題快速	由於效率偏低，解題速度遲緩
細心地監控自己的解題策略與進度	對自己的解題策略與進度監控不良
非常正確地獲取適當的解答	不十分正確地獲取適當的解答
能彈性地適應與原策略不相容的新知	不大能適應與原策略不相容的新知

本章摘要

1. 概念是從人、事、物所具有的共同屬性而獲得的抽象命名或分類。

2. 推理可採取演繹或歸納兩個不同方式進行。

3. 個人下判斷時可能遵循的原則有三：最大效益模式、滿意模式、遊戲模式。
   最大效益模式偏重主觀用處；滿意模式著重情緒因素；遊戲模式追求雙贏。

4. 常見的判斷誤差有：代表性啟示、可利用啟示、定位效應、措辭效應、過
   分自信等。

5. 語言的發展是天賦的能力，也受環境與學習的影響。語言可以配合思考、
   溝通訊息、表達情緒、增進記憶。

6. 問題可區分為結構良好問題、結構不良問題、爭論性問題等三大類。

7. 解決問題的策略有：嘗試錯誤、定程法、啟示法、領悟。

8. 解決問題的心理障礙有：對問題的不正確心像；把物品或工具的既有功能
   看作一成不變的功能固著取向；個人習慣於使用某一解題方式後，不能從
   新的觀點去解決新問題的心向效應；個人只注意支持自己想法的證據，忽
   略其他證據的確認偏差。

9. 解決問題專家有異於生手的主要關鍵有二：豐富的知識與優越的組織。他
   們也具有良好的認知策略與有效的思考習慣。

重點名詞

thinking　思考	zero-sum　零和
concept　概念	availability heuristic　可利用啟示
prototype　原型	anchoring effect　定位效應
inductive reasoning　歸納式推理	framing effect　措辭效應
deductive reasoning　演繹式推理	overconfidence　過分自信
utility-maximization　最大效益模式	algorithm　定程法
satisfaction　滿意模式	heuristic　啟示法
game theory　遊戲模式	insight　領悟

incubation effect　孵化效應　　　　　mental set　心向效應

functional fixedness　功能固著　　　　confirmation bias　確認偏差

representativeness heuristic　代表性啟示

language acquisition device, LAD　語言獲取裝置

──◆ 自我檢測 ◆──

是非題

（　　） 1.除了透過正式的學習之外，我們也從經驗中吸取許多重要的概念。

（　　） 2.將一般原則應用到個別事實的推論歷程稱為歸納式推理。

（　　） 3.對問題的不正確認知所產生的心像，可能阻礙問題的理解與解決。

（　　） 4.結構不良問題是問題缺乏良好的結構，其解答無明顯的評定標準，
答案也較不明確。

（　　） 5.專家有異於生手的主要關鍵為能耐心地依照程序操作。

選擇題

（　　） 6.我們通常會慣用曾成功解題的方式，而無法從新的觀點去解決問
題。請問這是何種影響問題解決的心理因素？　(A)領悟　(B)嘗試
錯誤　(C)心向效應　(D)對問題的不正確心像

（　　） 7.電視上常看到一些發明大王，他們能突破物體既有的固定功能，
進行問題解決並創新出新發明。請問此種問題解決的方式「非」
下列何者？　(A)擴散型思考　(B)功能固著　(C)不陷溺於心向作用
(D)嘗試錯誤

（　　） 8.遊戲模式認為，判斷必須考慮雙方最後是否贏輸的結局。若是一
贏一輸的結果，是何種遊戲？　(A)雙贏　(B)零和　(C)雙輸　(D)折
半

（　　） 9.下列哪一項是心理學家所發現人們常用的認知捷徑來估計事件或
然率的方式之一？　(A)確認的傾向　(B)三段論證　(C)代表性啟示
(D)功能固著

（　　） 10.步驟嚴明的數學解題歷程或演算公式是何種問題解決的方式？
　　　　 (A)嘗試錯誤　(B)定程法　(C)啟示法　(D)領悟

──◆ 想想看 ◆──

1.如果一小孩不能分辨「椅子」與「凳子」，應如何使之區辨？

2.試舉出你親身經歷的「雙贏」的遊戲模式。

3.為什麼心理壓力對解決問題有害？

4.為什麼解題專家能快速地解決一般問題？

5.為什麼學外國語文愈早愈好？

CHAPTER **8**

動機與情緒

　　打開報紙的社會版，常看到一些助人的感人事蹟，但同時也充斥詐欺、搶劫、謀殺的報導。人為什麼做出善行或惡行？這就是我們有興趣探索的動機問題。萬事皆有因，行為亦然。人類文化的多彩多姿，情緒反應扮演著重大的角色。在日常生活裡，我們親身體驗愛、恨、喜、怒、哀、樂、怨、妒、驚、懼、慮、憎等情緒反應，它們也被技巧地刻畫在小說、繪畫、影劇裡，使我們能分享劇情中感人的情緒表達，也令我們多了一道「宣洩」情緒的渠道，成為生命活動的重要動機。

◆ 什麼是動機？人類有哪些主要動機？

◆ 有哪些解釋動機的理論？

◆ 如何提高學習動機？

◆ 情緒是什麼？情緒如何表達？

◆ 主要情緒理論之間有哪些異同點？

◆ 什麼是情緒智慧？

◆ 如何控制與運用情緒以維持或增進人際關係？

第一節　動機的意義、類別與理論

一、動機的意義

　　動機 (motivation) 是一種驅動力，它引起並維持活動直到該活動達成目標為止。可見動機包括驅力、活動、目標三部分。這個定義有以下幾個特徵：(1)不論動機是來自體內（如飢餓、好奇、求勝）或體外（如金錢、情景、危險），它是一種引發與驅策行為的動力；(2)動機不是盲目的或隨機的，是有目標的（如深夜還苦讀，是為明天的月考做準備）；與(3)在目標未達成之前，行動是不斷維持的（如還沒念完應考的章節，仍然耐心念下去）。

　　如果動機是來自個體內部的需求或刺激，它被稱為內在動機 (intrinsic motivation)；反之，若動機是來自個體外面的刺激或誘因，則被稱為外在動機 (extrinsic motivation)。有些活動的動機先是外在的，歷經時日與經驗的累積，內在動機起而代之。例如：剛開始是為豐富的收入而工作，後來愛上工作的挑戰，轉而為工作的興趣而工作。反之，有些活動發自內在的動機，後來外在的誘因反客為主，成為工作的主要動機。例如：開始當律師是為伸張正義，後來受不了收入的誘惑，錢少的小案子乾脆不辦了。

二、動機的類別

　　在這裡，為方便敘述，將動機概分為生理動機、心理與社會動機兩大類。

(一)生理動機

1.飢餓 (hunger)

(1)飢餓的生理因素

　　決定飢餓的因素很多，其中主要的是血糖 (glucose) 的高低。調節血液中與細胞裡的血糖量的大腦結構是下視丘。它控制胰臟，以分泌胰島素與糖原

分解因。胰島素 (insulin) 將血糖與養分由血液送到細胞裡，或儲存在肝臟或脂肪細胞裡，以保持能源的充實，個體也因而感覺飢餓，並開始促動進食的行為。

⑵影響進食的心理因素

　　儘管從生理的觀點看，進食是為了營養的攝取與熱能的供應，人們的進食也受到食物的味道（如有人嗜吃辣、有人嗜吃酸）、文化經驗（如美國人與日本人的飲食不同）、社會情境（如與親友共膳比單獨用膳的食量更大），與個人對自己體重的曲解等因素的影響。

異常進食行為

　　在富裕與崇尚苗條身材的社會裡，一些中上家庭出身的女子對自己的體重有嚴重的曲解，總認為自己過度肥胖。若一個人的體重已經低於應有體重 15% 以上，但仍自覺肥胖，並有強迫性的減肥行為，稱為厭食症 (anorexia nervosa)。嚴重的患者因極度消瘦、虛弱有致死的危險。反之，有些青春期的女子不能阻止其「暴食」的衝動，但又深恐因而肥胖，乃於食後立即促使上吐或下瀉，稱為暴食症 (bulimia nervosa)。

▲圖 8–1

⑶肥胖與瘦身

　　保持健康、提供能量是進食的主要目的，然而愈來愈多人有過重 (overweight) 或肥胖 (obesity) 的問題。有個簡易的數值稱為身體質量指數 (Body Mass Index, BMI)，又稱體格指標值，可以用來衡量過重或肥胖。它的求法與判定是：

　　身體質量指數 (BMI) = 體重（公斤）／身高（公尺）的平方

BMI 18–24　　　正常

BMI 24–27　　　過重

BMI 27–30　　　輕度肥胖

BMI 30–35　　　中度肥胖

BMI 35 以上　　高度肥胖

由於肥胖與糖尿病、高血壓、心臟病、癌症等疾病相關，甚至在職場上受到歧視，因此設法預防肥胖與進行瘦身（或減肥）已成為現今社會的重要課題。一般人減胖所遭遇的最大困難是它的低成效：有的「患者」誤以為要「減肥」一定得「減食」，結果驟然減食引發身體的反彈，反而吃得更多而不自覺；有的「患者」依賴服用藥物、減少食慾，結果營養不良反而影響健康。

「你吃什麼、你就像什麼」(What you eat is what you are) 道出肥胖的主因，因此有效的瘦身策略必須從飲食與運動兩方面著手。注意飲食 (diet) 就是進食適量的營養均衡、低熱量的食物，迴避高脂肪、高澱粉（高糖分）的垃圾食品；運動既能增進健康，又可消除體內多餘的熱能，何樂而不為。

我們的社會裡有兩類飲食上的症候——厭食症與暴食症。厭食症 (anorexia nervosa) 患者經常拒絕進食，甚至餓到骨肉如柴的地步也不改善。這類人有些原是成功的企業家，家庭富有，或擁有十分傲人的身材。許多人開始時是採取節食 (dieting)，後來變了樣，變成厭食患者。暴食症 (bulimia nervosa) 患者多暴飲暴食，事後設法去嘔吐或使用藥物引泄。然而這類患者還多能保有健康體重。

2.性動機 (sex)

性動機亦是人們的生理動機之一，性動機不僅是為了傳宗接代，它對維繫男女友誼或夫妻關係頗為重要。

(1)性動機的生理基礎

人為什麼會產生性動機？從生理的角度來看，性荷爾蒙 (sex hormone) 是性驅力與性行為的基礎。在動物界，性荷爾蒙最高的時候，也是牠們發情 (estrus) 的時候。性荷爾蒙是由下視丘主控的。

根據馬斯特斯與詹森 (Masters & Johnson, 1966) 對男女志願受試人員的

觀察與記錄，男女雙方的性反應相當近似，都經歷興奮期、高原期、高潮期、消退期四個階段（見圖 8-2）。

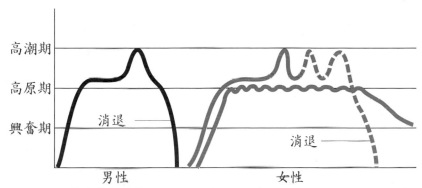

▲圖 8-2　男女性反應的四個階段（材料取自 Masters & Johnson, 1966）

- 興奮期 (excitement phase)：性器充血，男性陰莖與女性陰蒂膨脹，女性陰唇擴張並分泌陰液，乳房、乳頭脹大。
- 高原期 (plateau phase)：呼吸、心跳加速，血壓持續增高，男性陰莖完全脹大，一些精液和潤滑液有些微溢出，女性陰唇充滿液體，陰蒂開始內縮，性高潮即將開始。
- 高潮期 (orgasm phase)：全身肌肉收縮、顫動，呼吸、脈搏急促，男性開始射精，女性性器抽搐便利精液內流。
- 消退期 (resolution phase)：男性陰莖變軟，需待一段時間（從幾分鐘到幾十小時不等）才能再舉與射精。女性則仍可持續接受男子的射精。

　　性動機也受到心理因素的影響，如觀賞色情的視聽材料便可能引發性的慾念。然而，過度觀賞也會產生慣性作用，因而減低其刺激的效能。此外，性動機也能透過內在的幻想而引發，人類善於幻想，根據研究 (Leitenberg & Henning, 1995)，達 95% 的男女自陳有過性幻想：男性不僅想得較多，較為動作化，卻較少浪漫化。

⑵性取向 (sex orientation)

　　人類在實際生活中，不僅異性相引，也有同性相吸的現象。個人感到異

性或同性對象對自己的吸引程度，稱為個人的性取向。與異性交往的關係感到滿意，是異性取向 (heterosexual)；與同性交往的關係感到滿意，是同性取向 (homosexual)；對異性與同性同感滿意，是雙性取向 (bisexual)。根據研究，性取向在個體出生前就已經定型，它受基因或遺傳的影響非常顯著 (Rahman, 2005)，因此不同性取向也逐漸被當事人與社會大眾所接受 (Balsam et al., 2008)。國內於 2019 年通過的《同性婚姻法》，充分反應國人對同性取向的認同，並以法律作為保障。

(二)心理與社會動機

人類除了「食」與「色」的基本需求外，還有許多重要的需求，以便發揮自己的潛能、尋求社會的認可，並控制所處的環境。這些行為的動機包括成就動機、歸屬動機、社會讚許動機、權力動機等。

1. 成就動機 (achievement motive)

成就動機是克服困難、追求高度成就、超越他人的意願。成就動機必須具備三個條件：有成就的需求或意願、有中等程度的成功機會，與有相當誘人的代價或報償。成就動機高的人，工作勤奮進取、堅忍不拔、高度自律、熱衷於成功；他們將成功歸因於自己的能力與努力；他們希望能專精於所從事的工作，不為失敗而恐懼；能選擇「難度適中」的工作，以挑戰自己，確保成功。成就動機低的人為避免失敗，因而挑選比較輕易的工作。

2. 歸屬動機 (affiliation motive)

歸屬動機是指個人欲與他人接觸與交往的需求。人是群居動物，有強烈的歸屬需求。人們不僅喜歡交朋友、參與群眾（甚至於湊熱鬧），也樂於關照他人、接受支持並分享快樂。一般而言，人們都能在獨處與社交之間保持適當的平衡：即使我們時常有獨處的必要，我們卻需抽空去享受友誼與社交。不過歸屬動機男女有別，女性比男性花更多的時間去與友人在一起，較少時間孤獨自處。

3. 社會讚許動機 (need for social approval)

社會讚許動機是個人尋求他人認可或讚許的意願。我們在生活裡、學業

上或工作中經常有尋求他人認可或讚許的強烈需求。他人點頭的，我們做起來特別賣勁；他人讚譽的，我們特別珍惜；他人搖頭的，令我們卻步；他人反對的，使我們三思。

4.權力動機 (need for power)

權力動機是個人力求獲得權威以影響他人的一種意願，也就是我們常說的「權力慾」。有高度權力動機的人，喜歡尋求公職，獲取領導地位，以便左右他人的言行。高權力動機的男性喜歡爭取高管控的職業，易有霸凌言行，欣賞高競爭性體育，甚至有色情剝削的作風；高權力動機的女性則表現在強勢育嬰行為與關切他人言行。

三、不同觀點的動機理論

動機既然是活動的驅動力，對於引起活動的驅動力是如何來的，心理學家觀點不一，主要的觀點有：本能論、驅力論、刺激論、誘因論、需求階梯論。

(一)本能論 (instinct theory)

本能論認為，所有行為是基因程式的具體表現，是先天的、不學而能的，也是固定不變、普世共有的。本能論多用以解釋動物重覆出現的共同行為，如動物的交配、育嬰、冬眠、攻擊、移棲等。

(二)驅力論 (drive theory)

驅力論認為，個體必須時刻維持生理（如體溫與體內水分）的平衡狀態。如果一旦失衡，個體立即感到緊張，乃自動產生驅力、策動行為，以求平衡的恢復。例如：食物的剝奪產生飢餓，飢餓引起對食物的需求，同時產生尋求食物以滿足需求的驅力；一旦獲得食物，需求已被滿足，驅力立即減除，身體恢復平衡。

(三)刺激論 (arousal theory)

刺激論認為，人類有尋求與維持適量刺激的動機。適量刺激是指刺激力

度的高低適合個體的滿足需求。刺激力度是否適量，是有個別差異的：有人經常尋找相當高度的刺激，例如：爬高山峻嶺、賽車、跳傘；有人喜歡適中的刺激，如跳舞、旅遊、園藝等。刺激論解釋了人類的好奇、探索、追求挑戰與快樂等活動。

㈣誘因論 (incentive theory)

誘因論認為，環境中對個人引起正面或負面後果的刺激便是動機的來源。例如：我們學會了什麼是金錢、名位、權勢、價值，因此我們被它們「誘引」而有所作為（如工作以獲得薪俸、社交以接近權勢）；我們也體驗貧困或被輕視使我們痛苦或不快，乃以行動（以經商來致富、藉成就贏取尊敬）來迴避它們。

㈤認知論 (cognitive theory)

認知論者認為動機有內在與外在之分，認知上的需求便是內在動機；外來的報酬或賞賜便屬於外在動機。例如：有些廚師就是喜愛燒、烤、熬、煮，整天忙得不亦樂乎，如何做出最好的菜餚就是他們所思索要求的。然而，若其結果受到外面的（如顧客）賞識，可能使廚師反而為求賞識而努力，則外在動機可能削弱其內在動機，做菜變得不再是追求個人樂趣，而是他人賞識了。

㈥需求階梯論 (hierarchy of needs)

根據馬斯洛 (Maslow, 1968)，人類有生理、安全、歸屬、尊重、自我實現等依優先順序排列的五種需求（見圖 8-3）。

換言之，生理的需求必須滿足後才有安全的需求；安全的需求獲得滿足後才有尋求歸屬的需求；有了適當的歸屬，人類才會重視被人尊重的需求；上述需求都被滿足時，人類便有自我實現的最高需求，這符合我們常引申的「衣食足而知榮辱」。需求階梯論已被廣泛地應用於教育、諮商、商業界。

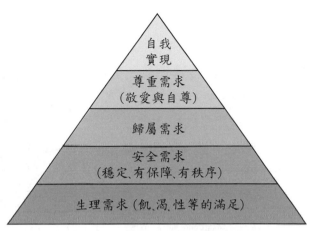

▲圖 8-3　馬斯洛的五種需求階梯

第二節　提高動機的方法

　　動機與我們的日常生活行為息息相關。對於學生而言，如何增進自我的學習動機，提升學習成就是學生們最關心的事；對公司的主管而言，如何增進員工們的工作士氣，激發眾人的工作動機與效率，則是一項管理藝術。

　　既然動機有內在動機與外在動機、我們要如何設法激發內在動機、安排適當的外在動機？如何善用心理學的理論來提高動機？以下列舉一些建議：

一、提高學習動機

㈠提供成功的學習經驗

　　人類之所以能夠不斷地學習，乃因成功的學習經驗所帶來的成就感。成功的學習經驗來自清楚可達的目標、難度適中的教材與合理的成就評量。雖說偶爾遭遇挫敗有益於成功，亦能提高動機，但頻頻挫敗，不僅無法達成目的，而且對以後的學習不再有成功的奢望，此即所謂「習得無助感」(learned helplessness)。

(二)運用增強技巧

運用增強技巧不僅可以增強學習行為的機率，亦可使增強符號成為學習行為的指引。例如，當自己達成學習計畫，或是學業成績達到預定的標準，我們可有適度的獎勵、慰勞自己一番。事實上，口頭或語文的稱讚常比實物獎品更有接受的興趣。幾句讚語，例如：「好極了！」、「你真行！」、「你的作品，我愈看愈喜歡！」、「我為你感到驕傲」或「我以你為榮」等，幾乎是人人愛聽的社會增強。

▲圖 8-4　　適時的自我獎勵能增進學習動機。

(三)提升自律能力

自律 (self-regulation) 是對自己的行為、情緒與目標做持續監督、控制與評鑑的歷程。它是高度內在化的自我管理技巧。學習需要這種自控的技巧，以維持成功所需的堅忍力與方向感。提升自律可從安排穩定的學習環境、提供自我決定的機會、模擬有效的自控技巧等著手。

(四)善用評量功能

學習能帶給我們求知機會與滿足感，學習中與學習後的評量則能判斷學習的效果與優缺點。然而，考前的威脅、考試中的壓力，以及考後的比較與可能後果等，成為不少學生必須面對的「災難」。其實，評量是瞭解自己學習狀況的最好方式，不僅在解答答題的正誤，更幫助我們思考改善的途徑。因此，評量應偏重自我比較，可以減輕人際競賽所產生的嫉妒與緊張關係。

(五)以內在動機看待學習的價值

想一想，兒童時期的你對任何事情都充滿了好奇心，你學會了說話、寫字、畫畫。漸漸地，你甚至還會演奏樂器、操作電腦、即興作畫，並且在這

些學習中獲得樂趣與滿足感，這就是學習的內在動機。學習是主動的，不是被動的，請記得，只有你才能點燃學習的火花；學習，決定了你是個怎樣的人。

二、提升工作的成就動機

㈠培養內在動機

內在動機是來自個體內部的需求或刺激。員工的工作、職員的服務若是發自內在的需求，則其目的清楚、行動堅持、創意眾多，並有高成就的把握。因此，培養個人對工作的興趣、從工作中獲得滿足，有助於內在動機的提升。

㈡瞭解與配合工作動機

人們從事同樣的工作，可能有互異的動機。對重視「成就」者，強調優異的表現；對重視「名譽」者，給予合乎其意願的名分或注意；對重視「歸屬」者，給予公司是家的感覺；對重視「權力」的員工，鼓勵參與決策與領導。

㈢擬定合理的目標

工作目標愈合理，愈有達成的希望，也因而增加自我能力的正面評價。鼓勵員工參與目標的決定，可以激發大家的承諾，並共同分享工作進展的成果。

㈣選擇適當的領導方式

領導或管理人員應彈性地調整工作領導與社會領導兩種方式。工作領導 (task leadership) 著眼於工作目標的實現；社會領導 (social leadership) 注重調解衝突、建立團隊精神。

第三節　情緒的性質與理論

　　情緒 (emotion) 是對刺激的一種身心反應，它包括生理反應、行為表達、意識經驗三部分。當我們感到憤怒時，個體有自律神經系統、內分泌、大腦、肌體等相互配合，透過面部與姿態做適當地表達，也在認知上有合理的詮釋與體驗。

一、情緒的功能

(一)動機作用

　　情緒一如動機，也是促動或增強行為的一種動力。例如：對周遭的人、事、物，我們感到喜愛的就會接近、覺得恐懼的就想逃避、感到厭惡的就會排拒、覺得焦慮時會坐立不安。我們不僅面對真實環境產生情緒，也時常由幻想而引起情緒。常見人們受到激勵時，工作起來愈做愈起勁；人們受到羞辱時，其抗拒力愈加堅強。

(二)社會功能

　　人們在群居時，情緒有規範社會行為的功能。當人們在一起而感到快樂時，彼此更能互助；當人們感到內疚時，會做義務性的工作以資補償。當然，情緒有溝通訊息的作用：見人微笑時，不妨親近；見人怒火衝天時，最好遠離，以免殃及。

二、情緒的生理反應

　　我們的情緒有複雜的生理反應作為支持——喜愛、憤怒、恐懼、羞慚等都有內在的生理反應相伴隨。當我們的情緒被激發時，我們的自主神經系統、內分泌作用、大腦等都為情緒的激起、增強、維持、消退而活躍。

　　任何情緒都伴隨著自主神經系統的類化性反應。交感神經系統活躍時，副交感神經系統被相對地抑制；等到交感神經系統減弱時，副交感神經系統便逐漸活絡起來，使身體得以恢復平靜。不同的情緒有明顯的生理反應差異。例如：憤怒與恐懼都增加心跳，但是憤怒使體溫增高，恐懼使軀體冰冷。與情緒有關的大腦組織是邊緣系統 (limbic system)，它包括扁桃體、中隔、海馬迴、下視丘等，是非常原始的神經組織。

打開 心 視界

情緒評量與測謊

　　如何評量說謊者的情緒狀態？目前有一套記錄心跳、血壓、呼吸、排汗等生理反應的工具，稱為多線圖記錄器 (polygraph recorder) 或測謊器 (lie detector)。當個人有不可告人或見不得人的事被揭露時，會不自主地感到羞愧或不安，乃有異常的生理反應出現，這時測謊器可以發揮其應有的功能。然而，測謊器並非萬無一失，有些誠實者被誤測為說謊，慣竊或騙徒卻能輕易地通過測謊器的考驗。

三、情緒的表達

(一)面部表情

　　以面部表達情緒是溝通訊息的重要管道。人們憤怒時的面紅耳赤、怒目而視，甚至於咬牙切齒，旨在警告對方「攻擊在即」。使用面部表情與體察他人的面部表情，代表個體天賦的一種生存方式，因此一些情緒的面部表達有普遍性與共通性。

(二)肢體語言

情緒也可以經由身體來表達，此即肢體語言 (body language)。例如：我們以昂首、闊步等方式行走，以表示快樂；我們以低頭、慢步、拖拉僵足來行走，以顯示不快。情緒的另一傳達途徑是凝視。凝視 (gaze) 是以眼睛對一個焦點持續傳達訊息。我們以一種凝視方式向對方表達愛慕、關心、友誼；也可以另一種凝視方式向對方表達敵仇、警告或不滿。此外，觸摸也是一種常用的情緒傳達方式。

▲圖 8–5　心理學家湯金斯 (Silvan S. Tomkins, 1911–1991) 與其生艾克曼 (Paul Ekman, 1934–) 曾提出「臉部回饋假設」(Facial-Feedback Hypothesis)，指出臉部表情不僅反應個人的情緒，而且也會引發個人產生某種情緒反應。

(三)聲音或口語

除了以面部表情與肢體動作外，情緒也常以口語或聲音來表達，例如：快樂的歌聲、大聲尖叫、哀號或怒斥等。

四、情緒的體驗

我們在討論情緒的體驗時，不妨先來認識幾種常見的基本情緒，例如：快樂、憤怒、恐懼、悲傷。

(一)快　樂 (happiness)

快樂是相當長久性的主觀幸福感 (well-being)。它可以從個人是否有高度的正面情感，與是否對自己的生命覺得滿意來衡量。根據跨國際的研究 (Diener & Diener, 1996)，大多數人認為自己是快樂的。根據另一報告 (Xu & Roberts, 2010)，那些主觀幸福感得高分的人，不僅較長壽，也活得較為健康。麥亞斯 (Myers, 1996) 認為，快樂的人有高的自尊，是樂觀與外向的；有摯友或終身良伴，工作或閒暇能施展所長；有意義深厚的宗教信仰，擁有良好的睡眠與適度的運動。更可貴的是，快樂的人把壓力看成機會並樂觀以待，因

而不至於在負面情緒裡打轉而不能自拔。總之，快樂的人活得健康些、富有活力，對生活也較為滿意 (De Neve et al., 2012)。

打開 心 視界

有錢人最快樂？

個人是否快樂，與其收入有短暫的相關。根據適應水平論，新的高收入、高財富雖能帶來一時的快感，但是由於適應作用，既有收入與財富很快地變成舊收入。根據相對剝奪論，個人與他人比較財富後，總是覺得自己受到委屈、受到剝奪。難怪，1930至 1980 年間美國人的年收入在淨值上增加了一倍，覺得非常快樂的人數仍然停留在 1/3 左右 (Niemi et al., 1989)。在中國，近年來百姓的財富增加許多，生活滿意度卻沒有隨著提高 (Davey & Rato, 2012)。

▲圖 8–6

㈡憤　怒 (anger)

憤怒是異常不快的情緒反應。事實上，多數的憤怒與親友或熟人有關，只有少數的憤怒是對著陌生人而發的。有良好情緒適應的人，能恰到好處地表達其憤怒，既能抒發內心的憤懣，又不至於傷害他人。反之，情緒適應不良的人，有時勃然大怒、言行暴躁以致難以收拾；有時忍氣吞聲、抑鬱不快以致懷恨在心。

欲減輕或控制憤怒，你可以⑴立刻默數 1 到 10，以緩和情緒反應；⑵找出引起憤怒的原因；⑶做你喜歡的運動，如走路、跑步、打球或游泳等；⑷向摯友或親人吐露不快的情緒；⑸看開，並寬恕惹你生氣的人。能寬恕他人是最令人敬佩的風範。

(三)恐　懼 (fear)

恐懼是感到自己（或親友）可能受到傷害的一種不安定或不能掌控的情緒反應。如果個人感到恐懼，但又不能清楚地確認恐懼的來源時，稱為焦慮 (anxiety)。恐懼有來自天生的（如對失恃、巨響、創傷的本能性反應）、有來自制約的（如怕閃電、見交通警察尾隨而不安、恐懼症等）、有來自想像的（如想到自己住在液化區的舊高樓裡，不禁打起寒顫），也有來自模仿的（如見他人逃避，自己也驚慌地跟隨）。

(四)悲　傷 (sadness)

悲傷是因失去親人摯友、嚴重的財物損失或遭受嚴重失望時所產生的不快情緒反應。深沉而持久的悲傷稱為哀慟 (grief)。悲傷與哀慟都與「喪失」或「離別」有關，因此「生離死別」是悲傷的主要根源。

五、情緒理論

情緒既然包括生理反應、行為表達、認知體驗三部分，究竟生理反應與認知體驗孰先孰後，還是二者同時發生？請看下列對情緒的解釋理論。

(一)詹郎二氏情緒論 (James-Lange theory of emotion)

詹姆士與郎吉 (James & Lange, 1927) 認為，一個人先有生理上的反應，隨即產生主觀的情緒體驗。情緒發生的程序是：刺激→生理反應→認知體驗。根據這個論點，我們哭了才感到傷心；我們攻擊後才覺得憤怒；我們發抖了才產生恐懼。

(二)坎巴二氏情緒論 (Cannon-Bard theory of emotion)

坎南 (Cannon, 1929) 與巴德 (Bard, 1934) 不贊同詹郎二氏的情緒論，認為當個體感受刺激後，訊息立刻進入傳訊中心的視丘，再由視丘「同時」分送到大腦皮質部（主心理反應）與交感神經（主生理反應），因此情緒反應與生

理反應同時出現。例如：我在黑夜的小巷中行走，一時瞥見背後有人跟隨，就同時產生恐慌與拔腿就跑的反應。

㈢沙辛二氏情緒論 (Schachter-Singer theory of emotion)

沙克特與辛格 (Schachter & Singer, 1962) 認為，情緒的引發包括兩部分：生理反應與對生理反應的認知標籤，因而此說又稱二因情緒論。根據此說，當個體意識到某一刺激情境，並引起特定生理反應，同時會根據刺激情境賦予的認知標籤，而產生情緒反應。例如：當你看見前面有個人插隊感到很生氣，但他一回頭，原來是好鄰居老張，你立刻輕鬆地微笑。

㈣認知仲裁情緒論 (cognitive-mediational theory of emotion)

拉茲勒斯 (Lazarus, 1996, 2006) 認為，情緒是個人對刺激評估並予以裁決後所產生的身心反應。個人對刺激情境的評估是情緒的決定因素，而評估的程序包括初級評估與次級評估。在初級評估中，個人必須決定事情發生的後果是什麼；在次級評估中，個人要決定該做什麼，當情勢需要時，也許還要重估。可見，認知在前、情緒在後。評估的結果愈與個人有關，情緒的強度也就愈高。

第四節　情緒與生活

高曼 (Goleman, 1995) 認為，我們有理智的心 (rational mind) 與情緒的心 (emotional mind)，後者時常統御前者。他感慨現今社會只關切語文與數學能力的低落，卻絲毫不重視情緒能力的不足。他強調情緒的控制與運用在事業成敗上所扮演的重要角色。他指出，欲追求卓越的成就，良好的情緒技巧可以使之「無往不利」。

一、情緒智慧的指標

高曼認為，情緒智慧 (emotional quotient, EQ) 從五個方面表現出來：(1)自我覺識：確認自己的情緒及其後果、知道自己的優缺點，並肯定自己的能力與價值；(2)自我規律：控制自己的衝動行為，保持誠信與統整，對自己的言行負責，面對改變時富有彈性，能接受新觀念；(3)動機：勤於改進、追求優異，為團體或組織的目標而奉獻自己，時機一到自動行事、堅忍不拔、排除萬難；(4)感性：能預知、確認、滿足顧客的需求，依他人的需要去協助其發展，力求各族群的均衡發展，注意大眾的情緒流向與權勢關係，且善於知人；(5)社會技巧：凝聚各種策略以說服他人，傳遞明確的訊息，啟發與領導群眾，成為促動改變的媒介，經由協商解決歧見，培養緊密的人際關係，為達成共同目標而協力合作。高曼同時指出，情緒智慧絕大部分是由學習與經驗而來的，這對大多數人而言可說是令人振奮的喜訊。

情緒智慧量表

下面是一個簡易的自我評量表。以「是」或「否」回答下列 12 個問題，看看你的情緒智慧有多高？

	是	否
1. 你知道你的優點和缺點嗎？	是	否
2. 他人能否信賴你處理細節？你是否不讓事情敗壞？	是	否
3. 你是否安於改變並接納新觀念？	是	否
4. 你的動機是否為了達到你自己的優越標準？	是	否
5. 當事情失誤時，你是否保持樂觀？	是	否
6. 你能否從他人的觀點看事情並感知他人所最關切者？	是	否
7. 你是否以顧客的需求決定如何去服務他們？	是	否
8. 你是否樂於協助同事發展其技能？	是	否
9. 你能否精確地認知辦公室裡的政治情境？	是	否

10.你能否從協商與衝突中獲得「雙贏」的結果？	是	否
11.你是否為人們所爭取的對象？你是否樂於與人合作？	是	否
12.你是否經常令人信服？	是	否

　　如果你有超過 5 個以上的「是」，並且你的答案也獲得你「知己」的確認，則證明你善於運用你的情緒智慧。恭喜你了！

二、男女間情緒衝突的解決

　　再快樂的婚姻也不是沒有衝突的。葛特曼 (Gottman, 1994) 認為，衝突給予婚姻帶來喜悅與穩定。他指出，夫妻關係的成長只有從「成功地妥協歧見」中獲得。婚姻中一定數量的衝突是必須的，關鍵在於如何面對並解決衝突。

㈠男女對情緒衝突的反應差異

　　葛特曼提醒我們：男女對情緒衝突的反應是互異的。男人多壓抑或護衛情緒，女人則易於表達情緒。因此在處理男女之間的情緒問題時，女人較勝一籌。她們不僅對問題較為敏銳，而且比較願意將它們提出來。

　　葛特曼發現，在男女衝突中有兩個阻撓問題解決的情緒反應方式：氾濫與退守。氾濫 (flooding) 是指情緒高漲、心跳急速、血壓陡增，情緒難以控制、思考能力薄弱的情緒反應狀態。退守 (stonewalling) 則是一種防守態勢的抵制策略，既不聽取對方的意見，也無意解決問題。在婚姻衝突中，男人的情緒氾濫更甚於女人，在情緒高漲與氾濫之後，則開始採取退守策略。此際，女人常將它視為對她們的不敬、冷漠或拒絕，結果，女方常因而更加挫折與激怒，也跟著氾濫其情緒。當女人在情緒氾濫時，她們不用男人的抵制做法，反而更強烈地表達其情緒(如哭泣或叫罵)。女人的情緒氾濫更助長男人的退守，解決衝突的希望也因此更為渺茫。

(二)解決情緒衝突的步驟

第一步，雙方都應注意男女處理情緒衝突的差異性。男方應向女方解釋他們抵制的理由，使女方不再誤認男人缺乏解決衝突的意願。男方可以這樣說：「我要獨自靜下來，想想妳剛說的話，稍後回來再繼續跟妳談。」女方應當接受這個暫停的請求（暫停約 20 至 30 分鐘），並答應回來繼續交換意見以解決衝突，是非常有效的策略，因為一個人的生理反應至少需要 20 分鐘以冷卻其激動的情緒。

第二步，在暫停期間，雙方會一面想剛才的爭論，一面自我對話。暫停的作用是在尋求衝突的解決，不是準備稍後給予對方更嚴厲的反擊。因此，與其憤恨地說：「這個×××，居然敢對我大小聲，真是傷透我的心！」不如改以積極的口氣說：「靜下來好好地控制情況吧！我畢竟愛他（她）啊！」

第三步，彼此盡其所能地尋求解決之道。這時，不應該以「算了，就算我錯，不要再提此事了！」來迴避問題或搪塞對方。若某方老是「尋求」衝突，只因其希望與對方共同解決問題，而非無端引起夫妻間的戰爭。

第四步，應該冷靜地提出問題，避免人身攻擊。問題的提出與表述，最好能在維繫或增進雙方情誼的架構下進行。雙方能否在良好的情緒下共同解決問題，有賴於各方是否以「愛」為出發點。

本章摘要

1. 動機是引起並維持活動直到該活動達成其目標的驅動力。依其驅力的來源而分，動機有內在動機與外在動機之別。

2. 成就動機是克服困難、追求高度成就、超越他人的意願。歸屬動機是指個人欲與他人接觸與交往的需求。社會讚許動機是個人尋求他人認可或讚許的意願。權力動機是個人力求獲得權威以影響他人的一種意願。

3. 情緒是對刺激的一種身心反應，它包括生理反應、行為表達、意識經驗三部分。

4. 四個主要情緒理論：詹郎二氏情緒論認為，先有生理上的反應，隨即產生主觀的情緒的體驗；坎巴二氏情緒論認為，情緒反應與生理反應同時出現；沙辛二氏情緒論認為，特定生理反應有其賦予的認知標籤，對交感神經賦予什麼標籤就有什麼情緒反應；認知仲裁情緒論認為，情緒是個人對刺激評估並予以裁決後所產生的身心反應。

5. 高曼指出情緒智慧從自我覺識、自我規律、動機、感性、社會技巧等五個方面表現出來。情緒智慧絕大部分是由學習與經驗而來的。

重點名詞

motivation　動機

intrinsic motivation　內在動機

extrinsic motivation　外在動機

hunger　飢餓

excitement phase　興奮期

plateau phase　高原期

orgasm phase　高潮期

resolution phase　消退期

sex orientation　性取向

achievement motive　成就動機

affiliation motive　歸屬動機

need for social approval　社會讚許動機

need for power　權力動機

instinct theory　本能論

drive theory　驅力論

arousal theory　刺激論

incentive theory　誘因論

cognitive theory　認知論

hierarchy of needs　需求階梯論

self-regulation　自律

emotion　情緒

limbic system　邊緣系統

well-being　主觀幸福感

James-Lange theory of emotion

詹郎二氏情緒論

Cannon-Bard theory of emotion

坎巴二氏情緒論

Schachter-Singer theory of emotion

沙辛二氏情緒論

cognitive-mediational theory of emotion

認知仲裁情緒論

emotional quotient, EQ　情緒智慧

flooding　氾濫

stonewalling　退守

—◆ 自我檢測 ◆—

是非題

(　　) 1.動機是引起並維持活動直到該活動達成其目標的驅動力。

(　　) 2.飢餓屬於心理性動機。

(　　) 3.情緒是對刺激的一種身心反應，它包括生理反應、行為表達、意識經驗三部分。

(　　) 4.人類情緒的表達最直接的方式是以語言方式來表現。

(　　) 5.快樂是相當長久性的主觀幸福感。

選擇題

(　　) 6.教師參加教師會等團體組織之各項聯誼活動，就馬斯洛的需求階梯論是屬於哪一階層？　(A)安全感的需求　(B)尊榮感的需求　(C)歸屬感與愛的需求　(D)自我實現的需求

(　　) 7.下列何者提出情緒是經由個人的認知評估而來的？　(A)詹郎二氏　(B)坎巴二氏　(C)沙辛二氏　(D)拉茲勒斯

(　　) 8.下列何者認為喜歡坐雲霄飛車是因為人類有尋求與維持適量刺激的動機？　(A)驅力論　(B)刺激論　(C)誘因論　(D)需求階梯論

(　　) 9.下列何者為「非」？　(A)情緒與動機皆是促動行為的動力　(B)情緒伴隨著自主神經系統的反應　(C)負面情緒有害身心，應予以抑制　(D)情緒有規範社會行為的功能

（　　）10.大前研一認為工作的樂趣在於本身，能增加生命的價值與意義，
請問這樣的工作動機是一種　(A)內在動機　(B)外在動機　(C)生理
動機　(D)社會讚許動機

─◆ 想想看 ◆─

1.你是否有過從外在動機轉變為內在動機的經驗？為何有此改變？

2.飆車行為適用哪一動機論的解釋？

3.你的情緒智慧 (EQ) 如何？你滿意嗎？

4.你處理情緒衝突的經驗合理嗎？哪方面有待改善？

CHAPTER 9

壓力與壓力處理

健康與快樂是人生希望保持或追求的兩大目標。然而在這個世界裡，人們自出生以後總是免不了要忍受病痛之苦。時至今日，人們對疾病的診療大多重視病毒的鑑定與移除、生理功能缺陷的調適或整治。然而事實證明，來自環境或由自己引發的心理壓力也是影響健康的重要因素。

本章的討論將集中於解答下列有關壓力與健康的問題：

◆ 何謂壓力？壓力對人的身心有何影響？

◆ 人們如何抗拒壓力？何種人格特質有助於抗拒壓力？

◆ 壓力的來源有哪些？壓源的判定受哪些因素的影響？

◆ 壓力對心臟、免疫功能、癌症有何負面的作用？

◆ 哪些行為與活動可以增進個人的抗壓能力？

第一節　壓力的意義

一、壓力的意義

　　壓力 (stress) 是個人處理事務的能力受到挑戰或威脅時所產生一種負面的心理狀態。當個人的能力受到挑戰時，其心理壓力成為解決問題或完成任務的動力。許多人接受了挑戰而激發卓越的成就；但是，當個人深感其能力、地位或名譽受到威脅時，其承受的壓力對身心則會產生一定程度的傷害。壓力包括三個要素：⑴壓源 (stressor)，如颱風、塞車、工作需求、破碎的婚姻；⑵個人對壓源的反應，如恐懼、憤怒；⑶個人採取的抗壓行為，如成功的處理或抗壓失敗而致病。

　　許多人所患的氣喘、胃潰瘍、頭痛、便祕、高血壓、心臟病等便與心理壓力有相當的關聯。臨床心理學家與精神科醫師將這些由心理問題所引起的生理異常，稱為心身性異常症候。在日趨忙碌與緊張的高度工業化與現代化社會裡，影響生理而導致疾病的壓力來源急速地增加。現代人在日常生活中因過度緊張而精疲力竭，無怪乎一到週末，許多人禁不住要說：「真高興，又到了週末！」

二、壓力與健康

　　多數人都能面對現實，成功地相繼處理大小事故，使壓力減到最低點，以維護健康、保持快樂。愈來愈多的證據顯示，壓力與心臟病、免疫功能減弱、癌症等關係密切。因此，在談論如何維護與增進健康時，不能只注意疾病本身的防止與醫療，而忽略心理壓力對健康可能造成的危害。

㈠壓力與心臟病

　　一提起心臟病，人們自然會想到危害心臟功能的吸煙、高膽固醇、高血

壓、肥胖、高脂肪食物、遺傳性心臟異常等。事實上，個人所面臨與承受的心理壓力與心臟病的關係相當密切。心臟科醫師們為了探索心理壓力與心臟病的關係，乃比較 40 位財稅會計師在報稅前、報稅時、報稅後三個時段膽固醇的高度與血液凝固的速度。結果發現，財稅會計師在報稅前後一切都很正常，但在報稅期間，膽固醇與血液凝固兩項評量均達危險階段。他們的結論是：壓力可以用來預測心臟病的可能性 (Friedman & Ulmer, 1984)。

　　壓力對哪一類人的心臟有較負面的影響呢？答案是：A 型人格者。A 型人格 (Type A personality) 是指易激、易怒、愛比較、趕時間、緊迫的人格特質，其中與心臟病最有關聯的特質是憤怒 (Chida, & Hamer, 2008)。與 A 型人格相反的 B 型人格 (Type B personality) 是什麼都不打緊的、隨和、安逸的人格。B 型人格者少有因壓力而患心臟病的。你屬於哪一型人格呢？

㈡壓力與免疫功能

　　持續的壓力可以減弱個體的免疫功能 (Kiecolt-Glaser, 2009)。免疫系統 (immune system) 是一套完整的巡邏系統，包括骨髓、脾臟、胸腺、淋巴結等器官。免疫系統包括三種重要成員：B 型淋巴球、T 型淋巴球、巨食者。

　　B 型淋巴球 (B lymphocytes) 是一種來自骨髓的白血球，專門釋出抗體（抗生素）以消滅細菌；T 型淋巴球 (T lymphocytes) 是一種來自胸腺的白血球，專門攻打癌細胞、濾過性病毒及其他外來的有害物質；巨食者 (macrophage) 則負責隔離、包圍、吞食各種有害物質（包括破碎的紅血球）。

　　在一項對 48 名志願者的研究 (Stone et al., 1994) 證實：那些報告他們有快樂近況的人，身體有提升抗體的反應；反之，那些報告他們近來有不快經驗的人，身體有抗體減低的反應。另一項研究則是針對學生最感頭痛的考試壓力。格雷澤夫婦 (Kiecolt-Glaser & Glaser, 1993) 以醫學院的學生作為研究對象，結果發現，即使是通常的考試壓力也足以影響他們的免疫系統。事實上，個人只要經歷 30 分鐘的挫折性作業，其免疫系統就有短暫性的改變 (Cohen & Herbert, 1996)。但是，也請留意：並不是每個人對同樣的壓力產生同等的免疫系統變化，有些人的確比較「脆弱」，容易感受壓力的影響。

(三)壓力與癌症

人們通常認為，只有基因或致癌物質 (carcinogen) 才會導致癌症的發生。雖然我們不能斷言壓力與抑鬱可以致癌，但是心理壓力與抑鬱寡歡使癌症患者的免疫系統減弱，身體的抗癌能力因而受損，使癌細胞得以迅速擴散 (Anderson et al., 1994)。根據瑞士的一項大規模研究 (Courtney et al., 1993)，有長期心理壓力經歷的職工患結腸癌的人數是沒有類似經歷職工的 5.5 倍，可是他們的年齡、吸煙、喝酒、體質並沒有差異。

第二節　壓力的身心反應

一、身體對壓力的抗拒

根據內分泌學家薩賴 (Selye, 1976) 的研究，白鼠在持續壓力之下，不論是何種壓源（電擊、高溫、低溫或強制活動），都會引起一種稱為一般適應症 (general adaptation syndrome, GAS) 的抗拒反應。人類亦復如此。一般適應症包括警惕期、抗拒期、衰竭期等三個階段。於警惕期，大腦立即促動交感神經系統，釋放腎上腺素，動員可資利用的一切熱能。於抗拒期，個體以其動員所得的資源對抗壓力，但長期的壓力可能將資源消耗殆盡而進入下一期。一旦進入衰竭期，由於能量消耗殆盡，個人對疾病的抵抗力非常微弱，可能因而病倒，甚至死亡。近年頻頻發生的過勞死，可能與身體無法長期承受壓力有關！

二、心理對壓力的抗拒

(一)情緒反應

當壓力增高時，個人可能有以下的情緒反應：心情開始變壞；由心煩至

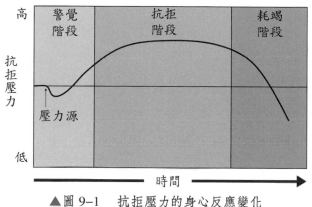

▲圖 9-1　抗拒壓力的身心反應變化

憤怒、惶恐、焦慮、恐懼；從沮喪至哀怨；產生無助感。

㈡行為反應

　　面對壓力時，我們可以把對壓力的行為反應概分為：針對情緒的對策與針對問題的對策。

1.針對情緒的對策 (emotion-focused coping)

　　針對情緒的對策是個人集中精力於應付由心理壓力所引起的「情緒紛擾」，不打算解決問題，試圖學會與問題和平相處。例如：一位職員沒能獲得預期的年度升遷，連夜在外喝得酩酊大醉，嘗試減少羞辱或難堪。

2.針對問題的對策 (problem-focused coping)

　　針對問題的對策是個人以實際行動應付產生心理壓力的根源問題，試圖以問題的解決作為減少壓力的手段。例如：另一位職員也沒能獲得預期的年度升遷，但他一面探查未獲升遷的理由、一面向上司力爭補救的機會，直到問題獲得解決。

　　當人們自認可以克服壓力源時，通常先使用針對問題的對策。若他們發現無法解決實際問題時，可能轉而採取針對情緒的對策。針對問題的對策的確優於針對情緒的對策，也合乎長期保健的原則。雖說針對情緒的對策並非善策，其效用也頗為短暫，然而一些人為求得一時的壓力抒解，乃頻頻採用而成積習，以致無法真正減少壓力。

㈢習得無助感

　　如果我們在對壓力的反應中，既不能採取有效面對問題的策略，也無法避免有害的情緒反應，長期下去容易自然地發展出習得的無助感 (learned helplessness)。有這一種症候的人總覺得他們的所作所為不可能產生任何所期待的結果，因而選擇無所作為，面對情境冷漠以對。

第三節　壓力的來源與判定

一、壓力的來源

　　壓力的來源可概分為四類：異常的災禍、生活的巨變、日常瑣事、挫折與衝突。

㈠異常的災禍

　　地震、火山爆發、颱風、龍捲風、嚴重水患、火災等天災，或戰亂、暴亂、車禍等禍害，都是屬於難以預測的災禍 (catastrophe)。由於它們傷害的程度大、損失慘重，幾乎對任何人都構成威脅性的壓力；雖然災後有政府或社會的救助與支援，但災禍帶給災民的不便、傷痛的記憶、健康上的殘害等相當驚人。就以臺灣發生的 1999 年 921 大地震與 2016 年臺南維冠金龍大樓因地震倒塌為例，這場天災與人禍交織出的巨大創傷，在許多臺灣人民心中仍舊造成揮之不去的痛苦回憶與心理壓力。

打開 心 視界

戰爭已了，傷痕猶在

在殘酷的戰爭中目擊悲慘的死傷與破壞後，許多戰士因而患有嚴重

的適應困難，稱為創傷後壓力症候群 (post-traumatic stress disorder, PTSD)。那些因參戰而患有創後心理異常症的退伍軍人，其症狀包括：緊張、作惡夢、慘景閃現等現象。根據美國聯邦退役軍人事務部調查，罹患創傷後壓力症候群的男性退伍軍人比較容易出現婚姻問題。此外，他們也發現在 2001 年至 2004 年之間，美國現役官士兵的離婚案例增加了一倍。

(二)生活的巨變

另一類造成壓力的因素是來自生活的巨變，如失去親人或摯友、喪失工作、離婚等。當人們遭遇生活的巨變，會較一般人易於罹患疾病。根據一個對約 69,000 名芬蘭喪偶者的研究 (Kaprio et al., 1987)，在喪失伴偶後一星期內死亡者有倍增的現象。

為評估個人面對生活中重大變遷時所承受的心理壓力，賀姆斯與瑞西 (Holmes & Rahe, 1967) 編製一套包括 43 個主要生活變遷的社會再適應評量表 (Social Readjustment Rating Scale, SRRS)。這個被普遍應用的量表有個新的簡化版本 (Miller & Rahe, 1997)，它包括 21 個主要生活變遷，每個變遷附有壓力指數。見表 9–1。

▼表 9–1　社會再適應評量表 (Miller & Rahe, 1997)

生活變遷	壓力平均指數	生活變遷	壓力平均指數
喪偶	119	生活條件改變	42
離婚	98	住處改變	41
近親死亡	92	學期開始或結束	38
被革職	79	自己的重大成就	37
自己受傷或生病	77	轉學	35
摯友死亡	70	與上司有麻煩	29
懷孕	66	改變自己的習慣	27
經濟情況改變	56	改變睡眠習慣	26

工作條件改變	51	休假	25
結婚	50	輕微地觸犯法律	22
性困難	45		

依據這個量表，如果一個人在過去 6 個月內累積 300 分以上，或一年內累積 500 分以上，必定承受高度的心理壓力，其引發心因性身體症候的危險性大大地增加。也許你會感到奇怪，表內的許多生活變化中，若是負面的（如親友死亡或自己被免職等），當然產生傷害性的心理壓力，為什麼那些正面的（如結婚、大成就、學期結束等），也有壓力指數呢？事實上，每個人在生活的切身問題上發生重大變化時，不論正負，常有一時不知如何處置的壓力。結婚固然是喜事，婚禮的準備與親友的關切與慶賀、自己面對結婚的心理調適等反使當事者感到不安，因而產生心理壓力。

(三)日常瑣事

異常災禍實屬少見，生活上的巨變也不頻繁，日常瑣事卻是最煩人的主要壓源 (Kohn & MacDonald, 1992)。日常瑣事雖是日常生活中的芝麻小事，但是它們從早到晚、無時無刻不在煩擾個人，如工作、時間、交通、人際、社會、經濟、健康、情緒、子女等大小問題不斷地累積，使個人窮於應付、疲於奔命，因而影響身心的健康。日常瑣事對健康的傷害總被那些忙於應付的人們所忽略，認為他們還能勉強支撐下去，甚至接受更多的承諾與擔負，以致健康深受其害。因此把日常瑣事看作人類最重大的壓源，並不為過。

身為一個學生，也有不少煩人的日常瑣事吧！勉強上自己不喜歡的課、與女（男）友之間的摩擦、關切自己的外貌、家人的期望與關切等等，想想看，哪些日常瑣事為你帶來心理的壓力？

(四)挫折與衝突

挫折 (frustration) 是個人朝向目的之行為受到延誤或阻滯時所引起的不快反應。試想：你昨晚精心製作的報告，今天卻忘了帶，你不覺得氣炸了嗎？

你驅車到機場迎接訪客，中途爆胎，你不急死嗎？時常遇上挫折，你不抱怨嗎？

衝突 (conflict) 是個人試圖從不能和諧並存或相互對立的刺激中，做抉擇時所產生的矛盾心態。我們可以將所有衝突分成三類：雙趨衝突、雙避衝突、趨避衝突。雙趨衝突 (approach-approach conflict) 是個人在兩個喜愛的刺激中，只能挑選其一時所處的心理困境，一如「魚與熊掌」二者不能兼得時的無力感狀態。雙避衝突 (avoidance-avoidance conflict) 是個人在兩個都欲迴避的刺激中，必須忍受其一的心理困境。若你的體育選課只有排球和籃球，你二者都不喜歡，卻硬著頭皮選其一。趨避衝突 (approach-avoidance conflict) 是個人必須接受具有兩個相反屬性（喜愛與討厭）的同一刺激時，心理所感受的困境。例如：你欣賞某人的聰明，但厭惡他的傲慢；若你愛上了他，只有無奈地忍受他的傲慢。一般而言，人們碰上趨避衝突時，多猶疑不決，增添不少心理壓力。

二、影響壓力來源判定的因素

你是否讀過「非洲賣鞋」的故事？有兩個到非洲賣鞋的人，發現非洲人都不穿鞋，一個人說：「慘了！沒救了！」另一人說：「太棒了！這是個發財的好機會！」一個事故是否成為壓力來源，不是人人一致，而是受到一些因素的影響，其中主要的有：事故的可預知性、事故對個人的意義、情境可控制性與自己的才幹。

㈠事故的可預知性

人們對突發事件常有一時無法適應或難以招架的現象。火山爆發、瓦斯管爆裂、親人心臟病突發、學校的抽考、遙控器突然失靈等難以預知的事故，令人無法以通常慣用的方式去處理，也難以預測其後果，因此產生高度的壓力感。反之，我們若已獲知火山將於近期爆發、知道親人有心臟痼疾，或遙控器過去已失靈多次等，事故的發生是預料中之事，內心在處理上與心理壓力方面都比較輕易得多。

㈡事故對個人的意義

對事故的認知評估影響壓力來源的判定。面臨外界的刺激，個人在認知上的評估決定何者是挑戰、何者是威脅。例如：自己的親友突然病故、自己被公司解雇、自己無法趕上重要的會議等事故，不論其大小，由於與自己的自尊、權益、責任、信念、健康、福祉等關係密切，因此自然地被視為壓力來源。反之，若發生的事故與自己沒有直接或間接的關聯，則成為壓力來源的可能性不大。只要注意表 9-1 社會再適應評量表所包括的生活變化，哪個不是與自己關係密切呢？

㈢情境可控制性

決定壓力來源的另一個因素是，個人對事故與其情境能否做有效地控制。自己參與控制的程度愈多，愈能減少心理壓力。例如：洪水暴漲時，若你備有沙包、抽水機、柴油發電機等，加上人手充足，則你家至少有堵水防災、控制水患的能力，心理壓力自然減輕很多。不然，眼看洪水高漲，你赤手空拳，對情境毫無控制能力，內心的無助感與壓力也隨著情況的惡化而增高。

㈣自己的才幹

事故的發生正是個人評估自己處理事故能力的時候。自認對事故的處理可以勝任的人，壓力較小；自認對事故的處理力不從心的人，壓力較大。自認有高度自我效能的人，對處理事故有較高的工作動機與較持久的工作耐力，對事故的解決有較大的幫助，壓力也將因而減低。

第四節　抒解壓力的方法

人生免不了災禍或煩人的壓源，我們都需要學習與壓力共處。壓力對健康的傷害已逐漸被心理學家與醫學界所重視，因此他們經常研究或探求因應

心理壓力的最佳策略，以維護或增進身心健康。本節先觸及抗拒壓力的人格特質，然後提出幾個有效的減壓活動。

一、抗拒壓力的人格特質

同樣一件事對某些人產生壓力，對某些人是個挑戰，對另一些人則無關痛癢。何種人格特質有助於抗拒或抒解壓力呢？

(一)樂觀進取的態度

有人樂觀進取，有人悲觀消極。樂觀者 (optimist) 將危機看成契機，壓力因而減到最少；悲觀者 (pessimist) 將危機看作負擔，因而感受沉重的壓力。樂觀的人較少罹患心身性疾病；悲觀的人免疫功能減弱，容易罹患高血壓、心臟病、腸胃病、癌症、過敏症、頭痛等病症 (Gullette et al., 1997)。

塞利格曼 (Seligman, 1991) 認為，樂觀或悲觀取向源自個人對事物「好壞」的「解讀方式」。根據他的分析，樂觀者把成功歸功於內在的、長期的整體因素，將失敗歸咎於外在的、短暫的特殊因素；反之，悲觀者將成功解釋為外在的、短暫的特殊因素使然，把失敗歸咎於內在的、長期的整體因素。塞利格曼進一步安慰悲觀者，樂觀是可以經由學習而獲得的。他建議有悲觀取向的人採取下列三個步驟：(1)先想出一個逆境；(2)用一般常用的悲觀論調去解讀事情；(3)以事實反駁原來的解釋。如果你有悲觀取向，不妨試試看。

(二)堅強的個性

堅強 (hardiness) 的個性包括控制、擔當、挑戰三部分。控制是確信所採取的行動可以直接左右事情的結果；擔當是許諾與實踐所確定的目標與價值；挑戰是積極地面對新經驗並試圖解決問題。在面對壓力時，堅強是非常重要的心理武器。在壓力下健康良好的公司主管，都具備控制、擔當、挑戰等特徵的堅強個性。

㈢內在控制觀

個人對成敗的控制來源的看法影響其心理壓力的抗拒力。人們對影響成敗的來源有兩種不同的看法：認為成敗的控制關鍵來自自己的能力與努力，是屬於內在控制觀 (internal locus of control)；認為成敗的控制關鍵來自環境因素或幸運，是屬於外在控制觀 (external locus of control)。由於持內在控制觀者相信一切事情的後果反映自己的能力與努力，在面對壓源時盡其在我、努力以赴，其壓力因而減輕。反之，持外在控制觀者認為事情的後果是由於幸運或外力，在面對壓源時只有無奈與恐懼，因此心理壓力增高。

㈣自我肯定 (self-assertiveness)

自我肯定是個人為了保護自己的權益，公開表達不接受外界所授予或加諸自己的職責。有高度自我肯定特質的人，在是否接受任何外來的任務、職責、活動、名位時，完全根據它們是否合乎自己的權益而定，絕不是為了取悅他人而勉強自己。因此，有人乾脆將自我肯定簡稱為「勇於說『不』」的行為特質。「勇於說不」確實減輕許多不必要的擔負與心理壓力，因此成為抗拒心理壓力的「擋箭牌」。如果一個人並不情願參與被邀的活動，礙於情面只好勉強答應，但內心不是心甘情願，反而為自己增添不快的壓力。

二、抒解壓力的方法

如果問題無法解決，壓力持續影響身心的正常運作，不妨採用已被證實有效的減壓行為與活動，如改變思路、練習放鬆、運動、保持信仰、社會支持等。

㈠改變思路

每當思及事件就感到心理壓力時，我們可以設法改變思路，以減少壓力的負荷。改變思路有兩種方式可用：對事件重新評估與轉移注意。

1.對事件重新評估

個人若能將事務對自己能力的威脅予以適當的重估，有可能減輕個人對

威脅的感受。例如：將臨時交辦的重任看作威脅時，因責任重大而感到莫大的壓力；若把交辦重任重新評估為挑戰自己能力的機會，則不再是被動應付，而是主動迎接。積極主動比消極被動不僅更能激發工作動機、開拓創意，而且更能愈挫愈奮。

2.轉移注意 (distraction)

一個人心頭上若老是有煩心的事，必定對其產生長期的壓力。一般人的規勸是：盡量不要去想它，不去想它就沒事了。根據我們的經驗，愈是叫自己不要去想的，愈是想得厲害，這叫做反彈效應。因此，若煩心的思念繚繞不去，與其驅趕，不如來個「轉移注意」的分心策略。

轉移注意是每當一個不喜歡的思考來臨時，立即進行另外一個無關的思考。這個歷程與反制制約相似，由於一心難以二用，新的思考暫時取代了原有的思考，原有思考所挾帶的壓力也暫且消失，這對可能緊繃的肌體有抒解的作用。轉移注意既沒有壓抑思考的反彈惡果，又可以逐漸代以無害的思維，頗為心理學家所薦用。事實上，學生時常使用這個策略：當你覺得為上一堂乏味的課而痛苦無奈時，你不會習慣地「神遊」去嗎？

(二)練習放鬆

放鬆是一種以改變生理反應作為減輕壓力的壓力管理技巧。當個人因心理壓力而感到頭痛、肌肉緊張或心跳加速等生理反應時，他可以採取放鬆的保健反應取代緊張的傷身反應。放鬆反應 (relaxation response) 是由佛教的「靜坐」衍生而來。使用此一技巧的步驟是：(1)清靜而舒適地坐下，兩眼閉合，並使從頭到腳的全身肌肉都鬆弛下來；(2)呼吸減緩並加深；(3)在呼氣時重覆發出無聲的字詞（如重覆「一」字）；(4)讓心思自由地滴流而消失。每天依此練習二次，一次約 20 分鐘。若能勤練，必然產生抗壓的生理反應。另外，及時放聲大笑，頗有放鬆身心的功效 (Christie & Moore, 2005)。

(三)運　動

當個人感到心理壓力時，交感神經系統釋放腎上腺素，以動員可資利用

的一切熱能，作為抗拒壓力的生理反應。此際心跳加快、血壓增高、肌肉緊張，大有「非戰即逃」(fight or flight) 的情勢。運動（尤其是有氧體操）便可以將亢增的熱能做有系統的消耗，而且可以使緊繃的肌肉因運動而舒鬆，使運動後的身體感到舒暢與平靜 (Brugman & Ferguson, 2002)。

㈣保持信仰

哈佛醫學院自 1995 年舉辦的「靈修與醫療」年會，每年有 2,000 名熱衷的保健專業人員參與盛會。美國心理協會也於 1996 年出版《宗教與心理臨床執業》一書，以彰顯信仰在心理治療中所扮演的積極角色。《時代雜誌》也在 1996 年專題報導「信仰與復原」。

以 3,900 名以色列人於 16 年之間的死亡做研究，發現正教團體會員的死亡率只有非正教集體農場會員死亡率的一半 (Kark et al., 1996)。從約 92,000 名馬里蘭州某縣居民的死亡率來看，每週上教堂做禮拜者的死亡率，只有非每週上教堂者死亡率的一半 (Comstock & Partridge, 1972)。雖然我們不能肯定宗教信仰本身是減少死亡的原因，但是信教者的生活方式（如少用煙酒、素食、參與社區活動、信徒間的交往等）可能導致較佳的身心健康，也有較強韌的抗壓能力。因此，不論你信什麼教，只要信得虔誠，信仰堅定，自然有助於培養自己的抗壓力，以保持健康的身心狀態。

㈤社會支持

社會支持 (social support) 是指從他人獲得各種資源的歷程。人類是群居的靈長類，當個人有心理壓力時，若自覺負荷能力受到威脅，則不僅希望在心理上獲得他人的支持，也期待在解決問題時人們能從旁協助 (Shields, 2004)。

史丹佛大學醫學院對 86 名患乳癌婦女做研究 (Spiegal et al., 1989)，那些參與「團體心理治療」者平均多活 37 個月，那些未參與團體心理治療者平均只多活 19 個月。這一結果證明心理治療團體中患者彼此分享感受、相互支持與鼓勵，因而減少壓力。

然而我們必須惦記：社會支持的品質是決定心理壓力是否增減的重要依

據。接受不受歡迎的外來支持，可能使情況反而惡化。有些人乾脆捨棄缺乏可靠性或惱人的親友，轉而尋求可以時刻依偎身邊的貓、狗等「忠厚」、「無邪」的寵物。這告訴我們，貓、狗、金魚等寵物對個人心理壓力的調適有相當的助益，因此社會支持並不局限於來自人類。我們不妨這麼建議：有壓力的人不要自我獨撐；也給予有壓力的人適當的社會支持。

▲圖 9-2　寵物及其飼主。根據政府統計資料顯示，臺灣目前登記有案的飼養犬隻有近兩百萬隻，也就是平均一戶擁有 1.6 隻的狗狗。寵物過去是剩菜剩飯的消化者，現在轉而成為現代人生活中紓解壓力的良伴。

本章摘要

1. 壓力是個人處理事務的能力受到挑戰或威脅時所產生一種負面的心理狀態。

2. 對付心理壓力的一般適應症包括三個階段：警惕期、抗拒期、衰竭期。

3. 面對壓力時，我們可以把對壓力的行為反應概分為：針對情緒的對策與針對問題的對策。

4. 壓力的來源可概分為四類：異常的災禍、生活的巨變、日常瑣事、挫折與衝突。

5. 一個事故是否成為壓源，受到一些因素的影響，其中主要的有：事故的可預知性、事故對個人的意義、情境可控制性與自己的才幹。

6. 抗拒心理壓力的人格與社會特質有：樂觀進取的態度、堅強的個性、內在控制觀、自我肯定等等。

7. 如果問題無法解決，壓力持續影響身心的正常運作，不妨採用已被證實有效的減壓行為與活動，如改變思路、練習放鬆、運動、保持信仰、社會支持等。

重點名詞

stress　壓力

immune system　免疫系統

general adaptation syndrome, GAS
一般適應症

emotion-focused coping
針對情緒的對策

problem-focused coping
針對問題的對策

learned helplessness　習得無助感

frustration　挫折

post-traumatic stress disorder, PTSD
創傷後壓力症候群

Social Readjustment Rating Scale, SRRS
社會再適應評量表

conflict　衝突

optimist　樂觀主義者

pessimist　悲觀主義者

internal locus of control　內在控制觀

external locus of control　外在控制觀

self-assertiveness　自我肯定

distraction	轉移注意	fight or flight	非戰即逃
relaxation	放鬆	social support	社會支持

——◆ 自我檢測 ◆——

是非題

(　　) 1.壓力對身心會產生傷害，管理之道便在於抑制壓力的產生。

(　　) 2.壓力與心臟病、免疫功能減弱、癌症等關係密切。

(　　) 3.塞利格曼認為樂觀是一種天賦，無法經由學習而獲得。

(　　) 4.認為成敗的關鍵來自環境因素或幸運，是屬於內在控制觀。

(　　) 5.抽煙與唱 KTV 是幫助我們適度放鬆以抒解壓力的最便捷而有效
的方式。

選擇題

(　　) 6.曉明認為「這次考試成績好是因為運氣佳」，請問這種認知方式屬
於　(A)內在控制觀　(B)外在控制觀　(C)樂觀人格　(D)悲觀人格

(　　) 7.下列何者為壓力的可能來源？　(A)畢業　(B)結婚　(C)旅行　(D)以
上皆是

(　　) 8.如果將所有衝突分成三類：雙趨衝突、雙避衝突、趨避衝突。何
者是個人面臨「魚與熊掌」二者不能兼得時產生無力感的衝突？
(A)雙趨衝突　(B)雙避衝突　(C)趨避衝突　(D)以上皆非

(　　) 9.根據薩賴的一般適應症的抗拒反應，於哪一期時，大腦立即促動
交感神經系統，釋放腎上腺素，動員可資利用的一切熱能？　(A)
警惕期　(B)抗拒期　(C)衰竭期　(D)統合期

(　　) 10.下列何者是面對壓源時針對問題的因應對策？　(A)尋求社會支持
的力量　(B)先睡一覺再說　(C)以正向角度來思考問題　(D)到
KTV 歡唱忘卻煩惱

──◆ 想想看 ◆──

1. 身為學生的你認為自己的壓力為何？它們對你的身心傷害程度如何？

2. 為什麼有些人以抽煙或喝酒作為抗壓的反應方式？

3. 社會再適應評量表是否適合評量國人的心理壓力？

4. 你最近的「趨避衝突」經驗是什麼？你如何應對？

5. 哪一種抒解壓力的策略你最常使用？為什麼？

CHAPTER 10

行為的社會基礎

　　人自出生後，不斷地與環境互動，除滿足個體生長的需求外，也學習如何與人來往、如何適應社會文化的需求。人是群居的靈長類，瞭解他人怎麼想與怎麼做，有助於決定自己該如何去應對。本章旨在探究下列個人行為的社會基礎。

◆ 什麼是社會角色？個人如何扮演社會角色？

◆ 何謂行為的歸因？歸因論有哪些基本概念？歸因有哪些誤差？

◆ 何謂態度？態度與行為是否一致？影響態度改變的因素是什麼？

◆ 社會行為有哪些特色？

◆ 團體決策有哪些現象？有何缺點？

◆ 什麼是領導？領導有哪些取向？

第一節　社會化與角色取替能力

一、社會化的歷程

社會化 (socialization) 是指個人為融入社會而獲取必要的知識、技能、價值、語言、人際交往的發展歷程。因此個體從小便在父母或養護者的教養下，學習社會所期許的知能與行為，瞭解並學習扮演好自己的社會角色。成功的社會化歷程，不僅能使個人維繫和諧的人際關係，也能在社會資源的協助下實現自己的潛能。

▲圖 10–1　個人透過社會化歷程習得社會規範及社會期待。

二、角色取替

不同社會對其成員在性別上、年齡上都有不同的角色期待 (role expectation)。例如：多數社會文化對男女的行為就有不同的期待。性別角色 (sex role) 不只是個體對自己性別的認知，而且社會對男女在行為上有不同的規範，規範包括言行舉止、服裝造型、態度、觀念、權利慾、責任感等。性別雖然是由遺傳基因決定，但心理上的性別角色卻是社會文化中的倫理、道德、風俗、傳統等因素造成的。因此，父母為嬰兒、幼兒與兒童選購玩具時，有意或無意間受到性別角色的左右（如為女孩選娃娃、為男孩選汽車模型）；父母也鼓勵子女在舉止或說話語氣上，男女有別。

性別角色只是社會所期待的行為模式之一。其他如青年期的戀人角色，青壯年期的夫妻、父母或工作職位上的角色，也在社會壓力下不斷地學習與扮演，以便和諧地適應社會的需求，否則角色混淆 (role confusion) 或角色衝突 (role conflic)，便與社會格格不入。

第二節 人際知覺與行為的歸因

　　人與人之間的關係起初多建立於彼此間的相互覺識:「你是什麼樣的人?」當我們與必須來往的陌生人接觸時,會自動地對他(她)形成印象。形成他人印象的歷程稱為人際知覺 (person perception), 又稱社會認知 (social cognition)。人際知覺是持續的歷程,但被稱為第一印象 (first impression) 的首次社會知覺經驗,通常為人際知覺打下相當堅固的基礎。如果你說:「李老師第一次上課時給我的印象是『她有學者之風』」,雖說她後來偶爾呈現非學者式的作為,但你會忽視這些「例外」,仍然維持她這個「學者之風」的第一印象。

一、影響人際知覺的因素

　　影響人際知覺的因素很多而且也很複雜,茲舉出比較重要的相貌、認知結構、刻板印象等。

(一)相貌 (appearance)

　　雖然我們時常警惕「不要以貌取人」、「評書不能光看封面」,相貌在人際知覺之中卻仍占有重要的角色。現代社會,尤其是西方社會,不斷標榜「美」的價值,甚至於將「美」與「好」、「醜」與「惡」聯結起來。就以故事、電影、電視、漫畫等來看,幾乎很少例外地把這種「美好」、「醜惡」做最極致的寫照。你看過哪部電影不是帥哥演英雄、美人演淑女?結果,人們習慣地將相貌與心理屬性聯想在一起,覺得相貌好的人比較聰明、快樂、友善;在「貌美利多」的趨勢下,相貌好的人在職業的聘雇、評量、升遷、薪資上「占了便宜」。有趣的是,那些有娃娃臉的人(眼睛大、皮膚滑潤、下巴豐圓)被看為誠實可信 (Zebrowitz et al., 1996)。

▲圖 10-2　不同文化下，人們對「美」的認知亦有所差異。（左上）日本人認為和服能襯托女性氣質及頸部之曲線美；（左下）即將結婚的印度少女以「手畫」作為最美麗的妝容；（右上）戴著鮮豔色彩的裝飾品的非洲女孩；（右下）緬甸的長頸族以頸長為美，自年幼時便在頸上套上銅環。

⑴認知結構 (cognitive structure)

　　認知結構又稱基模 (schema)，是個人對人、事、物所具有的認知。在社會認知領域中，我們對於他人、角色、事件、自我等都有一定的基本知識。在同一文化裡，人們的認知結構有共同之處，因此得以彼此溝通；但由於經驗的不同，我們在認知結構也有某些程度上的差異。

　　人際知覺離不開既有認知結構的參與，我們會以既有認知結構去解釋、評量、判斷另外一個人。例如：一位心理學教授應邀到你班上講課，課後要

你評鑑他的演講，如果你認為優異的演講一定是內容專精（你對優異教學的認知結構），則你的評鑑將對內容部分特別注意，至於其他特點可能就忽略了，但你鄰座的同學可能頻頻稱讚他的幽默感。

㈢刻板印象 (stereotype)

我們面對複雜的環境，仍能處之泰然，不被同時向我們五官作用的千萬個刺激所混淆，是因為我們有「化繁為簡」的生存功能。這種簡化功能使我們在對付複雜的環境時，既省時又省事。在人的知覺裡，與其對每個人做個別的觀察、分析、評斷，我們反而時常會以個人所屬的團體來看他。這種以團體的屬性來描述其成員特質的認知傾向，稱為刻板印象。例如：一提起韓國人，不管他姓金、姓李或姓崔，反正他們性格很「激進」。

刻板印象在人際知覺裡相當泛濫，不僅有上述民族性的標名，我們也隨時可以聽到宗教上的「猶太人……」、地域性的「下港人……」、職業上的「律師……」、性別上的「女人……」、年齡上的「年輕人……」等諸多以偏概全的敘述。以過分簡化的方式來描述一個團體，既有失實或偏倚的危險，而且對其成員也缺乏應有的代表性。

二、行為的歸因 (attribution)

在人際交往時，人們不但對人格特質有瞭解的需求，也對人的行為動機有解釋的興趣。對他人與自己的行為動因做推論性的解釋，稱為歸因。如果你的室友突然不吭聲，令你不禁猜想「為什麼？」於是你會依照自己的認知，提出一些合理的解釋。你的解釋也影響你的行為：如果你認為他是因為心情不好，你會試著傾聽他的心事；如果你認為是因為自己昨天對他說了些重話，你必須賠個不是才對。

海德 (Heider, 1958) 是最早研究人們如何對行為進行歸因的學者。根據他的歸因論，人們對行為原因的推論可以分為兩類：內在歸因與外在歸因。內在歸因 (internal attribution) 又稱個性歸因，是將行為歸因於內在的個人屬性，如智能、人格特質、情緒等；外在歸因 (external attribution) 又稱情境歸因，

是將行為歸因於外在的情境因素，如環境的要求與限制。例如：女友突然沒有赴約，是她變了心（內在歸因）？還是真有要事，無法分身（外在歸因）？

三、歸因的誤差

我們希望每個人對他人或自己行為的歸因是正確的，以便做適當的因應或處置。然而，我們在解釋行為的原因時，難免產生誤差而不自覺。下列是常見的歸因誤差。

㈠基本歸因誤差 (fundamental attribution error)

個人在解釋「他人」的行為原因時，多傾向於「內在歸因」，這稱為「基本歸因誤差」。這種歸因誤差相當普遍。例如：人家開車超速，我們說他愛飆車、不知死活（個性歸因）；期末考試，同學沒考好，就說人家笨或不用功（個性歸因）。可見，歸因並不是在找尋行為的真正原因，而是選擇能為自己接受的解釋。

㈡行動者─觀察者效應 (actor-observer effect)

個人在解釋「自己」的行為原因時，反而傾向於「外在歸因」，這稱為行動者─觀察者效應。自己開車超速，說是因大家猛超車，逼不得已（情境歸因）；考試沒考好，是由於老師出題欠妥或課本太艱澀（情境歸因）。

問題是：為什麼我們對「他人」與「自己」的行為歸因時有這麼大的差異呢？根據分析 (Jones & Nisbett, 1972; Watson, 1982)，主要原因有三：⑴我們知道自己的行為在不同情境中的變異情形，但並不瞭解他人在不同情境中的行為變化；⑵我們多對不預期的或驚訝的行為做內在歸因，但自己的行為少有突然的或令人驚訝的；⑶我們很少觀察自己的行為，大多注意或分析他人的行為。如果我們將他人與自己的角色互換（使行為者變成觀察者，使觀察者變成行為者），則歸因誤差會相對地減少。

⊜自我表揚偏差 (self-serving bias)

自我表揚偏差是一種防衛性偏差，指個人將自己的成功歸功於自我因素，將自己的失敗歸咎於環境因素。例如：買賣股票賺大錢，說是自己有眼光；投資股票賠了本，責怪政府財政措施失誤或政局動盪不安。在「競爭激烈」與「標榜自尊」的社會裡，爭取勝利與獲取信賴是生存所必須，因此自我表揚是必然的歸因傾向 (Trafimow et al., 2004)。

⊜自我跛足策略 (self-handicapping strategies)

自我跛足策略與自我歸因偏差異曲同工，個人故意將自己置於不幸的境地，以便為預期的失敗找藉口。例如：明知明天的大考沒勝算，乾脆今晚跳舞到通宵，考壞了可以歸咎於睡眠不足。自我跛足策略是一種防衛性「苦肉計」。

⊜公平世界假設 (just-world hypothesis)

公平世界假設認為，在一個公平的世界裡，「善有善報」、「惡有惡報」是鐵則。個人獲知事故發生的消息，不去注意所有的可能肇因，立刻想起「事事必有報應」。例如：認為女性被性騷擾，必定是她們穿著暴露惹的禍。有這種歸因偏差的人，多認為這類不幸的事不可能發生在像「我」這樣謹慎者的身上。

⊜謙虛偏差 (modesty or self-effacing bias)

根據報導 (Moghaddam et al., 1993)，講究集體和諧與公共利益的亞洲社會裡，人民多不願自露鋒芒（強調「滿招損、謙受益」），因而產生謙虛偏差——將自己的成功歸因於外在因素（運氣好、別人讓步），並把自己的失敗歸因於內在因素（我真笨、不夠用功），這與歐美個人主義社會的自我表揚偏差剛好相反。

第三節　態度的形成與改變

　　態度 (attitude) 是個人對他人、事物、環境所抱持的信念、情感、行為傾向。個人對特定的人、事、物常表現出因喜愛而親近、因厭惡而迴避的行為傾向，這種愛則親、惡則避的心理及行為傾向便是態度的具體表現。態度的三大因素裡，信念 (beliefs) 是指對人、事、物所知曉的事實、意見、價值判斷；情感 (feelings) 是指對人、事、物所持的愛、恨、喜、憎等情緒性反應；行為傾向 (tendency to behave) 是指對人、事、物所做的接近、迴避或冷漠等反應傾向。

一、態度的形成

　　態度的形成除受到基因的影響外，也受父母、家庭、學校、同儕、鄰居、社會等環境因素的左右。態度的學習可能來自古典制約（曾被惡犬咬，因而害怕狗）、操作制約（因幫助長者而頻受嘉獎後，乃樂於敬老）、模仿（見他人反戴棒球帽覺得挺帥氣，因而仿效之），或經由認知推理（經由閱讀與思考發現環境保育的重要）。

二、態度與行為

　　態度與行為不是經常一致的。為什麼「相信」是一回事，「行動」可能又是另外一回事呢？首先，態度的表述常常是一般性的，因此無法用以預測特殊行為。其次，態度裡所包含的行為因素是一種「傾向」，它能否依原來的傾向而成為具體的行為，要由情境因素與態度的互動來決定。

　　根據研究 (Cooke & Sheeran, 2004)，行為能否與態度相一致，要看：(1)態度是否很明確；(2)態度中的認知與情緒兩方面是否正面；(3)態度是否快速而自然地呈現；(4)態度是否一直穩定多時；與(5)態度是否從經驗中直接學習而形成。

三、態度的改變

一般而言，態度一旦形成後便相當穩定，但這並不表示態度不可能改變。學習心理學家有個共同的看法：「凡能學習的，必能消止」。因此，態度中習得的部分當然可以改變，只是改變的難易受態度的強弱與牽涉因素的多寡而定。

說服 (persuasion) 是藉訊息的溝通以改變個人的態度。我們的日常生活裡充斥著說服他人改變態度的例子：勸他人多吃青菜、少吃肉；要學生多念書、少貪玩。事實上，我們也身處於宣傳充斥的時代，多少機構與大眾傳播媒體日以繼夜地對我們進行宣傳，希望我們的態度能改變得更符合他們的需求。

但是，要想有效說服聽眾改變其態度，必須使聽眾聚焦於中央路徑 (central route)，避免只注意邊緣路徑 (peripheral route) (Wegener & Carlston, 2005)。例如：某人想勸說你在下次選舉時票投給某乙而不是你原先中意的某甲，他必須使你覺得你態度的改變符合你對下次選舉的基本看法（如選出一位能推動司法改革的人），而不是候選人的年齡、性別、出生地或其他非主要的考量因素。

費斯丁格 (Festinger, 1957) 提出認知失調論以解釋態度改變的原因與其方向。認知失調 (cognitive dissonance) 是個人的觀念或信念不一致或彼此衝突時所產生的緊張心理狀態。排除認知失調所引起的緊張狀態，追求認知一致，成為個人改變態度的內在動機。例如：某宗教信徒相信某日將有洪水爆發的預言（信念），於是虔心祈禱以避免災禍（行為），到了該日並未發生災禍（衝突的信念），此人便相信是其祈禱靈驗的緣故（以另一認知排除衝突的信念）。

▲圖 10–4　一枚繪有希特勒 (Adolf Hitler, 1889–1945) 圖像的德國郵票。希特勒於 1933 年起任帝國總理，他力行獨裁的極權統治，並屠殺大量的猶太人。回顧這段人類史上的浩劫，令心理學家深入思考的是：希特勒具有何種魅力、運用何種手段，以獲得廣大社會群眾的支持？納粹黨分子為何將屠殺生命之暴行視為正當？

205

四、偏　見 (prejudice)

　　偏見是對一團體或其成員所持的負面的刻板化印象，因此它是個人對另一群人所持的不公平態度。若偏見付諸於行動，其行為稱為歧視。常見的偏見有性別偏見與種族偏見，例如：「女人是弱者……」、「外國人自私……」等想法。

　　偏見可由學習而獲得。偏見既是負面的刻板印象，若把持有偏見的人與被偏見的對象安置在一起生活或工作，會不會因而減少原有的刻板印象呢？答案是：不見得。下列條件有利於減少雙方的偏見 (Pettigrew & Tropp, 2006)：(1)雙方有必須達成的同一高度目標；(2)雙方在同一立足點上並肩努力以達成目標；(3)雙方必須合作；與(4)雙方必須和睦相處、相互尊重。可見，消除種族偏見不是喊喊口號就可達成，要按照上述條件大家一起通力合作、和睦相處。

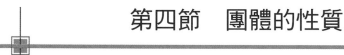

第四節　團體的性質

　　一個人做決定可能有考慮欠周或失之於專斷的現象，是不是由團體討論後做出的決定會比較合理呢？不見得。團體決策雖能彰顯民主，然而往往有其常被忽略的兩大缺陷：團體極端化與團體思維。

一、團體極端化 (group polarization)

　　一般人總認為，經由團體歷程做出的決定是相互妥協的結果，因此必定比較持平而中庸。事實上，在團體討論時，可能會因為一個比較優勢的觀點受到強化而向更為極端的方向移動，稱為「團體極端化」。團體極端化現象多在團體討論「重大問題」時發生。

二、團體思維 (groupthink)

團體思維是團體成員為了使意見顯得一致，因而抹殺具有批判思考的活動。例如：1986 年美國挑戰者號太空梭預定升空的那天氣候寒冷，負責人在經濟與公關的考量下強烈希望按時發射，專案工程師雖然懷疑火箭末端的護圈是否能夠頂住低溫，但在按時發射的壓力下不好表示異議，結果火箭在點火後 73 秒鐘發生大爆炸。許多政治、經濟、教育上的重大決策，由於團體思維的危害，反而使得「正義」難以伸張。

第五節　團體的影響與領導

一、團體的影響

在人際關係裡，我們為什麼要接受社會所建立的常模？我們為什麼要依從他人的意旨行事？我們為什麼必須服從上司或權威？

(一)從　眾 (conformity)

從眾是個人修改其行為，以便與群體的行為常模相互一致的歷程。例如：排隊候車是社會已經建立的常模或行為規範，我們走近站牌便自動地跟隨他人排隊，這就是從眾行為。然而從眾行為可能有兩種不同的理由：一是藉改變自己的行為以配合常模（或標準）並取悅他人；一是真正改變自己的態度以便從眾。

從眾行為的實驗

提起從眾，必須介紹艾適 (Asch, 1951) 的著名實驗。他的實驗表面

上是研究知覺，要求受試者指出 A 紙版上的豎線，與 B 紙版上三條豎線的哪一個等長（見圖 10-5）。

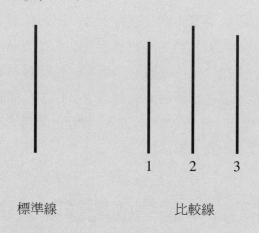

1   2   3

標準線   比較線

A   B

▲圖 10-5　艾適的從眾研究設計 (Asch, 1951)

　　你我都會迅速地指出，A 紙版上的豎線一定與 B 紙版上的 2 號線等長。但是艾適在受試者不知情之下，安排 6 位事先串通的同謀者一起參與實驗。同謀者的任務是故意選擇 B 紙版上的 3 號線，硬說它與 A 紙版上的豎線等長。這樣的壓力使得有 37% 的真正受試者同意錯誤的選擇。在社會壓力下，為了避免冒犯大眾、蒙受譏諷或被排斥在外，只好改變自己的行為或觀點，以求與常模一致。

(二)順　應 (compliance)

　　順應是個人改變自己的行為以迎合他人要求的歷程。你時常會碰上他人要你順應其要求時，使用下列技巧 (Sternberg, 1998)：

1. 正當化 (justification)──為其要求辯護，使要求合理化。

2. 互惠 (reciprocity)──給你好處，暗示你有回饋的義務。

3. 低球法 (lowball)──給你最佳待遇使你接受，然後附加要求。

4. 腳在門裡 (foot-in-the-door)──先提出容易被你接納的要求，以便為更難的要求鋪路。

5. 面對門扇 (door-in-the-face)──先做過分的要求，讓你拒絕，然後提出更為合理的要求，令你失去抗拒的理由。

6. 不止於此 (That's-not-all)──先提出高的要求，趁你還沒來得及反應之前，立刻加上許多與要求相關的好處。

7. 機會難得 (hard-to-get)──告訴你，所提的要求千載難逢、勿失良機。

(三)服　從 (obedience)

服從是個人改變行為以迎合權威、訓令的歷程。例如：學生接受老師指定的作業、開車時接受交警的指揮。在社會制度裡，權威的運作與部屬的服從是不可分的。人們對權威覺得有義務感，只要來自權威的命令，必定予以服從。

關於服從的實驗

有關服從的聞名實驗來自繆格倫 (Milgram, 1963, 1965, 1974)。他藉名研究懲罰對學習的影響，要求受試者充當教師並操控施懲學習者的電壓計。當教師大聲誦讀文字，並測試學習者的配聯回憶能力。答對了，繼續學習；答錯了，教師給予正確答案，但立即施以電擊。電壓計上標明 15 伏特的「微弱」電擊至 450 伏特的「危險」電擊（一般家電多為 110 伏特或 220 伏特），以每 15 伏特為單位而增加。由於學習者的回憶錯誤愈來愈多，教師施予電擊的強度也愈來愈高。在中高度電擊過程中，教師時有猶豫與抗拒的現象，但在實驗者從旁要求與命令下，實驗仍然繼續進行，即使高達 300 伏特也沒有一位教師因而退出。堅持施懲到 450 伏特才告停止的教師達 65% 之多；不僅男教師如此，女教師施懲到 450 伏特的居然也多達 65%。

> 　　事實上，實驗中所謂的電擊並沒有真正的電流；學習者的受懲而哀叫，也是同謀的佯裝行為。但是研究的結果出乎所有人的意料——人們在權威的命令下，有這麼多的人表現出如此高度的服從境界。在繆格倫看來，同理可證，納粹軍官奉命屠殺猶太人時的狠毒行徑，不過是人類盲從的一種悲慘下場。

　　上述突發的參與者於事後接受訪問時也坦誠，他們會殘酷地對他人電擊，是相信他們是接受命令而為，深覺發令者（而不是施虐者）必須對受害者負責，他們的施害只是執行任命而已。後來的一切研究，均支持繆格倫研究的結論 (Burger, 2009; Gilsen, 2013)。

二、團體行為

(一)旁觀者效應 (bystander effect)

　　旁觀者效應是指個人在人群中比在單獨時較少提供他人需要的協助。例如：一個人在游泳池旁休息，突見池裡有個小孩喊叫求救，他見四面無人，便立即跳進池裡救溺；如果當時池邊還有兩三個其他成人，他便有可能遲疑片刻，看看他人如何處置。這種看來似乎是「袖手旁觀」的「推諉」現象，是典型的旁觀者效應。據一項統計 (Latane & Nida, 1981)，個人在單獨時，提供協助的機率是 75%，但夾在人群中時，其提供協助的機率下降至 53%。然而，如果需要協助的條件非常明確時（如受協助者是自己的好友），個人就不會遲疑，這種差異就不存在了。

(二)社會閒蕩 (social loafing)

　　由於參與人數增加，團體成員的工作努力程度因而相對地減低，稱為社會閒蕩。例如：個人獨唱時，盡量表現得完美無缺；團體合唱時，有人可能趁機「閒蕩」，只張口而不唱。你聽過「三個和尚沒水喝」的故事嗎？增加成

員的責任與團體榮譽感有助於減少社會閒蕩 (Pearsall et al., 2010)。

(三)非個人化 (deindividuation)

非個人化是指個人身處團體時的匿名意識與自我覺識的低減現象。例如，個人參與示威遊行時，覺得自己是示威團體的一部分，不再把自我當作個人來看待，並跟著領隊搖旗吶喊。即使平時說話都不敢大聲的人，往往在示威遊行中也高喊口號，乃至嘶啞。非個人化的產生是由於自我覺識的減低與自律的喪失，這與社會閒蕩中責任均攤的本質相近似。許多社會暴亂，非個人化是個重要的因素。

(四)社會促進 (social facilitation)

社會促進是指當他人出現時，個人的行為因而有提升效率的現象。例如，與他人一起跑比自己單獨跑要快得多。社會促進只限於簡易與熟練的行為，複雜的行為（如解決困難問題）在他人的出現時反而有抑制作用，如考試時有人在旁站著，總覺得有無法專心的干擾作用。

三、領袖的人格特質與領導模式

(一)領袖的人格特質

一般而言，身為領袖必須具備一些高於常人的能力或人格特質。成功的領導人物有出眾的動機、誠信、一致性、自信、認知能力與知識 (Kirkpatrick & Locke, 1991)。根據巴倫與本恩 (Baron & Byrne, 1981)，領袖具有：超人的社會知覺能力（如對非語言的溝通訊息感應特佳）、超人的說服能力（如能言善辯）、善於用人（如善於運用群眾的力量），以及高度的社會敏感性（如對社會的變遷與新趨勢瞭如指掌）。但願各領域的領導都具備上列領袖的人格特質，以有效擔負領導的職責與任務。

(二)領導模式

　　就拿領導的取向而言，有人擅長工作領導、有人擅長社會領導。工作領導是指領導者決定標準、組織工作，著眼於工作目標的實現；社會領導指領導者調解衝突，並建立盡其在我的團隊精神。工作領導使大家的注意力集中在任務上，若善於指令，則能順利完成使命；社會領導講究民主風範，集思廣益，並且權責分明，因此員工士氣高昂。有效的領導能兼顧工作與社會兩個領導取向 (Kaplan, 2010)。

📖 本章摘要

1. 社會化是指個人為融入社會而獲取必要的知識、技能、價值、語言、人際交往的發展歷程。

2. 形成他人印象的歷程稱為人際知覺，又稱社會知覺。影響人際知覺的主要因素是：相貌、認知結構、刻板印象。

3. 對他人與自己的行為動因做推論性的解釋，稱為歸因。又可分為兩類：內在歸因與外在歸因。

4. 常見的歸因誤差有：基本歸因誤差、行動者—觀察者效應、自我表揚偏差、自我跛足策略、公平世界假設、謙虛偏差。

5. 態度是個人對他人、事物、環境所抱持的信念、情感、行為傾向。費斯丁格提出認知失調論以解釋態度改變的原因與其方向。

6. 從眾是個人修改其行為，以便與群體的行為常模相互一致的歷程；順應是個人改變自己的行為以迎合他人的請求的歷程；服從是個人改變行為以迎合權威訓令的歷程。

7. 團體行為具有幾項特色：旁觀者效應、社會閒蕩、非個人化、社會促進。

8. 領導有工作領導與社會領導兩種取向，有效的領導兼顧兩個取向。

📖 重點名詞

socialization　社會化	stereotype　刻板印象
role expectation　角色期待	attribution　歸因
sex role　性別角色	internal attribution　內在歸因
role confusion　角色混淆	external attribution　外在歸因
role conflict　角色衝突	fundamental attribution error
role-taking　角色取替	基本歸因誤差
person perception　人際知覺	actor-observer effect
first impression　第一印象	行動者─觀察者效應
cognitive structure　認知結構	self-serving bias　自我表揚偏差

self-handicapping 自我跛足	groupthink 團體思維
just-world hypothesis 公平世界假設	conformity 從眾
modesty or self-effacing bias 謙虛偏差	compliance 順應
attitude 態度	obedience 服從
central route 中央路徑	bystander effect 旁觀者效應
peripheral route 邊緣路徑	social loafing 社會閒蕩
cognitive dissonance 認知失調	deindividuation 非個人化
prejudice 偏見	social facilitation 社會促進
group polarization 團體極端化	

◆ 自我檢測 ◆

是非題

( ) 1.人的一生皆在社會化的歷程中。

( ) 2.人際知覺是持續的歷程，但第一印象往往打下相當堅固的基礎。

( ) 3.刻板印象能幫助我們「化繁為簡」，是認知判斷的好工具。

( ) 4.海德是最早研究人們如何對行為歸因的學者。

( ) 5.個人在解釋他人的行為原因時，多傾向於外在歸因。

選擇題

( ) 6.有些老師會認為學業成績好的同學，他的品行也會好，因此在評斷學生時，經常會出現何種效應？ (A)公平世界假設 (B)寒蟬效應 (C)杯弓蛇影效應 (D)月暈效應

( ) 7.個人將自己的成功歸於自我因素，將自己的失敗歸咎於環境因素。請問上述這種歸因誤差為 (A)自我跛足策略 (B)基本歸因誤差 (C)自我表揚偏差 (D)自我中心論

( ) 8.何人提出認知失調論以解釋態度改變的原因與其方向？ (A)米德 (B)費斯丁格 (C)海德 (D)榮格

( ) 9.下列何者是「社會閒蕩」的例子？ (A)團體分工合作的效率比一個人來得低 (B)認為外國人自私 (C)跟隨他人的鼓掌行為 (D)火

災時旁觀者見死不救

（　　）10.當個人處在抗議團體中，較敢做出平時不敢做的高喊口號、搖旗
　　　　吶喊的行為，這是指團體行為的哪一個特色？　(A)旁觀者效應　(B)
　　　　社會閒蕩　(C)小組思考　(D)非個人化

─◆ 想想看 ◆─

1.你是否對自己的社會角色有清楚的認知？試舉例。

2.你對一般人重視相貌有何反應？你曾因相貌「占了便宜」或「吃了虧」嗎？

3.你能舉出經濟上或政治上刻板印象的實例嗎？

4.你曾因認知失調而改變過自己的態度嗎？

5.如果你是小組的領袖，你會如何去防止成員「社會閒蕩」呢？

社會互動

　　人既然是群居動物，人際關係便顯得十分重要。人們生活在一起，多數時候相互交談、接觸、學習、嬉戲、合作、競技，然而偶爾的衝突或爭吵難以避免。本章試圖回答下列問題：

◆ 人際溝通的目的是什麼？

◆ 影響人際溝通的因素有哪些？有何障礙？

◆ 有效溝通的主要技巧是什麼？

◆ 攻擊的主要目的是什麼？人類社會為什麼有攻擊的動機？

◆ 為什麼有利他行為？有哪些特徵？

◆ 為什麼有人際衝突？如何化解？

◆ 愛包括哪些因素？其發展的過程如何？因素的不
　同組合產生哪些特色的愛情？

第一節　人際溝通的性質與障礙

一、人際溝通的性質

　　溝通 (communication) 是指訊息由一處傳遞到另一處的歷程；人際溝通則是訊息由一人傳達給另一個人的歷程。它是建立與維繫人際關係的主要活動，旨在進行傳授與學習，建立或維持適當的人際關係，影響或控制他人，表達自我情緒與意願。因此要建立良好的人際關係，藉以實現自我潛能，有賴瞭解影響人際溝通的因素與良好的溝通技巧。

二、影響人際溝通的因素

(一)訊息來源

　　決定訊息來源的品質有二：可信度與可愛度。訊息的可信度 (credibility) 愈高，被接納的可能性也愈大；訊息的可愛度 (likability) 愈高，愈能誘引個人去接受訊息。高可信度訊息來自我們平時所信賴的人物與專家，如領袖、醫師、學者、工程師、藝術家等；高可愛度訊息來自令人仰慕的名人、作家、明星、球員等。例如：由醫師推薦的醫藥用品較具可信度；由明星所推薦的商品也頗為誘人。

(二)訊息管道

　　訊息可經由語言或非語言方式作為溝通管道：語言溝通包括文字或口語；非語言溝通包括姿態或手勢等肢體動作。一般而言，語言溝通可以直接地表達，亦可迂迴地表意；可敘述事實，亦可掩蔽事實；常因對象的不同而有差異性的表述。非語言溝通比較直接可信，自然而不做作，但容易受社會與文化的不同而有所差異（如東方人較含蓄、西方人較直接表露）。

(三)性別差異

雖說性別在人際溝通的行為大同小異,但有些差異可以在此提出:在訪問中(1)男性較具攻擊性,女性較易表現焦慮或內疚;(2)男性較重社會地位,女性較重友誼;(3)男性較女性愛表達自己的能力、競爭力與情緒穩定性;與(4)女性較男性重視對方的面部表情與情緒表達。

(四)訊息內容

訊息內容因溝通目的的不同而有差異。溝通的訊息包括一般知識、特殊知識(如工具的組合步驟與使用說明),指示或指令、暗示、意見、觀念、法規、態度、情感等。它可能是簡單的陳述,也可能是複雜的理論;它傳達的含義可能是清楚而精確的,也可能是籠統或含蓄的;它可能是問題,也可能是問題的答案;它可能是針對特定對象而發的,也可能適用一般大眾。

(五)收訊者的個人因素

溝通是否有效,還得看收訊者的個人因素:(1)個人是否準備接受傳達的訊息(個人對訊息有沒有興趣或意願);(2)個人有無能力接受訊息(收訊者是否瞭解訊息內容或所使用的管道);(3)收訊者對訊息價值的判斷(收訊者覺得會不會因訊息而受益);(4)收訊者對送訊者動機的推斷(送訊者是否善意、是否熱誠)。

三、人際溝通的障礙

人際溝通是社會互動所必需,但它們並非一帆風順,盡如人意。茲列舉常見的溝通上的障礙。

(一)缺乏積極的溝通習慣

時代急速地進步,人際關係愈加複雜,人際間愈有相互溝通的需求。然而許多人虛有溝通的表象,缺乏積極傾聽訊息的習慣,使得徒具溝通之名而

無溝通之實。例如：常見有人一面處理他務，一面聽取他人談話，結果捕捉不完全的訊息要義，甚至以偏概全。這種被動而佯聽的習慣，使溝通喪失其應有的通訊功能。

㈡缺乏能耐的溝通氣氛

溝通的需求增多，有些人因缺乏能耐，乾脆以「接話」方式，試圖打斷對方的言詞。例如：當某人正在思考怎麼表達時，就被另一方以「算了」打斷，某人雖無意以「好吧！那就算了」結束，但常順勢地遷就或默認他人的言詞，也常因此改變或扭曲原來的訊息。

㈢缺乏有效的溝通技巧

我們從小到大所受的學校教育中，並不重視語言或非語言的溝通教學。大部分與他人的溝通互動都是由平時一點一滴學習而來的。然而，許多人在與人溝通時，或則辭不達意，或則說了一大堆話，沒人真正懂得其意，只好挫折地收場。

㈣在高度情緒紛擾下溝通訊息

溝通訊息若在高度情緒紛擾下進行，往往辭不達意或曲解原意。例如，人在憤怒或恐懼時，容易誇大訊息的內容（把「討厭他」說成「恨他」、把「可怕」說成「恐怖」）；人在憂鬱時，使訊息更具悲觀或負面意義（把「失望」說成「絕望」）。再者，在高度情緒紛擾下，爭執的雙方多偏重於情緒性地指責對方的不是或維護己方，殊少傾聽對方所欲傳遞的訊息。男女朋友或伴侶間的爭吵，多數是屬於此類的。

㈤以手機訊息取代面對面的溝通

手機本是使用方便的多功能電子工具，現在幾乎人手一支，連3、4歲兒童也擁有。作為溝通工具，它似乎把千萬里外的遠距離縮短了，卻也把近在咫尺的近距離拉遠了。也就是說，跟遠方朋友通話或通訊似乎就發生在眼前，

卻跟近在身邊的親朋也以手機通話或通訊，似乎把人際關係拉遠了。如果可以，面對面的溝通是最直接、最理想的人際溝通方式。

第二節　人際溝通的技巧

人們為了互動，時刻有溝通的需求與活動。具備良好的溝通技巧，才能達成有效的溝通。

一、面對面的溝通

人際間面對面相互溝通是最直接、最自然、最有效的溝通方式。面對面交談不僅可以親自體驗對方談話的用字遣詞、溝通的用意、說話的態度，也可以觀察對方溝通的誠意與情緒。由於是互動的，所以在溝通的結構上與內容上可以富有彈性。為了收到直接溝通的成效，雙方應注意以下的溝通技巧。

(一)培養專注傾聽的習慣

「傾聽」表達對說話者的尊重，表明對聽取的訊息的意願與重視。傾聽使說話者感到聽訊者的誠意，乃提升溝通的興趣，因而暢所欲言。專注是傾聽的具體表現，使說話者感到此際你完全注意他的訊息。適時重述說話者的用語或反映他的用意，表示你在傾聽，使溝通獲得增強。

(二)尊重對方的陳述

於會談時，要耐心地等待對方把話說完，避免打斷、搶話或接話。打斷、搶話或接話，不僅沒有禮貌、不尊重對方自由溝通的權益，也容易曲解對方的原意。有些信心較弱的人，一旦說話被打斷，乾脆沉默不語，不再繼續說下去，因此阻礙溝通的暢行。

㈢注意對方的興趣與反應

說話或表達情緒要注意對方是否有溝通的興趣或意願，如果符合對方的需求或意願，可收事半功倍之效，否則容易導致充耳不聞或對牛彈琴的地步。在溝通時，不妨偶爾探問對方對訊息的反應，看看對方是否瞭解訊息的內涵、是否有繼續溝通或予以結束的必要。善於溝通的人，能時刻掌握聽眾的心理。

㈣兼顧說話的技巧與訊息的客觀性

溝通時，不僅要說實話，以贏得他人的信賴，也應該以簡明易懂的文詞清楚地表達出來。溝通時，有人偏重內容的真實性、客觀性，有人偏重文詞的運用。如果說話的技巧與訊息的客觀性都能兼顧，則聽眾能同時享受溝通的舒適感與信賴感。否則，聽話吃力或對所聽半信半疑，溝通反而成了身心的負擔，只好消極地迴避或抗拒。

㈤以同理心接納彼此的溝通

同理心 (empathy) 指能客觀地覺識到他人的思想、感觸或含義的心理境界。不論是說者或聽者，溝通時若能體會對方的立場、態度或感受，最能達成溝通的效能。缺乏同理心，雙方的溝通便不易交集，或缺乏共識的基礎，容易流於言之諄諄、聽之藐藐的現象。有同理心的說者，會顧及聽者的感受，因而注意其用字遣詞的妥當性；有同理心的聽者，使說者感到對象是知音、是「通情達理」的人，因而更能說出肺腑之言。

同理心不等同於同情心 (sympathy)，同理心是瞭解別人的感受和情緒，以別人的心態去瞭解別人的處境。同情心則是以自己的情況和心態去同情他人，帶有消極、被動的含義。

㈥語言與肢體充分配合

溝通訊息時，語言表現能打動人心，肢體動作能使人信服。由於肢體所傳遞的訊息比語言直接而可信，要使對方聽其言、也信其誠，必須使語言與

肢體充分配合。

二、經由媒介的溝通

　　由於時空關係或個人因素使得面對面溝通不方便或不適當時，經由媒介進行溝通也是非常重要的溝通方式。常用的溝通媒介有書信、電話、手機、簡訊、電郵、部落格、臉書、LINE 或其他形式的網上交談。這類溝通因有其使用的時空優點，減少直接對話可能引起的心理衝擊（如焦慮、害羞、缺乏自信、難堪），加上可藉匿名意識而暢所欲言，使得這類溝通更加普及，有逐漸取代面對面溝通的趨勢。

　　然而，利用媒介（手機、網路）相互溝通，雖可增強人際間交往的密度與深度，並且提升個人的自尊與幸福感 (Baker & Moore, 2008)，但若於溝通時不經意地揭露自我的隱私訊息、生活或工作資訊，有可能使個人的身分或祕密被不肖者盜用，造成財物損失或安全疑慮。

　　經由媒介進行溝通雖然可以適度地減輕面對面溝通的心理與人際壓力，要使溝通達到預期的效果，除講究面對面溝通時有必要注意的技巧外，必須遵守以下幾個要點。

(一)保持人際溝通的基本禮儀

　　社會文化為社區的和諧逐漸形成一套溝通的基本禮儀。人際溝通的基本禮儀有助於溝通的暢達、和諧與互信的建立。經由媒介的溝通，若能誠摯地假定是在面對面的情境下進行，若能遵守人際應有的互動禮儀（如傾聽、不打岔），使雙方更能輕鬆以對，更容易暢所欲言。

(二)使用簡明達意的文詞技巧

　　溝通的主要媒介是語言與文字，適度的語文能力是成功的媒介溝通所必須。不論是使用手機、傳簡訊、傳送電子郵件或在網上交談（如部落格、臉書、微博等），必須講求時效，達成溝通的目的，因此使用簡明達意的文詞技巧便顯得非常重要。例如：許多電視的政論節目有叩應 (call-in) 的安排，使觀

眾有機會表達心聲，有些觀眾頗能言簡意賅地表達看法，可惜有少數觀眾或者離題，或者語詞零亂、支吾，甚至不知所云。

(三)注意溝通時的情緒管控

在面對面溝通時，基於禮貌或所處場合的要求，多數人頗能控制其情緒反應。然而有了媒介作為屏障或掩護，有些人容易鬆懈心態、情緒失控，因而髒話或粗話在所難免，溝通反而成為罵人或取笑他人的工具，完全失去原先溝通的意旨。因此，若要使用媒介（尤其是最便捷的電子媒介）溝通應力求心平氣和，使媒介成為有益的溝通平臺。

(四)避免使用溝通媒介而分散對工作的專心

由於便捷，多少人於上下班、逛街、用餐，甚至於開車也在講手機、打簡訊。如此做，不僅使溝通效率不彰，也可能導致因分心而引起的身心危險。最明顯的例子是：開車時，使用手機通話或傳送簡訊，因不專心駕駛而闖禍。臺灣目前已禁止行車時使用手機。試想，如果有個小孩問父母：「為什麼一直滑手機？一整天都沒有跟我說話了！」你有何感想？

第三節　攻擊與利他

人類是既能助人也能傷人的靈長類。我們把助人或利他的行為稱為「親社會行為」，把傷人或攻擊行為稱為「反社會行為」。到底為什麼人類有這兩種似乎相互矛盾的心理取向呢？

一、攻　擊 (aggression)

攻擊是試圖傷害他人的一種反社會行為，攻擊行為是生理、心理、環境三大因素交互影響的結果。例如：世界大戰、地區性戰爭、種族衝突、宗教仇殺、社會暴動、街道搶劫、家庭暴力、性暴力等都是人類攻擊行為的具體

事例。攻擊可以分為仇視性與工具性兩類：仇視性攻擊是指由於一時激怒，因而在情緒衝動下傷害他人，但無意從中獲利。例如：父母因孩子頂嘴，乃氣憤地掌摑孩子。工具性攻擊是指蓄意傷害他人，以便從被攻擊者身上獲利的攻擊性行為。例如：有人為了謀財，不惜傷害他人。

(一)生理因素

就以遺傳的生理基礎來說，有人估計 (Miles & Carey, 1997)，將近 50% 的人類攻擊行為是由基因規範的。攻擊是人類求生存與生命延續所必備的一種保護方式，它是人類共同的行為屬性。例如：男性的 Y 染色體和 MAOA 基因（又稱戰士基因），驅動男性的攻擊性或好戰傾向。

從生理歷程來看，神經傳導物功能的成效被認為與暴力行為有關。研究發現 (Liebersat & Pflueger, 2004)，血清素 (serotonin) 代謝功能的良莠可以成功地預測個人攻擊行為的有無。根據研究，男性賀爾蒙睪固酮 (testosterone) 與易激動、衝動、難以忍受挫折等相關聯 (Montoya et al., 2012)。另外，根據統計，有 73% 的俄國人與 57% 的美國人因飲酒而蓄意殺人。

(二)心理因素

個人的人格特質與社會學習也是影響攻擊行為的重要因素。例如：有人的個性容易衝動、缺乏同情心或喜歡支配。同時，個人若從小挨他人體罰，也目睹父母間的暴力關係，則成年後更有可能使用暴力 (Malinosky-Rummell & Hansen, 1993)。其他如生長於暴力充斥的社區、觀看眾多暴力電影或電視節目 (Hogben, 1993)、承受許多的挫折經驗等，因而冷漠地面對殘酷，造成攻擊的行為 (Hogben, 1993; Montag et al.,

▲圖 11–1　排滿停車場的汽車。根據美國的醫學研究，全美有愈來愈多的開車族罹患「路怒」(road rage) 此種精神病症，路怒症者經常會口出穢言、威脅，嚴重者甚至有攻擊他者的行為。

2012)。

(三)環境激發因素

令人不快的環境、氣候、壞消息、煩人的同事等負面刺激也常引發攻擊行為。「高氣溫」也顯著地增添日常生活中的暴力行為 (Reifman et al., 1991)。憤怒時若瞥見刀槍在場，也增加攻擊的行為。管制槍枝至少可以減少不肖之徒以槍枝壯膽妄為。

二、利他行為 (altruistic behavior)

利他行為是不計較得失而助人的行為，是一種「無私」的親社會行為。在社會裡，有人衝進火窟中營救他人、有人匿名慷慨解囊救濟他人、有人充當義工造福人群。利他行為的特徵是：一則不計較自己的得失，一則所幫助的對象是陌生人。

根據研究 (Batson, 1998)，利他行為包括同理心、心痛、行為常模等三個動機。同理心是指「人溺己溺」的共同感觸；心痛 (distress) 是看見他人的困境，自己「心有戚戚焉」，只有助人才能停止內心的難受；行為常模 (behavioral norm) 是將助人當作社會所預期的道德行為，助人是「理所當然」、「義不容辭」的行為。在我們的社會裡，經常會有令人感佩的利他行為的實例。

有一個說法 (Miller, 2008)，我們的大腦裡有兩派勢力時常在相互拔河：情緒 (emotion) 與理性 (rational thinking)。如果理性占上風，則我們會做出道德上該做的事，例如：大火中去救人；如果情緒占上風，則我們會選擇一時的感觸，例如：避免在大火時傷害自己。

至於何者會占上風，當時的情境扮演重要的角色。例如：看見火燒房子，如果一看是李伯伯，可能就奮不顧身前往相救，但一看是那「可恨」的林某的家，就呆呆地看它燒光了吧！

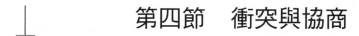

第四節 衝突與協商

　　人際間的來往與互動，本應在平等、互惠的公平原則下進行，以維持一個安樂和諧的社會。然而，人際衝突 (interpersonal conflict) 屢見不鮮，為什麼？又應如何化解？

一、人際衝突的因素

(一)競逐有限的資源

　　競爭是人類求生存的基本動機。有限的物質與社會資源使競爭的需求大大地提高。其結果，若是我得則你失或你得則我失，則不免產生對抗性的衝突。例如：家庭中的爭寵、情場上的爭愛、商場上的爭利、政壇上的爭權，都是造成人際衝突的重要因素。

(二)個人知覺的差異

　　個人對其環境的人、事、物有其特有的經驗、期待、需求、價值判斷等，因而形成其對環境的知覺取向。不同的知覺取向，使人與人之間對同一事物或情境做不同的理解與解釋，常因而有觀點、意見或處理方式上的不合，導致衝突的發生。例如：有人認為只有核能才能長期解決能源問題，有人卻認為核能是造成永久污染環境的元凶。

(三)缺乏信賴

　　人際間的和睦相處或共事有賴於彼此的互信。缺乏互信，則彼此猜疑、事事防備對方、時刻查核或質詢對方。被質疑的一方難免自尊受到威脅，起而自衛，因而引起衝突或摩擦。這種互不信賴的心態似同對照心像 (mirror-image)，「我跟你一樣，你不相信我，我也不相信你」。

二、衝突的功能

社會上，大小衝突事件此起彼落，時刻發生，顯示衝突是難以避免的社會現象。或許，衝突有其存在或服務的功能。大體而言，衝突有三個功能：（陳皎眉、鄭美芳，2004）

(一)凸顯雙方的問題癥結

衝突發生時，雙方各自表達不同的看法或主張，使雙方因而瞭解對方的需求、知覺與立場。

(二)增進個人對自己及他人的瞭解

經由衝突，個人更能從歷程中瞭解自己的作風與處世態度，也藉此看清對方的應對方式。沒有「交手」，不知自己的「實力」；沒有「互動」，不知對方的「優缺點」。

(三)宣洩情緒

衝突帶來挫折、緊張、壓力，也帶來抒解情緒的機會。衝突使人不能如願，甚至感受威脅，因此有緊張、有壓力。許多人乾脆採取攻擊或逃避，以抒解其情緒。

三、人際衝突的化解

人際衝突使人際關係緊張，破壞人際間所期待的和諧相處關係，也影響個人的正常思維與情緒生活，如果不予以化解，社會因而隱藏動盪不安的亂源。不論人際衝突是社會演進必經的歷程或社會一時的脫序現象，由於人際衝突帶來不快的緊張關係，人人皆希望能予以化解。以下是常見的化解策略：

(一)攻　擊

攻擊的目的是以破壞的方式，以為對方一旦受害，必有利於維護或提升

自己在衝突中的利益。攻擊的方式有語文的、暴力的；攻擊的策略有直接的（如當面指責或動粗）、有間接的（如傷害對方的親友）。然而，攻擊常招惹還擊，或則伺機報復（如結伙打鬥），衝突在「以牙還牙」的情境下，可能因此愈演愈烈。可見，攻擊並不是一種有效的化解策略。

(二)迴　避

迴避指不面對衝突，有的逃離現場，有的不承認或不理會衝突的存在。以逃離現場迴避衝突，常引發對方的猜疑與不滿，認為缺乏化解衝突的誠意或勇氣，甚至誤以為是由於懦弱無能，因而引發對方攻擊的動機。單方迴避的結果，使對方自行隨意處理，事後受害的一方心有不甘，又重新掀起衝突的戰火，使原來的衝突更加複雜與惡化。有人主張用「忍」的方式避免正面衝突，但雙方若不能於事後提出具體可行的化解措施，則問題仍然存在，有待解決。因此，一時的迴避，也不是一種有效的化解策略。

(三)退　卻

從人際衝突中退卻，不論其原因，常使衝突因一方的退出而在表象上消失。退卻若出自屈服、膽怯，可能使對方更加氣勢凌人，因而得寸進尺，處處惹是生非；退卻若是一時的權宜之計，欲轉移對方的注意，也不能防止對方另起爐灶，滋生事端。退卻既放棄自己的權益，又不能確保同類衝突不再發生，也不是一種有效的化解策略。

(四)接　觸

衝突雙方不論是國與國之間、種族之間、社區之間或男女之間，如果雙方能直接相互接觸，終究會有正面的結果 (Al Ramiah & Hewstone, 2013)。這足以顯示衝突的任何一方不應相互迴避或退卻。

(五)妥　協

妥協旨在使雙方從衝突的原點各退一步，以避免衝突惡化或藉此化解衝

突。妥協時，一方示意做出退讓，期望對方做相對的互惠行為。人際衝突中，若雙方感到無法各取所需，各做某程度的退讓尚能滿足其主要需求時，則雙方可能找出彼此願意接受的折衷方式。其結果，雖雙方都無法完全滿意，卻能迴避衝突所帶來的可能傷害。

㈥合 作

合作是衝突雙方以達成共同的目標、手段或結果而做調整與改變的努力。要從衝突轉化為合作並不是一件容易的事，但放棄衝突、進行合作是化解衝突最徹底、最有效的途徑。大家為共同的目標、手段或結果而盡力，分勞分憂、分享成果，沒有得失的權衡、沒有利害的比較，事前是一團和氣、事後有成就的快慰。唯合作是策略、是態度，也是習慣，必須在實務中培養、鍛鍊，才能堅持到底。

四、協商與化解衝突

於人際衝突中，攻擊、迴避或退卻都不是化解衝突的有效策略，尋求妥協或合作則需經歷一段具有建設性的協商歷程。協商 (negotiation) 是雙方經由會談或討論以獲取共識的歷程。一般而言，協商必須具備下列條件：

㈠成功的協商應具備的條件

1.雙方都有化解衝突的意願

衝突的雙方，要使衝突得到化解，必須要有強烈地化解衝突的意願。人際衝突是彼此相互對抗，如果沒有真誠地化解衝突的意願，各自堅持己見、各說各話、缺乏尋求共識的基礎，甚至利用協商威脅利誘或拖延時間，就不可能有成功的協商。

2.提供雙方可能接受的建設性建議

協商是為了求得共識，因此只有兼顧雙方的立場、需求、利害得失的建議，才有被考慮、被討論、被修改、被接納的可能。只要求衝突的雙方坐下來談，卻沒有令雙方認真考慮的任何建議，只是浪費時間與人力。基於此，

偏袒一方，或缺乏公正、公平的任何建議，都不該在協商中出現。

㈡發揮溝通的功能

　　協商是以會談或討論獲取共識的歷程，因此雙方的溝通十分重要。有效的溝通，可以表達對事件的整體看法，釐清問題的本質，陳述化解衝突的策略或步驟，回答彼此的疑問，瞭解並安撫困擾對方的情緒，訴求或遊說對方接受合理的建議，開拓未來可能合作的新局面。當然，當事雙方能面對面直接會談比較可取，以避免間接傳話的失真或可能的曲解，也可藉此逐漸建立互信。但是，若雙方立場差距頗大，或情緒反應高亢，則由雙方所信賴的中立折衷人員居間調解，以建立適當的溝通機制，也是一種可取的選擇。可見，善用有效的溝通技巧，有助於提升協商的品質，加速衝突的化解。

第五節　愛情與婚姻

一、愛　情

　　愛 (love) 與喜歡 (liking) 有許多重疊之處，雖然我們平時交互使用它們，但愛所伴隨的高度情緒反應與性慾激動是喜歡所缺乏的。假如你是個年輕男生，喜歡樓上的歐巴桑，也愛上她的女兒。若將它改換成你愛上樓上的歐巴桑，也喜歡她的女兒，就顯得不倫不類。

　　世上人來人往、熙熙攘攘，怎麼一對男男女女今突然相愛起來？雖然有些重要因素把它們牽連起來，彼此接近（如一起工作、上課、開會），相互露面、交談，個性相似（如都喜愛運動或喜歡美食）與相貌吸引人等，而將一對人連結在一

▲圖 11-2　為藝術家克林姆 (Gustav Klimt, 1862-1918) 的畫作《吻》。

起。但這只是初步的過程,進一步發展則有待其他條件相互配合,例如:親切感、幽默感、暖和感、善意與關懷。近年來,人們逐漸經由網路而相識甚至相戀,尤其是同性戀者,更善於利用網路來交往。

兩人相戀、互愛、以致結婚,是特殊的人際關係,它不僅深入而且相當持久。然而什麼是伴侶之間的「愛」呢?目前,心理學家多以統整的理論觀點去看它、解釋它。

(一)愛的二分法

伴侶之間的感情總少不了熱愛,但是柏喜德 (Berscheid, 1988) 與哈菲德 (Hatfield, 1988) 認為「愛」包括熱愛與友愛。熱愛 (passionate love) 是全心凝聚於對方,有易發的性慾,以及摻和著痛苦與狂喜的情緒;友愛 (companionate love) 是對他人感到溫暖、關懷、信賴和容忍,而且人己的情感彼此相互交織。

在伴侶關係中,熱愛與友愛可能並存,但不一定如此。只有熱愛而缺少友愛的伴侶,雖彼此有強烈的情感,但婚姻往往不能持久;只有友愛而沒有熱愛的伴侶往往相敬如賓,雖然關係持久,但沒有強烈的情緒互動。一般而言,兩人開始戀愛或初婚時,多熱愛而少友愛,到了中晚年期由友愛取代熱愛,這也說明失去老伴時感受孤苦的緣由。

(二)愛的三因素論

史登伯格 (1986, 2004, 2006) 認為伴侶之間的愛應該包括三個因素:親密、激情、承諾。親密是親近與分享,代表情緒因素;激情是性與愛合而為一的需求,代表動機因素;承諾是要求維持人己關係,代表認知因素。當然,伴侶間的愛並不是全然一致的,它所包括的三因素不僅時間上有發展的差異,而且在程度上有不同的組合。圖 11–3 描述三因素在時間上的發展差異。

從圖 11–3 可以看出:激情一開始即急劇上升,然後快速退熱,乃至後勁不足;親密則逐漸攀升,從未減弱;承諾起步穩重而緩慢,最後堅持不懈。你認為這個愛的發展過程是否符合目前社會上戀愛與婚姻的現況呢?現在再看愛在不同強度的三因素的組合時的愛情特色(見表 11–1)。

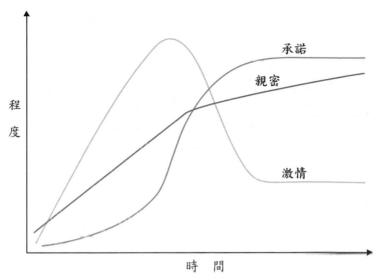

▲圖 11–3　愛的三因素的發展過程 (Sternberg, 1986)

▼表 11–1　愛的三因素在程度上的不同組合

親　密		激　情		承　諾		愛情特色
低	＋	低	＋	低	＝	無愛
高	＋	低	＋	低	＝	喜歡
低	＋	高	＋	低	＝	迷戀
高	＋	高	＋	低	＝	浪漫的愛
低	＋	低	＋	高	＝	空愛
高	＋	低	＋	高	＝	友愛
低	＋	高	＋	高	＝	癡愛
高	＋	高	＋	高	＝	完美的愛

（採自 Sternberg, 1988）

　　由於個人對愛的需求與付出不同，伴侶之間的關係可能介於低親暱、低熱愛、低承諾所形成的無愛關係，與高親密、高激情、高承諾所交織出來的完美之愛之間。

(三)依附論

　　儘管我們把理想的伴侶關係設想在完美之愛上，事實上，伴侶之間一如嬰兒對父母（或養護者），也呈現三種不同的依附 (attachment) 方式：安全、

逃避、焦慮─曖昧 (Hazan & Shaver, 1987)。安全 (security) 指個人易於接近他人，覺得人己間的相互依賴是合適的；逃避 (avoidance) 指個人對來自他人的接近感到不安、不信賴，也不依靠他人；焦慮─曖昧 (anxiety-ambivalence) 指個人認為他人對於親近會感到猶豫，常憂慮他人不真正愛自己或不願與自己來往，並深恐自己與他人合一的願望會嚇走他人。

個人的依附方式頗能預測人際關係的素質；感到安全的依附者比起逃避或焦慮─曖昧的依附者，有更多的承諾、滿足、相互扶持、適應與長期的伴侶關係；焦慮─曖昧式的依附者與伴侶衝突時會感受高度的心理壓力；逃避式的依附者較易於有隨便的性關係。

(四)依存論

依存論認為：個人必須判定親暱、性愛、承諾、情緒、友誼、智慧等何者於對方是重要的；每個需求能從雙方關係中獲得多少的滿足；除了伴侶之外有否第三者也能滿足個別需求；需求有可能被其他關係滿足的程度。顯然，兩人相愛則各取所需、各盡所能；若雙方無法彼此滿足重要的需求，一些需求又可從另外的關係中獲得滿足，則原有的依存關係可能轉移。如果雙方間有一方說：「我的事你一點也不關心。」這便是依存上的警訊，辯解將無補於事；假使有外人的介入（表達其關心），則雙方的依存關係可能引起變化。

(五)演化論

以上諸理論將愛看成「個人」在人際關係中所引起的生理（性慾）與心理（情緒與認知）反應；然而演化論將愛看作「種族」在優勝劣敗、世代綿延的競存中所必須具備的本能。由於「物競天擇」，男性在擇偶時必須尋找有最佳生殖能力的女性，與此相關的女性屬性為年輕、健康、貌美；反過來說，女性在擇偶時特別注意男性的保家與養家能力，而健康、勤奮、有社會地位、有積蓄的男性便是女性愛慕的對象。這種現象不僅上古時代是如此，現今社會亦復如此：男方覓偶時誇耀自己的地位，大方地贈送禮物，以展示自己的豐富資源與財力；女方覓偶時注意衣著、飾物、打扮以增加身體的魅力，並

向男方表白自己情有獨鍾。演化論把男女的感情看作生物演化過程中的必然
現象，並且賦予男女「相愛」的意義。

二、良好的婚姻關係

在西方社會裡， 良好的婚姻關係有下列幾個特徵 (Karney & Bradbury,
1995)：(1)雙方的態度與人格相當類似；(2)雙方在性方面都相當滿足；(3)兩人
的工作與收入都穩定；(4)丈夫對其職業感到自尊；(5)妻子不在婚前懷孕；(6)
雙方的父母都有成功的婚姻。

快樂的婚姻，有賴伴侶雙方彼此同意所見，尊重彼此的需求，時常相互
展露微笑；不快樂的婚姻，伴侶雙方彼此意見相左，互相指揮與批評，也鄙
視對方。事實上，良好的婚姻並非免於衝突，而是能從衝突中相互妥協，使
恩愛與批評保持平衡（不是一味批評或苛責），並以積極互動（如讚許、相互
微笑、相互體觸）代替消極的往來（如譏笑、羞辱、事事互不同意）。由於近
年來，男女在家庭中的角色逐漸改變，男性不再只是在外工作掙錢養家，女
性不只在家養兒育女，操持家務；男性也逐漸扛起家務，例如：修繕、清潔
房舍，甚至看顧兒女的生活與課業；女性也逐漸到外面尋找工作，施張能力，
協助家庭的收入。因而婚姻關係對雙方而言更為豐富而有意義。

三、婚姻的破裂

現今的社會，婚姻不再只是為了傳宗接代，婚姻關係中，喜愛、自由與
社交成為他們追求的目標。因此愈來愈多的新婚伴侶不再與父母同住，因而
少了原家庭的約束。婚姻關係的改變，與原來互愛所依的激情、親密與承諾
因時間久而逐漸衰退，乃避免不了走向離婚 (divorce)。

在美國，約半數的婚姻以離婚結束，他們在 18 歲以前，有 40% 就在破
裂婚姻的家庭之下長大。離婚的結果，就有了單親家庭，因此 25% 美國家庭
是單親的。單親家庭多數是女方作主的，不但經濟能力薄弱，許多既在外兼
職，又擔負在家養育子女的重擔，因此生活非常困頓。離婚時，男性多數淨
身而出，其面臨的情境與孤單亦多困苦。

本章摘要

1. 人際溝通是指訊息由一人傳達給另一個人的歷程。決定訊息來源的品質有二：可信度與可愛度。訊息的溝通管道可經由語言或非語言方式。

2. 良好的溝通技巧包括：培養專注傾聽的習慣、尊重對方的陳述、注意對方的興趣與反應、兼顧說話的技巧與訊息的客觀性、以同理心接納彼此的溝通、語言與肢體充分配合。

3. 攻擊是試圖傷害他人的一種反社會行為，可分為兩類：仇視性攻擊與工具性攻擊。攻擊行為是生理、心理、環境三大因素交互影響的結果。

4. 利他行為是不計較得失而助人的行為，是一種「無私」的親社會行為。利他行為包括同理心、心痛、行為常模等三個行為動機。

5. 成功的協商應具備的條件：雙方都有化解衝突的意願、提供雙方可能接受的建設性建議。

6. 愛包括兩大因素：熱愛與友愛；史登伯格認為伴侶之間的愛應該包括三個因素：親密、激情、承諾；愛可能呈現三種不同的依附方式：安全、逃避、焦慮—曖昧；愛的依存論認為個人必須判定親暱、性愛、承諾、情緒、友誼、智慧等何者於對方是重要的，每個需求能從雙方關係中獲得多少的滿足；演化論將愛看作種族在優勝劣敗、世代綿延的競存中所必須具備的本能。

7. 良好的婚姻關係具有的特徵是：雙方的態度與人格相當類似；雙方在性方面都滿足；兩人的工作與收入都穩定；丈夫對其職業感到自尊；妻子不在婚前懷孕；雙方的父母都有成功的婚姻。

重點名詞

communication 溝通	sympathy 同情心
credibility 可信度	aggression 攻擊
likability 可愛度	altruistic behavior 利他行為
empathy 同理心	interpersonal conflict 人際衝突

mirror-image　對照心像	companionate love　友愛
love　愛	commitment　承諾
passionate love　熱愛	attachment　依附

─◆ 自我檢測 ◆─

是非題

（　　）1.人是群居的動物，免不了與他人進行社會互動。

（　　）2.訊息的可愛度愈高，愈容易令人質疑。

（　　）3.非語言溝通存在著社會文化的差異性，有時溝通上會造成誤解。

（　　）4.同理心等同於同情心，皆是一種感同身受的能力。

（　　）5.攻擊與衝突能宣洩情緒，有效增進個人對自己及對他人的瞭解。

選擇題

（　　）6.下列有關攻擊的敘述，何者有「誤」？　(A)是一種反社會行為　(B)與個人的人格特質與社會學習有關　(C)環境的不適會促進攻擊行為的增加　(D)是一種社會所預期的道德行為

（　　）7.史登伯格認為伴侶之間的愛「不包括」下列何者？　(A)依附　(B)激情　(C)親密　(D)承諾

（　　）8.依附論認為，伴侶之間當一方常憂慮他人不是真正愛自己，且對於親近會感到猶豫，此種依附關係為　(A)安全型依附　(B)逃避型依附　(C)焦慮─曖昧型依附　(D)痛苦型依附

（　　）9.在「愛的三因素論」中，哪一項因素會隨著時間的增加而有減緩的趨勢？　(A)依附　(B)激情　(C)親密　(D)承諾

（　　）10.下列何者指「非語言」溝通訊息？　(A)默默不語　(B)手勢　(C)文字　(D)使用粗話

─◆ 想想看 ◆─

1. 你是否認為我們的社會是含蓄的社會，缺乏應有的溝通？

2. 你認為自己與他人溝通的最大困難在哪裡？你希望如何克服？

3. 社會有許多暴力行為，你認為描述暴力的電視節目（包括卡通）有責任嗎？

4. 你如何化解與同學、父母、朋友的衝突？其差異何在？

5. 在史登伯格愛的三因素的組合上，你的愛情屬於哪一類？你的對象屬於哪一類？

CHAPTER 12

人格與人格評量

　　在我們的日常生活裡，人格一詞已被普遍地使用。我們用「人格高尚」一詞來表達對社會賢達的崇敬之意；我們也使用「人格掃地」來比喻那些為非作歹的不肖之徒。我們時常聽到一個人的行為或操守受到攻擊或質疑的時候，慨嘆地指出他的「人格」受到傷害或污衊；也有人為了給予對方必要的信賴，莊重地宣誓以「人格」擔保。本章試圖回答下列問題：

◆ 什麼是人格？人格受哪些因素的影響？

◆ 精神分析論的共同觀念是什麼？

◆ 新佛洛伊德學說的特點是什麼？

◆ 特質論的基本觀念是什麼？什麼是大五人格因素論？

◆ 人本論的基本觀念是什麼？

◆ 社會認知人格論的基本觀念是什麼？

◆ 人格評量法可分哪幾類？

第一節　人格的定義

人格 (personality) 是個人表現在思想、行為、情緒上的特有組型。它是相當持久的、前後一致的，也是與他人有差異的。人格一旦形成，必定經得起時間與空間的考驗。

一、持久性

持久性是一個相當重要的人格特徵。由於人格的持久性，人際間的交往便有可靠的依據或準則。今天見到的張三是昨天認識的張三，既是同一個人，不會一日三變，不可預測。由於人格的持久性，我們可以與他人持續性的來往。

二、一致性

人格不僅在同一情境下穩定不變，在跨越情境時，也相當地一致。例如：張三不吸煙、也不喝酒，到哪裡都一樣；李四很節儉，婚前婚後差不多。

三、獨特性

人與人之間的人格是有差異的，有如指紋，即使類似，也沒有完全相同的。兄弟姊妹來自同一雙親、同一家庭文化，卻互不相同，各有其獨特之處。人類社會多姿多彩，人格的獨特性是主要原因吧！

▲圖 12-1　多重人格泛指個體具備多種不相一致的人格結構。

第二節　影響人格的因素

一如智力，人格的形成與發展亦是遺傳與環境互動的結果。

一、遺傳因素

遺傳是指基因而言。遺傳基因決定我們思想、行為、情緒、態度的基本特質，所以我們跟雙親有些近似，也與兄弟姊妹有相似之處。子女之間，身心特質最近似的莫過於同卵雙生。同卵雙生兒在人格的高度相似性，明顯地支持遺傳在人格形成與發展中的重要角色。

二、環境因素

人格發展的環境包括出生順序、家庭的管教、同儕的影響與社會文化的薰陶與期待。

(一)出生順序

出生順序本身原本沒有什麼意義，但它帶給家庭新的意義、新的結構、新的動力關係。其結果，長子女顯得井井有條、重責任、重成就、求自律、愛統御；次子女則顯得與家疏遠、獨立、不太求助於家長、不太談論雙親的愛。獨生子女則與長子女相近似，但較有脾氣。至於老三及後來的子女，性情比較和睦、輕鬆、樂於助人、愛冒險、愛幻想、善交友，也較為自覺 (Sulloway, 1997)。

(二)家長的管教

家長或養護者是兒女出生後最親近的個體，他們的一言一行及對子女的管教會影響子女的人格發展。例如：雙親對子女採取民主、尊重、關懷的教養方式，則對子女的人格發展有正向的影響；反之，雙親對子女採取嚴厲、不信任、專制的教養方式，則對子女的人格發展恐造成負向的影響。

(三)同儕的影響

環境對個人人格的影響，除家庭以外，同儕居重要地位。個人為了能被同儕接納，會接受同儕間有形或無形的行為規範，例如：使用同儕慣用的語言或流行用語、參與同儕的娛樂或社交活動。此外，個人對同儕的批評非常

敏感，也重視自己在同儕間的角色、地位與義務。

(四)社會文化的薰陶與期待

社會文化的薰陶與期待對個人的思想、行為、態度、價值的影響是有目共睹的。我們看到東方人講究社會和諧，因而謙讓、自律、忍耐、自省、服從；西方人則追求自尊、自我表現、平等對待與自己的權利與義務。例如，移民到西方的東方青年人，經過一段時間的調適後，他們的行為特徵逐漸從東方人重視的集體主義 (collectivism) 轉變到西方的個人主義 (individualism)。

第三節　人格理論

良好的人格理論有助於充分瞭解個人的行為及其特徵。目前主要的人格理論有：心理分析論、特質論、人本論、社會認知論。

一、心理分析論

心理分析論是佛洛伊德所首創，重視「潛意識」在人格動力、結構、發展上所扮演的功能。以下分別介紹佛洛伊德的心理性慾論及新佛洛伊德學派的人格論。

(一)佛洛伊德心理性慾論

佛洛伊德經由多年心理分析的臨床工作中發現，在他協助患者回憶童年的不快經驗時，患者竟有回憶困難、不能啟齒的「隱情」，因而斷定「潛意識」的存在與作祟。於是，他成為潛意識的發現者與首要發言人，並提出

▲圖 12-2　佛洛伊德 1856 年生於奧地利。他在維也納擔任醫師時，曾師事於法國巴黎的名神經學醫師沙寇 (Jean Charcot, 1825–1893)。佛洛伊德跟隨沙寇從心理失調的角度研究歇斯底里症 (hysteria)，並且目睹沙寇成功地使用催眠術，移除患者身體的麻痺失感現象，使佛洛伊德對「潛意識」有了重大的領悟。

影響後世甚鉅的心理性慾論。

　　佛洛伊德認為，潛意識是個人意識界不能覺識的心理境界。他創用自由聯想、夢的分析等心理分析法 (psychoanalysis) 去探索與分析那些擾人的潛意識。「自由聯想」是讓患者輕鬆地仰臥在沙發上，自由自在地說出任何進入意識界的人、事、物。「夢的分析」則是試圖從個人所回憶的夢去推論他所欲滿足的潛在欲望。例如：作一個自己「由高處下跌」的夢，可以被解釋為具有「恐懼失敗」的焦慮。佛洛伊德不僅發現潛意識，他也斷定那些潛意識裡的不快經驗與「性」有關。他不僅目睹女性患者「移情」於醫生的事例，連他的一位女患者居然在治療過程中不顧時俗地擁抱他。佛洛伊德講潛意識與重性慾的人格理論，至今仍然家喻戶曉、廣被談論（尤其是文學、藝術、廣告）。

　　以下分別介紹他的人格結構論、焦慮與防衛機制、人格發展論。

1. 人格的結構

　　佛洛伊德將人格分成三個組成部分：本我、自我、超我。這三個部分代表個人在環境中生存時彼此互動的三個動力。

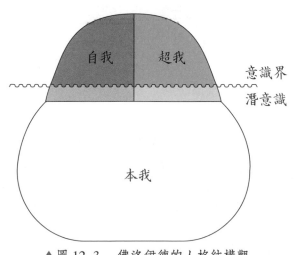

▲圖 12-3　佛洛伊德的人格結構觀

(1)本　我

　　是最原始的「我」，它是天生的、本能的、衝動的，也是完全潛意識的。它是人生綿延不息的動力，它的動力來源稱為慾力 (libido)。既然是「生存第

一」，本我是依照「唯樂原則」(pleasure principle) 行事的，一切行為必須「立即」與「完全」滿足所有的慾念。

⑵超　我

　　是個人經由內在化而獲得的社會習俗、道德、理想。換言之，超我是經由學習而獲得的，例如：教養者的獎或懲、社會的鼓勵或限制、習俗的規範或禁忌等。超我包括自我理想與良知。自我理想 (ego-ideal) 是理想與完美的自我，是自我應該做到的；良知 (conscience) 是自我不可違背或冒犯的規則。一個人做好事、有善舉，便符合自我理想；反之，一個人違規背俗，便傷害良知，感到內疚與羞愧。

⑶自　我

　　是調和本我與超我之間的衝突，期在現實環境中獲得最大滿足的決策機構。自我的行為規範是現實原則 (reality principle)，在現實情況之下，決定於何時、何地、何種方式滿足內在的強烈慾念，並且兼顧社會習俗與道德的規範。

2.焦慮與防衛機制 (defense mechanism)

　　理想的本我、自我、超我的互動，應該既能滿足個人慾念，又能遵從社會禮俗與道德的規範。但事實並非經常如此。在現實情況下，許多本我與超我的衝突令自我感到焦慮不安，而產生內在衝突與緊張，個人為了要消除衝突所帶來的焦慮，便產生防衛機制。

打開　心　視界

常見的防衛機制如下：

■退化 (regression)：是回復到幼稚時期的行為方式。例如：緊張時吸手指、事情不能如願時嚎啕大哭。

■投射 (projection)：是將不為社會所接受的慾念加諸於他人。例如：自己開車超速被交通警察攔下時，大嘆「大家都開快車」。

■合理化 (rationalization)：是給予自己的行為一個社會認可的藉口以減少內心的焦慮。例如：考試結果不理想，諉稱自己對該課程

> 缺乏興趣。
>
> ■反向 (reaction formation)：是所作所為與原來的慾念背道而馳。例如：把「愛你」說成「恨你」、內心雖充滿恐懼，外表卻顯得十分勇敢。

上述防衛機制是消減焦慮的潛意識自欺的一時做法，並不是真正解決衝突之道。只有在意識界裡面對現實地去解決問題，才是健全的做法。

3. 人格的發展

佛洛伊德認為人格的發展在 6 歲以前已經底定。人格發展依序分為口腔期、肛門期、性器期、潛伏期、生殖期五個時期，但是前三個時期對人格的影響最為深遠。個人如能自環境限制中順利地滿足其性慾，便有正常的人格發展。在任何發展時期內，若性慾的滿足有「過與不及」的情形，就不免產生「固著現象」，使個人停滯於某一發展期而產生種種人格特徵。例如：需求飲食、吸煙、吮手指、咬鉛筆、電話裡談個不停的口腔性格；浪費、髒亂、缺乏組織、反叛或吝嗇的肛門性格；男童的戀母情結或女童的戀父情結。

㈡新佛洛伊德學派

佛洛伊德的人格理論發表後，獲得一時的尊崇與追隨。然而，有許多學者對他的一些看法則提出不同的批評。這些人的基本觀點雖與佛洛伊德近似，但各有其特殊的看法，因此稱為新佛洛伊德學派 (neo-Freudianism)。

新佛洛伊德學派中的主要代表人物包括：榮格、阿德勒、霍妮。

1. 榮格的分析心理學

榮格 (Carl Jung, 1875–1961) 相信潛意識裡不是只有性慾，也有創造與自我實現等生命動力。根據榮格所建立的分析心理學 (analytical psychology)，一個人的潛意識包括個人潛意識與集體潛意識兩方面：個人潛意識 (personal unconscious) 是自我在本我與超我間折衝而獨具的生活體驗；集體潛意識 (collective unconscious) 則是先民所累積的集體經驗。榮格稱那些代表人類集

體潛意識的共同心像為原型 (archetype)，例如：宗教、神話、英雄、民歌、族舞、夢、幻覺等。有了原型，人類不論住在何處，仍然能夠分享先民所累積下來的普遍文化，並藉以彼此溝通。

榮格認為，人格包括相互競存但力求調和的相對勢力，如意識與潛意識、男性化與女性化、內向型與外向型、理智與感情、感覺與啟迪。人格發展是這些相對勢力逐漸調和的歷程，它要到成年期才逐漸發展完成，並不同意佛洛伊德所堅持的 6 歲以前底定的看法。

2.阿德勒的個別心理學

阿德勒 (Alfred Adler, 1870–1937) 與心理分析絕緣，另創個別心理學 (individual psychology)。他認為人人有與他人合作及關切他人福祉的社會天性，而不是以性慾為主導的生理性衝動。他也發現，人有追求卓越 (striving for superiority) 的強烈內在動力，力求自我實現、止於至善。可惜，由於並非人人獲得卓越，一些人反而時刻在設法克服一種誇大的身心與社會的不足感，他稱之為自卑情結 (inferior complex)。在克服自卑情結的路程上，個人發展出一套特有的應對方式，阿德勒稱之為生活型態 (styles of life)。個人的生活型態在 5 歲之前便已成型，它代表個人的思考、行為等人格特徵。不過，他認為人的出生順序 (birth order) 與人格有關的說法，並沒有獲得實證的支持 (Abdel-Khalek & Lester, 2005)。

3.女性心理學的啟蒙者——霍妮

霍妮 (Karen Horney, 1885–1952) 於 1932 年由柏林移居美國，並於 1937 年出版《現代神經質人格》(*Neurotic Personality of Our Times*) 一書，活躍於心理分析陣營裡，但她的心理學取向已大大地遠離「正統」的心理分析學說。霍妮認為人格發展的主要影響力是來自親子間的社會互動。當兒童處於有敵意的環境裡，會感覺到孤獨與無助感的基本焦慮 (basic anxiety)，他們必須學習面對並因應基本

▲圖 12-4　霍妮與她的寵物。

焦慮，以維繫適當的人際關係。

　　除了重視社會環境對人格發展的影響之外，霍妮的另一貢獻是女性心理學 (feminine psychology) 的啟蒙。她認為男女雙方在戀母的情境下各有所嫉妒，因此男人有男人的子宮妒羨 (womb envy)，是男人因無法像女人一樣地懷孕與養育子女而引起的強烈嫉妒感，於是便藉由追求外界成就作為補償。她進一步指出，女人的自卑感不是天生的，而是因為處在男性專斷的社會裡而學習到自己的不足，這使女人不能充分發揮其應有的潛能。

二、特質論

　　當我們談到某人的人格時，我們自然而然地使用「誠實」、「可靠」、「害羞」、「急躁」、「內向」等形容詞，來敘述他的特質。我們這樣做是基於一種觀點，認為每個人具備有別於他人的一些「特質」。

　　「特質」(trait) 是指個人具有相當穩固的行為傾向。持特質論的人格心理學者偏重行為的評量與描述（如內向型或外向型），無意解釋行為的動因（是天生的或後學的）；試圖尋求行為的個別差異或類別，無視人類行為的共同性。以下分別介紹主要的特質論：

(一)奧波特

　　奧波特 (Gordon Allport, 1897–1967) 從英文字典中找出 18,000 個描述人們的字詞，其中 4,500 個是描述個人特質的，他再將相關的字詞聚集起來並簡化成 200 個特質，認為人格是由這 200 個特質所組成。於是奧波特被尊為人格特質論的大師。

　　奧波特認為人格特質可從三個不同層次去看：主要特質、中心特質、次要特質。主要特質 (cardinal trait) 是最能代表個人性格的特質，如樂觀的保守主義就是美國第 40 任總統雷根 (Ronald Reagan, 1911–2004) 的主要特質。中心特質 (central trait) 是在主要特質下代表個人的一些重要特質，如剛毅、自信、友善、幽默是雷根的中心特質。次要特質 (secondary trait) 是指在某些特殊情況下才出現的人格特質，如雷根先生在一次總統競選辯論會，為了力爭

他的發言權，握著麥克風憤怒地說：「我已對此付了帳了！」

㈡卡特爾的人格因素論

卡特爾 (1965) 採用統計學的因素分析法，將 200 個特質簡化為 35 個基本特質。後來他將特質區分為代表外顯行為的表面特質 (surface trait) 與代表行為來源的源本特質 (source trait)。他並編製 16 人格因素問卷 (Sixteen Personality Factor Questionnaire, 16PF)，以測量個人的源本特質。

㈢艾森克的特質論

英國心理學家艾森克 (Hans Eysenck, 1916–1997) 認為人格的許多屬性可以從與基因活動相關的兩個方面去探討：「內外向性」與「情緒穩定性」。內外向性 (introversion-extraversion) 是指大腦的活動程度與尋求刺激的傾向；情緒穩定性 (emotional stability) 是指自律神經系統持續活動的穩定程度。例如，大腦的活動程度過低者必須尋求外界刺激，其人格屬外向型；自律神經系統活動不穩定者，有神經質的傾向，其人格屬不穩定型。然而這兩個特質是互動的，因此構成如圖 12–5 艾森克人格特質論的解析圖。由圖可以看出，艾森

▲圖 12–5　艾森克人格特質論的解析圖 (Eysenck, 1990)

克將人格分為四個基本類型。此一理論結構已受到研究的證實與支持
(LeBlanc, Ducharme, & Thompson, 2004)。

㈣大五人格因素論

由於統計技術的進步，卡特爾的 35 個基本特質被一再因素分析的結果，
終於呈現五個主要人格特質，通稱大五人格因素 (Big Five Personality
Factors)，包括：神經質 (neuroticism)、外向性 (extraversion)、開放性 (openness)、
和善性 (agreeableness) 與嚴謹性 (conscientiousness)（Burger, 1993；莊耀嘉、
李雯娣，2001）。此五大特質不僅相當穩定，而且有跨國界的普遍性 (McCrae
& Costa, 1997; Costa & McCrae, 2011)，現在工商界在挑選職員時也常以此作
為判斷的標準。

▼表 12-1　大五人格因素的主要內容 (Gardner, 1995)

因　素	名　稱	低　限	高　限
1	神經質	鎮定	憂慮
		少情緒表現	易情緒化
		堅強	脆弱
2	外向性	保留	親切
		孤獨	從眾
		靜默	健談
3	開放性	實際	想像
		傳統	創新
		依慣例	多樣式
4	和善性	對抗	默許
		心腸硬	心腸軟
		多疑	信賴
5	嚴謹性	懶惰	勤勞
		盲然	進取
		放棄	堅持

三、人本論

人本論的核心是「自我」，它偏重對人格的整體性研究。在這方面具有卓
越成就而成為領航者，首推羅哲斯與馬斯洛兩位心理學家，他們同樣重視人

性善良的一面、自我觀念的核心價值與自我實現的人生需求。

(一)羅哲斯的個人中心人格論

羅哲斯認為，個人的主觀經驗決定他對世界的認知。例如：若一個小女孩與姊姊爭寵，說媽媽偏愛其姊姊，不管媽媽如何辯解，她的主觀經驗是，媽媽總是「偏愛姊姊」。羅哲斯的人格論認為個人人格有下列三大主力：

1. 自我實現的需求

自我實現 (self-actualization) 是天賦的內在驅力，是自我潛能的充分發揮與實踐。個人的所有行為都是在維護、加強、實現自我的大前提下進行的。例如：我們上學、運動、爭取成就、交友、就業、結婚等，哪個不是在實現自我呢？

2. 積極關懷的需求

個人在生長與發展中尋求他人的接納時，所需的關懷是無條件的，而不是有條件的。無條件積極關懷 (unconditional positive regard) 是指個人的被愛、被尊重、被接受是沒有先決條件的。例如：父母因關愛你上下學的方便而協助你購買機車時，從不提出你必須維持學科成績 80 分以上作為條件。如果有條件，則其關懷並不是真誠的，是不符合需求的。

3. 自我觀念 (self-concept)

自我觀念是個人對自己的能力、性向、興趣、態度等所做的自我描述與評估。自我觀念是自我與環境交互影響的結果，它深受重要他人的影響。要瞭解一個人的行為傾向，必須對其自我觀念有充分地認識。

▲圖 12-6　人本心理學派主要代表學者羅哲斯。他生長在一個恪守嚴格教義的基督教家庭中，在家排行老四。幼年時期的羅哲斯鮮少受到關注，進入神學院學習，亦未能感受到被關心、被傾聽；後來他對心理學產生興趣，並成為一位重視同理、關懷、傾聽當事人的心理治療師。

◎ 名詞解釋：重要他人
在親友或師長之中，凡足以影響個人的自我觀念者，稱為重要他人 (significant others)。

根據羅哲斯的分析，在自我發展中個人有兩個自我：真實我與理想我。真實我 (real self) 是根據自己的實際生活體驗而獲得的自我觀；理想我 (ideal self) 則是自己希望達成的自我觀。當兩者是一致的，則個人對自己感到滿足與快樂；若兩者不一致，甚至相互衝突，則個人對自己感到失望或挫折，甚至有適應上的困難。

㈡馬斯洛的自我實現人格論

馬斯洛是與史金納同時代的心理學家，也曾經是一位研究猿猴行為的行為主義者。他第一位孩子出生後給予他的新經驗，使他有感而言：「有孩子的人不可能是個行為主義者！」也因而改變他的心理學觀點。馬斯洛對人格的主要論點有二：需求階梯論與自我實現的境界。

1. 需求階梯論

馬斯洛認為生理需求、安全需求、歸屬需求、尊重需求、自我實現需求是五個如同階梯的需求層次，前四種稱為匱乏性需求 (deficiency need)，自我實現

▲圖 12-7　美國心理學家馬斯洛。晚年的馬斯洛認為心理學的第三勢力「人本心理學」只是過渡性的，而致力於第四勢力「超個人心理學」(transpersonal psychology) 的研究。

則稱為存在需求 (being need)。匱乏性需求必須獲得滿足，才有存在需求的驅動力，這一點符合我們常說的「衣食足而知榮辱」的道理。

2. 自我實現的境界

既然自我實現需求的滿足是人生達到巔峰狀態的心理境界，馬斯洛乃分析 38 位成就卓越的舉世名人，例如：林肯總統、愛因斯坦、貝多芬、羅斯福總統夫人、傑弗遜總統等，以瞭解他們在人格方面的共同特徵。表 12-2 列舉馬斯洛所歸納出的自我實現者的主要心理特徵。儘管人本主義的人格論有誘人的積極人性觀，也因而樹立了正面心理學的旗幟，可惜它所強調的無條件積極關懷與自我實現等重要觀點，難以科學方法證實其效度 (Burger, 2004)。

▼表 12–2　自我實現者的心理特徵 (Maslow, 1968)

> 1.對現實環境有精確的認知
> 2.有高度的獨立性、自主性、創造性
> 3.有少數但深入的知交
> 4.有高度的幽默感
> 5.接受自己，也接納別人
> 6.專注於解決問題
> 7.有愉悅與滿足的巔峰經驗

(三)生活中的自我

自我是個人在環境中對自己身體與心理特質的瞭解與堅持。個人對自己能力、性向、興趣、態度、思想等所持的描述與評價，深深地影響工作與生活的品質。自尊 (self-esteem) 與自信 (self-confidence) 是自我表現的兩個重要特質。

1.自尊

自尊是個人對自我價值的判斷。高度自尊者能堅持自己的看法，不容易就範，遇困難能堅忍，比較快樂，不常憂鬱，也令人喜歡 (Forest & Wood, 2012; Greenberg, 2008)。相對而言，低自尊者較敏感、愛批評、容易有種族偏見 (Van Dijkstra et al., 2011)。可見，培養適度的自尊心是何等重要。

不過，自我價值的評定不是絕對主觀的，它要經由他人（如家人、朋友、師長等）的認定與支持，才有意義。不然把自己的自尊定高了或定低了，通常會禁不起實務的考驗。

2.自信

自信是個人對自我能力的肯定程度。在日常生活中我們常用「有自信」或「沒自信」來區別自信程度的高低。人必須有自信才能相信他人，缺乏自信的人則不容易依賴他人。社會上有許多人過度自信而不自覺，容易因失敗而受挫；過度自信而失敗者往往抱怨工作或他人。例如：考試不如意就遷怒於試題或出題者。因此，從日常生活、學校或工作中培養出來而被社會接納的自信，才真實而可靠。

四、社會認知論

　　班度拉提倡社會認知人格論 (social cognitive theory of personality)。他認為人格是由認知（如思想、期望、價值）、行為、環境三大因素共同決定的。三因素之間的關係是相互影響、彼此作用的，因此稱為相互決定論。圖 12-8 說明人格三因素的互動關係。

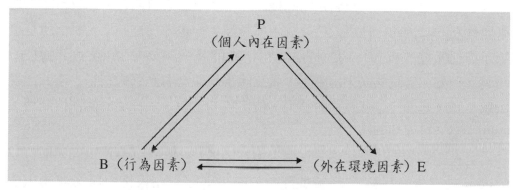

▲圖 12-8　社會認知論人格三因素的互動關係

　　根據相互決定論，個人的認知活動、行為與個人所處的社會環境會彼此相互影響。例如：你第一次應朋友之邀同去觀賞蘭花展，事後決定在家中的窗臺上種蘭花（認知），於是平時不種花草的你開始為種植蘭花而忙碌（行為），你家窗臺也因此增色不少（環境）；成功的養蘭經驗（行為），不僅改變你對自己種花能力的信心（認知），也使家居的生態有了變化（環境）。

　　班度拉進一步說明「自我調整」與「自我效能」兩個認知因素在人格中的作用。

㈠自我調整

　　指個人對行為的自我操控，有別於環境對行為的影響。例如：媽媽告誡孩子「要端坐在椅子上才有餅乾吃」。如此，媽媽在控制兒童行為的同時，也傳遞行為標準的訊息（端坐才能進食）。隨著兒童的生長與發展，原來的外來操控歷程與外界行為標準，逐漸經由內在化而成為內在自我操控的行為標準。

㈡自我效能 (self-efficacy)

指個人自認是否有能力去組織與執行某特定行為，以獲得預期結果的一種自我信念。研究顯示 (Pajares & Johnson, 1996)，高自我效能信念的學生，比低自我效能信念的學生，有較佳的學業成績，尋求更具挑戰的工作。

洛特 (Julian Rotter, 1916–2014) 的社會認知人格論與班度拉的主張類似。他對人格的看法是：人類對事物的控制有自認為是來自內在，也有自認為是來自外在的。因此，他將人格分成兩種類型：一是內在控制型，相信所有事物是自己操控的結果；一是外在控制型，相信所有事物是由外界因素操控的結果。例如，考試的結果出來了，張三說那是他全力勤學的結果，李四卻說試題不難，是教授慈悲寬懷的結果。依洛特的主張，張三屬於內在控制型，李四則屬於外在控制型。

社會認知的人格論雖然看重個人內在因素（認知）、外在環境因素與行為因素等三因素的互動，但被批評為忽略生理因素在人格中所扮演的角色 (Liebert & Piegler, 1998)。

五、學習論

從史金納的行為主義觀點看人格是學習的結果，我們學什麼就像什麼。換言之，我們的行為經由環境的增強 (reinforce) 而塑造起來的。例如：小強有為弟妹開門的習慣，因他每次開門時，媽媽會立刻給予賞賜（增強作用）。因此人格的培養，倚賴環境對行為控制。

第四節　人格的評量

我們都曾試圖從學業、工作、社交中「測試」自己的能力與人格特徵，或許你也曾透過電視或報章雜誌上的心理測驗，來瞭解自己的人格特質。然而，要獲得更精確的人格面貌，必須依賴合乎科學的評量，使結果有更理想

的信度與效度，而非只是獲得某種「人格標籤」。

　　評量人格有三種截然不同的方式：自陳法、投射法、觀察與評定法。茲分別介紹於後。

一、自陳法 (self-report method)

　　自陳法是以問卷方式，要求受試者以「是」或「否」來表達問卷中每一陳述對自己的感觸、思考或行為的代表性。例如：如果你對「我對目前的生活感到滿意」這一陳述以「是」答之，便是認同此一陳述；不認同則以「否」答之。共 338 題的明尼蘇達多相人格測驗 (MMPI-2) 便是典型的自陳式評量工具。

　　以自陳法評量人格，其作答、計分相當簡易，而且結果的信度與效度也頗令人滿意。但是受試者也可能隱瞞作假或朝社會期望 (social desirability) 的方向作答，以呈現更能夠被接受的人格特質。

二、投射法 (projective technique)

　　投射法是提供相當曖昧的墨跡或不明確的圖片，令受試者描述或編造故事，以便於在不自覺之中將其潛意識投射在敘述或故事裡。投射法可以避免受試者在接受測驗時，因必須直接揭露個人內在想法而感到威脅；藉墨跡或圖片讓受試者在不受限制的情形下抒發自己的真實感受，再由研究者從中探究其人格特質。羅夏克墨跡測驗 (Rorschach Inkblot Test)（見圖 12–9）與主題統覺測驗 (thematic apperception test, TAT) 是兩個具代表性的投射測驗。

打開　心　視界

羅夏克墨跡測驗

　　羅夏克墨跡測驗是瑞士精神科醫生羅夏克 (Hermann Rorschach, 1884–1922) 編製應用的。該測驗共有 10 張墨跡，其中 5 張是黑白的，5 張是彩色的。圖 12–9 是類似羅夏克墨跡測驗所使用的墨跡。

▲圖 12-9　類似墨跡測驗的曖昧墨跡

　　測試時，依序一次提示一張墨跡圖片，並詢問受試者「這是什麼?」。受試者對圖片的所有作答反應都被一一記錄下來。測試手冊提供計分法及其解釋。個人在測驗上的作答反應可以被用來預測患者對心理治療的反應；測驗也相當有效地測出精神分裂症。

三、觀察與評定法 (observation and rating method)

　　投射法所得資料的解釋需由受過訓練的專業人員才能勝任，自陳法又容易受限於受測者對自己的瞭解程度與答題的誠信問題，因此採用觀察法與評定法不失為有效的補救方式。

　　採用觀察法時，應先確定觀察的目的，決定所欲觀察的具體行為，然後在特定時間與特定情境中進行觀察。觀察可用肉眼直接觀看與記載，也可輔以記錄儀器的使用 (如錄影或錄音)。為避免被觀察者因有人在旁察看而有不自然的反應行為，可採用遠距或隱匿方式記錄行為。

　　為求觀察時避免有所遺漏，可以編製類似核對表 (checklist) 的評定量表，將所要觀察的所有具體行為一一編寫成敘述行為的量表。例如：

1. 上臺自我介紹時，說話的態度：非常自然←→非常不自然
2. 球場上打籃球時：很少傳球←→頻頻傳球

　　評定量表的優點是將個人的行為屬性予以量化，使觀察者可以客觀地評量被觀察行為的強度或頻率。至於被評量的個人外顯行為是否足以代表其特定人格特質，就要看評定量表的效度了。

本章摘要

1. 人格是個人表現在思想、行為、情緒上的特有組型，具持久性、一致性、獨特性。

2. 佛洛伊德認為潛意識是個人意識界不可及的心理境界。他創用自由聯想、夢的分析等方法去分析潛意識。他同時提出潛意識裡的不快經驗與「性」有關。

3. 佛洛伊德將人格分成三個組成部分：本我、超我、自我。許多本我與超我的衝突令自我感到焦慮不安，個人會以防衛機制來消減衝突所帶來的焦慮。

4. 榮格、阿德勒、霍妮等人的基本觀點雖與佛洛伊德近似，但各有其特殊的看法，因此稱為新佛洛伊德學派。

5. 特質是指個人具有的相當穩固的行為傾向。特質論視個人的人格是由一群特質所組成的綜合體的描述。

6. 人本論所重視的是不斷地生長與發展以求「自我實現」的自我；代表人物有羅哲斯和馬斯洛。

7. 班度拉提倡社會認知人格論，認為人格是由認知、行為、環境三大因素共同決定的。三因素之間的關係是相互影響、彼此作用的，因此稱為相互決定論。

8. 評量人格有三種不同的方式：自陳法、投射法、觀察與評定法。

重點名詞

personality 人格

defense mechanism 防衛機制

neo-Freudianism 新佛洛伊德學派

unconscious 潛意識

analytical psychology 分析心理學

personal unconscious 個人潛意識

collective unconscious 集體潛意識

individual psychology 個別心理學

inferior complex 自悲情結

basic anxiety 基本焦慮

feminine psychology 女性心理學

womb envy 子宮妒羨

trait 特質

cardinal trait 主要特質

central trait 中心特質

secondary trait 次要特質

surface trait　表面特質

source trait　源本特質

introversion-extraversion　內外向性

emotional stability　情緒穩定性

Big Five Personality Factors
大五人格因素論

self-actualization　自我實現

unconditional positive regard
無條件積極關懷

self-concept　自我觀念

significant others　重要他人

self-esteem　自尊

self-confidence　自信

social cognitive theory　社會認知論

self-efficacy　自我效能

self-report method　自陳法

Rorschach Inkblot Test
羅夏克墨跡測驗

projective technique　投射法

rating method　評定法

──◆ 自我檢測 ◆──

是非題

(　　) 1.人格是個人表現在思想、行為、情緒上的特有組型，是相當持久的、前後一致的、與他人不同的心理與行為特徵。

(　　) 2.佛洛伊德的精神分析論受到的批評是過分強調「性慾」在人格發展中的角色。

(　　) 3.佛洛伊德指出，常見的防衛機制有「退化」，如緊張時吸吮手指。

(　　) 4.人格的形成與發展是遺傳因素與環境因素互動的結果。

(　　) 5.根據佛洛伊德，人格發展依序分為口腔期、肛門期、性器期、潛伏期、生殖期等五個時期，最後一個時期對人格的影響最為深遠。

選擇題

(　　) 6.下列哪一個心理學派重視「潛意識」在人格動力、結構、發展上所扮演的功能？　(A)人本學派　(B)行為學派　(C)心理分析學派　(D)認知學派

(　　) 7.奧波特提出個人的人格特質可分為哪三個不同層次？　(A)主要—中心—次要　(B)內向—外向—中性　(C)嚴謹性—神經質—和善性　(D)口腔期—肛門期—性器期

（　　）8.關於評量人格的工具，下列何者為「非」？　(A)人際關係量表　(B)羅夏克墨跡測驗　(C)主題統覺測驗　(D)學業成就測驗

（　　）9.下列何者為人本心理學大師羅哲斯的人格主張？　(A)提出需求階梯論　(B)認為人有自我實現的潛能　(C)提倡社會認知人格論　(D)潛意識是行為的動力

（　　）10.佛洛伊德認為，為了消滅本我與超我互相衝突而引起的焦慮，便產生　(A)超越自卑　(B)調適與同化　(C)防衛機制　(D)自我實現

◆ 想想看 ◆

1.請向他人描述你自認的人格特質。他人同意你的自我描述嗎？

2.你認為哪些因素對你的人格形成影響最大？為什麼？

3.你認為哪一種人格論最能解釋人類的行為、態度、價值？

4.你曾看過哪些以人格議題為主題而創作的文學、藝術與電影作品？

5.你的人格類型屬於洛特的內在控制型或外在控制型？為什麼？

CHAPTER 13

心理異常

　　在這個錯綜複雜的社會裡，個人在生長與發展中力求適應以求自我潛能的充分實現。雖然多數人都能相當順利地過著正常的生活，然而有不少人由於先天遺傳的不足，或後天環境的不良或特殊個人經驗的結果，引起相當長期的適應困難、認知扭曲、思維乖謬、行為怪異、難以被社會所接受的心理異常症候。本章試圖回答下列問題：

◆ 心理學家如何界定與診斷心理異常？

◆ 在解釋心理異常時，有哪些主要的不同觀點？

◆ 心理異常包括哪類主要症候？

第一節 心理異常的界說與診斷

在日常生活裡，我們偶爾會體驗到一些不平常的心理反應或行為，這些短暫的「失常」現象是正常心理活動的一部分。例如：一個平時鎮定的人也會因要事偶爾焦慮不安；一位樂觀的人也會因事故而憂鬱、寡歡。但是我們不能將這些人一時「有異於平常」的行為視為心理異常 (psychological disorder) 或變態。

一、心理異常的界說

心理歷程或行為要被視為心理異常，至少必須符合下列標準的一部分或全部（參考 Sternberg, 1998）：

1. 統計上屬於不平常者，包括不在平均或多數的行為領域者，但不包括天才或奇才在內。
2. 個人感到適應上有困難者，包括在某些情境內個人的行為功能受到阻礙者（如無法集中思考、無法安眠、感覺焦慮）。
3. 知覺或認知出現扭曲，包括知覺或認知與客觀事實嚴重不符者。
4. 被所處社會文化視為奇異者，包括其不被社會大眾所容忍或接受的行為。

可見，心理異常是指個人在認知、情緒控制與行為上，有相當持續與長期的顯著性紛擾與適應困難的症候。在美國，18 歲以上的人至少有 1/4 合乎以上標準之一而被診斷為心理異常患者。這是多麼可怕的數字與社會問題，因此我們不僅要關心身體的健康，也應重視心理健康的問題。

心理異常與心理正常是兩個相對的概念，但兩者間並無明確界線。其分野端視在同一社會文化環境下，個體行為是否符合眾所期待的行為常規而定；大致符合行為常規者被視為心理正常，過分偏離行為常規者則被視為心理異常。

二、心理異常的診斷

　　2013 年美國精神醫學會 (American Psychological Association, APA) 出版《診斷與統計手冊》 第五版 (*Diagnostic and Statistical Manual* of Mental Disorders, Fifth Edition, DSM-V)，但因受到不少爭議與批評，本書仍依其於 2000 年出版的第四版 (DSM-IV) 所列舉的 297 個心理異常症候 (symptom)，包括五個方面 (dimension)，各別分屬於以下五個主軸 (axes)。根據手冊，臨床心理學家或精神醫師應先為患者的行為找出與手冊中相當的症候，然後為症候或症候群找出相稱的心理異常類別。

主軸一 (Axis I)：臨床症候

　　包括最常見的身心功能逐漸敗壞的心理異常症候，如焦慮症、情緒異常、精神分裂、體化症、解離症、飲食異常、睡眠異常等。

主軸二 (Axis II)：人格異常

　　包括長期而嚴重的人際或社會適應困難症候，如逃避他人或反社會行為。

主軸三 (Axis III)：一般疾病狀況

　　包括與心理異常相關聯的病症，如糖尿病、過敏症、心臟病等。

主軸四 (Axis IV)：心理─社會與環境問題

　　包括足以引起或助長心理異常的社會與環境狀況，如心理壓力。

主軸五 (Axis V)：功能的總體評量

　　評量過去一年內身心功能的發揮程度，量表以 1（症候最嚴重、危險）至 90（症候輕，表現良好、快樂、高成就）代表嚴重程度。

　　一個心理異常患者可能具有一至四個主軸的症候。例如：有一個 17 歲的高中生，有相當嚴重的憂鬱症候，也曾經有過自殺的念頭，因此屬於主軸一；他時有心悸與腹瀉的現象，屬於主軸三；他父親經商失敗、無業在家，父母時常爭吵不已，這些環境中的心理壓力屬於主軸四；他在校的學業表現還算中等，他在主軸五的身心功能總評量結果是 52，但有愈來愈糟的傾向。這一診斷結果，使心理症候的敘述有參照標準，也使不同的心理治療人員有共同的溝通詞彙。

雖說 DSM-IV 能協助專家診斷出個人需要治療的心理或精神症候，並進一步經由治療減輕或移除其適應上的困難或情緒與行為上的紛擾，恢復其正常的人生，是值得參考與使用的工具。不過，曾經有 9 位正常的心理學界人士，假裝聽到不明的聲音，因而申請進入精神病院，並使用 DSM-IV 檢測，結果他們都被列為精神分裂症 (schizophrenia) 患者而送進病院裡。約 20 天左右，病院裡沒有一個人洞察他們是冒充的病患，可見使用此一診斷工具需特別小心，尤其是不可隨意替受測者貼以不當的「標籤」。我國衛服部在 2014 年 5 月函告各醫療院所，將精神分裂症更名為 DSM-V 的「思覺失調症」，此舉有助於去污名化，改善大眾對精神病患者的觀點。

第二節　解釋心理異常的不同觀點

凡事必有其因。心理異常因症候、類別、複雜程度的不同而牽涉不同的原因。到目前為止，經常被用來解釋心理異常現象的觀點或理論有：生理觀、心理觀、社會文化觀、綜合觀。

一、生理觀

由於許多心理異常患者的神經系統或內分泌功能有異常現象，因此持生理觀 (biological perspective) 者認為，遺傳基因的異常是心理症候的主要原因。他們相當成功地舉出與焦慮症、憂鬱症、思覺失調症等症候相關的生理功能失衡現象。由於牽涉到生理功能的缺失，因此這個觀點又稱醫學觀 (medical perspective)。基因研究的神速進步，鎖定了許多與生理疾病相關的心理症候基因，不僅有助於「病理」的客觀診斷，也開拓了可能根治病症的「基因治療」。

二、心理觀

多數心理學家試圖從個人的內在壓力與外在壓力來看心理症候的起因，

持心理觀者又有以下不同的角度：

㈠動力心理觀 (psychodynamic perspective)

動力心理觀就是佛洛伊德為主的心理分析論，試圖以人格結構與其功能的互動來解釋心理的異常現象。其主要看法是：心理異常是個人早期（6歲以前）潛意識衝突的象徵性行為。因此我們所看到的異常行為並非該行為本身的異常，而是代表潛意識裡內在衝突的動力關係。例如：丈夫對妻子的暴力行為，可能不是丈夫有意對太太施暴，而是小時缺乏母愛，乃將其憤怒的反應表達於對太太的暴行上。

㈡學習觀 (learning perspective)

學習觀廣義地將所有異常行為視為學習的結果，其歷程包括古典制約、操作制約、社會學習（模仿）。根據此一觀點，不論是正常或異常行為，都可以經由學習而獲得。例如：對老鼠的恐懼症是制約刺激（如老鼠）與非制約刺激（如大聲）配合出現時所引起的制約反應（怕見老鼠）；憂鬱症是個人接受太少獎勵與過多懲罰所導致的行為意願缺乏的症候；小孩見父母因事焦慮不安、愁眉苦臉，自己遇到類似事件時，也學會以類似行為應對之。

㈢認知—行為觀 (cognitive-behavioral perspective)

認知—行為觀認為，心理異常是個人的扭曲思考與不當行為的結果。個人對自己、對環境常有不合理的評估與詮釋，也因而產生不合理的適應行為。例如，個人將友善的環境誤認為有害的環境，其行為將因而十分不合情理，即使陷入異常而不自覺。

三、社會文化觀 (socio-cultural perspective)

社會文化觀認為個人行為是社會文化鑄造的結果，其意義與價值必須由其社會文化來賦予，因此什麼是美、醜、好、壞、正常與否都是由社會文化來決定。例如：男女見面時相互擁抱，有些社會（歐美）是允許的、有些社

會（如印度）卻是不允許的，因它是「不正常」的；在歐美國家，由於講究「身材」，乃有飲食障礙症候 (eating disorder) 的問題，但在經濟落後的社會裡，少有身材的顧慮，也不至於產生飲食異常的問題了。

四、生理—心理—社會綜合觀

事實上，許多心理異常不容易以單一觀點來解釋其原因。有鑑於此，有人綜合上述的不同觀點，將心理異常看作生理—心理—社會三方互動的結果 (Oltmanns & Emery, 1998)。個人先天的生理缺陷、人格弱點、特殊的社會文化壓力，使個人成為心理異常患者。

第三節　心理異常症候的分類

由於篇幅，本章將依序簡介焦慮症、體化症、解離症、情感疾患、思覺失調症、人格疾患、性心理異常、飲食障礙等八種主要心理異常症候。

一、焦慮症 (anxiety disorder)

焦慮 (anxiety) 是指由緊張、不安、憂慮、恐懼、焦急等感受交織而成的複雜情緒狀態，其主要生理症候有顫抖、冒汗、心跳加速、血壓升高等交感神經系統的激盪。焦慮是面對威脅的適當反應，但焦慮症是因過分焦慮而引起的一類心理異常，是長期而過分的不適當焦慮反應。從同卵雙生兒容易同患有焦慮症來看，焦慮症與基因相關密切 (Van Houtem et al., 2013)。以下簡介主要的焦慮症候。

(一)恐懼症 (phobia)

恐懼症是對毫無危險的人、事、物所產生的誇張與持續的不合理懼怕反應，縱使明知不會受到傷害，也無法控制恐懼的情緒。恐懼症可因對象的不同而概分為單純恐懼症、社交恐懼症、廣場恐懼症。

⑴單純恐懼症 (simple phobia)：對某些特殊事物、情境或活動感到害怕，除此之外一切正常（如懼高症），通常病發於童年時期。

⑵社交恐懼症 (social phobia)：害怕處在必須與他人表現親密行為、人際互動的情境中，社交恐懼症患者並非害怕行為或情境本身，而是在乎他人眼中的自己，多出現於童年後期或少年早期。主要表現為害怕眾目睽睽的場合，如害怕公開演說。

⑶廣場恐懼症 (agoraphobia)：害怕離家外出、害怕獨處、害怕離家後處於無助狀況而無法立即離開該場所，如害怕站在空曠的大街上。是恐懼症中最常見的一種，多在 20 至 40 歲發生。

㈡恐慌症 (panic disorder)

恐慌症是在沒有明顯的刺激情境下突然發生的強烈焦慮症候。它的主要症狀是呼吸短促、大量冒汗、顫抖、心跳急迫等。恐慌症發作的時間由幾分鐘到幾小時不等。

㈢廣泛性焦慮症 (generalized anxiety disorder, GAD)

廣泛性焦慮症是指任何事物或情境都可能引起的持續性焦慮，因此又被稱為游離性焦慮 (free-floating anxiety)。患者的主要症候是緊張、皺眉、忐忑不安、盜汗、口乾、心跳急速、頻尿、洩肚、易分心、失眠、恐懼、有惡兆感、過度警覺等。廣泛性焦慮症就是我們過去常說的神經質 (neurosis)。

㈣強迫症 (obsessive-compulsive disorder, OCD)

強迫症包括強迫思考與強迫行為。強迫思考 (obsession) 是重複出現又揮之不去的不受歡迎思想或心像，這些想法都不是患者本身想要的、那是不愉快的，會產生很高的焦慮；強迫行為 (compulsion) 則是如同被迫的、不斷重複的不合理行為，強迫行為可以暫時降低強迫思考帶來的焦慮，但是也因此而不斷地強化患者去執行強迫行為的動機。躺在床上一夜在憂慮門窗是否忘了上鎖，是典型的強迫思考；與人握手後頻頻洗手，唯恐細菌傳染，是典型

的強迫行為。「清洗」與「查核」是最常出現的強迫行為。

㈤創傷後壓力疾患 (post-traumatic stress disorder, PTSD)

創傷後壓力疾患是指個人身經巨大災變或創傷後，所經驗的長期與持續的焦慮症候。巨大災害常使一些當事人於事後持續出現焦慮、無助感、驚夢、慘痛記憶回閃等症候。1999 年臺灣的 921 集集大地震所帶來的巨大災變與創傷，使許多災民受到各種創後壓力症候的折磨。女性患創後壓力症的比例是男性的 2 倍 (Olff et al., 2007)。

二、體化症 (somatoform disorder)

體化症是由心理問題引起的身體功能異常症候。體化症患者經常訴苦，說這裡痛、那裡麻，認為他們的病痛連醫生也搞不清楚，卻「沒有」病痛的生理基礎。常見的體化症有：轉化症、慮病症、體畸症。

㈠轉化症 (conversion disorder)

轉化症是患者訴說有局部麻痺、失明或失聰的症狀，但醫生無法找出確切的生理病理者。由於沒有確切的生理病理，卻有身體功能異常的症狀，乃被認為它是心理問題「轉化」為生理病症的結果，在臨床上稱為「功能性」或「心因性缺失」。在古希臘，它被稱為歇斯底里症 (hysteria)。

㈡慮病症 (hypochondriasis)

慮病症是患者對自己的健康過度關懷與憂慮，乃將對輕度的身體反應(如咳嗽、略感冷暖不適、覺得心跳不勻等)，看作嚴重病症的徵候。患者如果不能從醫護人員證實其所關切的病症，他們從不因此輕易罷休。

㈢體畸症 (body dysmorphic disorder, BDD)

體畸症，又稱想像醜樣症 (imagined ugliness)，是有平均或中上面貌者，卻認為自己的面貌畸形，深感醜惡、難看。不幸，許多患者竟因此求救於整

形外科，希望化醜為美，不知癥結是屬於心理問題。

三、解離症 (dissociative disorder)

解離 (dissociation) 是指個體無法在意識層面上統合或運用認知、情緒、動機和其他的生活經驗（陳皎眉，2010）。解離症是個人的思考、記憶、情緒、自我認同等完整心理歷程一時瓦解的症候。當事人以解離的心理作用，將存在於個人記憶中的痛苦，或將可能出現在意識中的慾念與不為社會認可的衝動，從意識中解離出去，藉以保衛自己（自我防衛機制），但卻因解離而喪失了自我統合作用，終而形成心理異常現象。主要的解離症包括解離性失憶症、解離性漫遊症、解離性認同疾患（又稱多重人格疾患）、非個人化異常。

(一)解離性失憶症 (dissociative amnesia)

又稱心因性失憶症 (psychology amnesia)，是指沒有生理原因之下的失憶症候。忘記自己的姓名、住址、生日等與自己相關的記憶，是解離性健忘症的特徵。此症患者的一般知識（如國父紀念館的地點）與技能（如開車）並不至於被遺忘。其遺忘通常不是由生理因素（如腦傷或記憶力退化）所引起的，而是曾遭受重大打擊造成內心重大的悲痛，使患者對創傷產生自我防衛機制，而有某段時間記憶空白，以逃離所受的創傷。

(二)解離性漫遊症 (dissociative fugue)

相較於解離性失憶症，解離性漫遊症的症狀更嚴重也更具全面性（陳皎眉，2010）。解離性漫遊症是個人突然離家或離開工作崗位，「旅遊」到另外一個地方，並把自己的過去完全遺忘的症候，事過復原之後，患者並沒有任何迷遊的記憶。患者可能突然離開妻子兒女，到另外一個城市住下，忘了自己是誰，取個新姓名，找一份新工作，甚至結個新婚。但和解離性失憶症相同的地方在於，解離性漫遊症的患者也會突然回憶起自己原來的身分。目前對於其病因，較傾向認為可能是由於創傷事件造成的。

㈢解離性認同疾患 (dissociative identity disorder, DID)

解離性認同疾患原稱多重人格疾患 (multiple personality disorder)，是個人具有 2 個或 2 個以上不同人格的異常狀態。患者的多重人格彼此互異，甚至極度相反。不同人格之間至少有 1 個人格不認識其他人格，其餘則有模糊的相互認知。

每一種人格都擁有自己的記憶和特性，彼此的記憶和意識是分離的。多數認為其成因是童年時期的經驗創傷所造成的，如性虐待或身體虐待。例如：2019 年，珍妮・海尼斯 (Jeni Haynes) 控告其父在她幼時對她實施長達 7 年之久的強暴與虐待。為了從痛苦中解脫，珍妮在幼時發展出 2,500 個人格，分別承受不同的受虐記憶。「交響樂」是珍妮為了逃避被性侵的痛苦而產生的第一人格，珍妮告訴 BBC 記者：「她承受了所有虐待，爸爸以為他在虐待珍妮，實際上是虐待交響樂。」後來「交響樂」也開始創造其他人格以抵抗不同的虐待行為。

㈣非個人化異常 (depersonalization disorder, DPD)

非個人化異常是一種體外經驗 (out-of-body experience)，個人持續感到自己離開軀體，成為自我個體的旁觀者。這如同我們常說的「魂不附體」一樣。

四、情感疾患 (affective disorder)

指無特定事故卻罹患長期而嚴重的情緒紛擾症候。喜怒哀樂等心理狀態稱為情緒 (emotion)，情緒表達於外時稱為情感 (affection)，一般人情感的變化總在一個限度內，如悲傷過一段時間會自動消褪；若悲傷久久不能消失以致影響生活功能時，就可能患有情感疾患。由於患者在心情上都是痛苦的，故而也稱為情緒異常 (mood disorder)。情感疾患可分為憂鬱症、輕鬱症、雙極性情感疾患三類。

㈠憂鬱症 (major depressive disorder)

憂鬱症又稱單極性情感疾患 (unipolar mood disorder)。患者長期感到消極、悲觀、內疚、易怒、興趣缺乏、缺乏自尊、無法專心、食慾不振、疲憊、精神萎靡、動作遲緩、產生幻覺並有自殺念頭等。憂鬱症多自青春期開始，至中年期達最高峰 (Lewinsohn et al., 1986)。一般而言，女性比男性多患有憂鬱症，這跟女性賀爾蒙失調、心裡不斷牽掛不快情緒，以及社會無力感或依賴性有關。自殺 (suicide) 對於長期受憂傷、抑鬱、絕望等折磨的患者來說，是可預期的唯一「出路」或「結局」(Shneidman, 1996)。絕望 (hopeless) 心境是預測自殺的最佳單一變項。

㈡輕鬱症 (dysthymic disorder)

於 DSM–5 中又稱為持續性憂鬱症 (persistent depressive disorder)，是指 DSM–IV 中定義的慢性憂鬱症 (chronic major depressive disorder) 和輕鬱症兩者合併的現象。輕鬱症是比憂鬱症較為長期（2 年以上）但輕微的憂鬱症候。其主要症狀有：食慾不振或過食 (overeating)、睡眠不足或過睡 (hypersomnia)、感覺疲憊、無法專心、失望、猶豫不決等。患者總覺得自己無用，即使有了成就也不因而感覺開心。

㈢雙極性情感疾患 (bipolar disorder)

雙極性情感疾患過去稱為躁鬱症 (manic depressive disorder)，是狂躁 (mania) 與憂鬱 (depression) 交互出現的一種長期而嚴重的情緒紛擾症候。

雙極性情感疾患分成第一型雙相情緒障礙症 (bipolar I disorder) 與第二型雙相情緒障礙症 (bipolar II disorder)。它們的差別在於第一型由狂躁及輕鬱組成，而第二型由輕躁及重鬱組成。

▼表 13–1　躁期與鬱期的內涵

躁期	產生極度愉悅的情緒，可能被形容為興奮的、有活力的、狂喜的、衝動的等，患者也會表現出許多與亢奮情緒相關的行為，包含自我膨脹、多話、自制力降低、危機感降低等
輕躁	患者感覺特別有活力、有創造力，且能維持正常生活，許多患者會留戀處於輕躁期的感覺
狂躁	會損及患者的認知能力，並可能產生妄想、幻覺與認知扭曲，有時也會做出不可理喻的行動或決定
鬱期	感到憂鬱，包含悶悶不樂、傷心、做任何事都提不起勁、自我厭惡等
輕鬱	感到不想講話、睡眠時間變長、經常性地哭泣、自暴自棄、想自殺的念頭等
重鬱	除了感到憂鬱之外，也有可能感到失去生存的能力，產生自殺念頭，或將自殺付諸行動等

　　患者有一星期以上的狂躁症候，例如：歡騰、欣快、自信、行為亢進、語思飛快、容易分心等；隨後可能有一段正常的情緒；然後突然出現相當時日的憂鬱症候，如憂傷、抑鬱、絕望等。荷蘭畫家梵古、德國作曲家修曼與韓德爾、美國作家海明威與馬克吐溫等傑出的藝術家，都是雙極性情感疾患的患者 (Jamison, 1993; Ludwig, 1995)。

五、思覺失調症 (schizophrenic disorder)

　　在許多心理異常的症候中，思覺失調症是最為嚴重的一類。思覺失調症是指思想與認知嚴重扭曲、與現實世界脫節、言行怪異的症候。思覺失調症的主要症狀是：思想雜亂、語言雜亂、富於妄想、幻覺（沒有刺激卻有感覺）、情緒紛擾、動作怪異等。思覺失調症目前尚無法確認病因，但臨床上認為此類症候與基因有關，而有家暴史的青少年更容易發生思覺失調 (Matheson et al., 2013)。思覺失調症可分為三種主要型式：妄想型、僵直型、錯亂型。

㈠妄想型思覺失調症 (paranoid schizophrenia)

　　妄想型思覺失調症是患者有高度的被迫害妄想與自大妄想：以為自己地

位重要,「敵人」不肯放過,懷疑敵人時刻設法謀害或壓迫自己。

(二)僵直型思覺失調症 (catatonic schizophrenia)

僵直型思覺失調症患者有明顯的動作紛擾問題,不是毫不動彈地維持某一姿勢達數小時之久,就是如同蠟像地讓人隨意擺布姿態。

(三)解構型思覺失調症 (disorganized schizophrenia)

解構型思覺失調症患者的思考缺乏邏輯、言語前後不一致、情緒表達過分誇張、妄想與幻覺瑣碎不全、動作怪誕而幼稚、多自我獨語與嬉笑。

六、人格疾患 (personality disorder)

人格疾患是指個人適應不良的症候。患者容易有自我身分混淆不清、人際關係功能失效等危機。以下介紹強迫型、分離型、迴避型、邊際型、反社會型等主要症候。

(一)強迫型 (obsessive compulsive type)

強迫型患者過度聚焦於瑣事、細節,表現出過度剛愎、自負、頑固、固執的道德主張。

(二)分離型 (schizoid type)

分離型患者思想與行為古怪、離奇,而且心境相當混淆。

(三)迴避型 (avoidant type)

迴避型患者深恐受到屈辱或被拒絕,因而抑制自己與他人的人際關係。

(四)邊際型 (borderline type)

邊際型患者有高度情緒化、衝動化的現象,經常感到空虛,深恐遭受他人的拒絕。

(五)反社會型 (antisocial type)

反社會型患者自視高傲，持續侵犯他人的權利，做出違紀犯法之事，事後毫無憂傷、悔意或內疚。

七、性心理異常 (sexual disorder)

性心理異常是指個人在性功能、性滿足對象或性別認同上的異常症候。主要的性心理異常有：性功能異常、錯愛症、性別認同異常三類。

(一)性功能異常 (sexual dysfunction)

性功能異常是缺乏正常的性生理反應。性功能異常有：勃起困難、性興奮異常、性慾異常、性高潮異常、早洩等不同症候。

(二)性偏好症 (paraphilic disorder)

性偏好症是從不尋常的對象或情境獲得性興奮的性行為異常。根據美國精神醫學學會《精神疾病診斷與統計手冊》第四版（修訂版）（*Diagnostic and Statistical Manual of Mental Disorders*，簡稱 DSM-IVTR），性偏好症的特徵為出現重複且強烈的性喚起，呈現在幻想、衝動或行為上，且持續至少 6 個月，並涉及(1)非人類物體、(2)自己或伴侶產生痛苦或羞辱感，或(3)兒童或其他未經同意者，其重點在於幾乎任何行為都可能具有情慾意義。常見的性偏好症有：戀物癖、偷窺癖、裸露癖、摩擦癖、戀童癖、嗜動物癖、性虐待狂、性受虐狂等症候。

(三)性別認同疾患 (gender-identity disorder)

性別認同 (gender identity) 是指對自己身為男性或是女性的認知，並且同時發展出相應的性別特質，透過生物學、家庭以及社會文化等因素共同彙集的成果。性別認同疾患則是一種強烈而持續性地對自己的生理性別感到不舒服，或對屬於自己性別的角色感到不適切，在心理上無法認同自己與生俱來

的性別，並相信自己應該屬於另一種性別。

八、飲食障礙 (eating disorder)

在富裕的社會裡，人們豐衣足食、營養豐富，因而有過度肥胖的問題。一般人都相對瞭解自己的胖瘦程度，只不過在一個追求時尚、崇尚苗條的女性生活圈裡，一些女子容易患所謂的飲食障礙。主要的飲食異常有三：厭食症、暴食—嘔吐症與暴食症。

(一)厭食症 (anorexia nervosa)

厭食症患者對自己的身材有相當嚴重的曲解，總覺得自己過胖，乃有強迫性的減肥行為（如禁食、食用減肥藥物），即使身體已經骨瘦如柴，仍覺不夠苗條、性感或誘人，於是百般節食。嚴重的患者因極度消瘦、虛弱，可能有致死的危險。

(二)暴食—嘔吐症 (bulimia nervosa)

暴食—嘔吐症患者也極度關切自己會過胖、深怕身材不夠苗條，卻又阻止不了自己暴食的衝動，乃於暴食後立即以人工方式使自己上吐（如摳喉嚨）或下瀉（吃瀉藥）。這類患者暴食後立即感到內疚、不安，因此設法將吃進的食物儘快排出體外。

(三)暴食症 (binge-eating disorder)

暴食症患者受不了食物的誘惑與不斷進食的內在衝動，因而大量進食，即使體重不斷增加，乃至過度肥胖。這類人的自我觀（對自己的評價）偏低，常有憂鬱或焦慮感。而進食會使憂鬱或焦慮感因而減輕。

飲食異常症候與遺傳有關，它也來自比較嚴謹、重視競爭與成就的家庭，當然也與講究體態美的社會環境脫離不了關係。在經濟比較落後的貧窮社會裡，就沒有所謂的飲食異常問題了。

本章摘要

1. 心理異常是：在統計上屬於不平常者；在適應上有困難者；在知覺或認知上有扭曲現象者；被所處社會文化中視為奇異者。

2. 根據 DSM-IV，心理異常症候可分類為臨床症候、人格異常、一般疾病狀況、心理—社會與環境問題、功能的總體評量等五個主軸。

3. 被用來解釋心理異常現象的主要觀點或理論有：動力心理觀、學習觀、認知—行為觀、生理觀。

4. 主要的焦慮症有：恐懼症、恐慌症、廣泛性焦慮症、強迫症、創傷後壓力疾患。

5. 主要的體化症有：轉化症、慮病症、體畸症。

6. 主要的解離症有：解離性失憶症、解離性漫遊症、解離性認同疾患、非個人化異常。

7. 情感疾患有：憂鬱症、輕鬱症、雙極性情感疾患。

8. 思覺失調症有：妄想型思覺失調症、僵直型思覺失調症、解構型思覺失調症。

9. 人格疾患有：強迫型、分離型、迴避型、邊際型、反社會型。

10. 主要的性心理異常有：性功能異常、性偏好症、性別認同疾患。

11. 飲食障礙有：厭食症、暴食—嘔吐症、暴食症。

重點名詞

psychological disorder	心理異常	psychodynamic perspective	
biological perspective	生理觀	動力心理觀	
medical perspective	醫學觀	cognitive-behavioral perspective	
learning perspective	學習觀	認知—行為觀	
socio-cultural perspective	社會文化觀	phobia	恐懼症
eating disorder	飲食障礙	panic disorder	恐慌症
anxiety disorder	焦慮症	generalized anxiety disorder. GAD	

廣泛性焦慮症

obsessive-compulsive disorder, OCD
強迫症

post-traumatic stress disorder, PTSD
創傷後壓力疾患

somatoform disorder　體化症

conversion disorder　轉化症

hypochondriasis　慮病症

body dysmorphic disorder, BDD
體畸症

dissociative disorder　解離症

dissociative amnesia　解離性失憶症

dissociative fugue　解離性漫遊症

dissociative identity disorder, DID
解離性認同疾患

depersonalization disorder, DPD
非個人化異常

affective disorder　情感疾患

major depressive disorder　憂鬱症

dysthymia disorder　輕鬱症

bipolar disorder　雙極性情感疾患

schizophrenic disorder　思覺失調症

personality disorder　人格疾患

sexual disorder　性心理異常

◆ 自我檢測 ◆

是非題

（　　）1. 強迫症是一種焦慮症候。

（　　）2. 覺得半臉麻痺，但找不出生理病因，是患了一種解離症。

（　　）3. 心理異常者必須符合五個症候主軸。

（　　）4. 持生理觀者認為心理異常與基因有關。

（　　）5. 廣泛性焦慮症患者只對特定事物或情境產生焦慮。

選擇題

（　　）6. 為門上了鎖，卻老是不放心，一夜起來檢查 4、5 次，可能是患了
(A)恐懼症　(B)偷窺癖　(C)強迫症　(D)體化症

（　　）7. 一些 311 日本東北部大地震與海嘯的逃生者，感到焦慮、無助、
驚夢、慘痛記憶回閃，這是患了　(A)恐懼症　(B)思覺失調症　(C)
解離症　(D)創傷後壓力疾患

（　　）8. 有平均面貌者反而深感自己醜得難看，可能是患了　(A)體化症
(B)解離症　(C)妄想症　(D)體畸症

（　　） 9.暴食症患者的特徵是　(A)愛好美食　(B)喜歡飽食終日　(C)無法遏止頻頻大量進食的衝動　(D)進食動作粗暴

（　　） 10.屢次侵犯他人的權利或違法而無悔意或歉意者，是患了　(A)強迫型人格　(B)反社會型人格　(C)分離型人格　(D)邊際型人格

◆ 想想看 ◆

1.為什麼不同社會文化對心理異常有不同的看法？

2.在校園裡外的嚴重霸凌施暴者，與哪一類心理異常相近似？

3.不敢上臺講演者，可能有哪些心理問題？

4.為什麼許多藝術家是雙極性情感疾患患者？

5.為什麼心理社會綜合觀較能解釋心理異常症候？

CHAPTER 14

治療與保健

　　我們身體有病必須看醫生，以恢復身體的正常功能；心理異常也應該求教於心理或精神治療專家，以克服心理與行為上的困難。目前治療心理異常的方法很多，其中一些方法之所以能夠在臨床上中被廣泛應用，必有其合理的理論基礎與令人信服的治療功效。本章試圖回答下列問題：

◆ 何謂心理治療？由何人提供心理治療？

◆ 目前有哪幾種心理治療法？其效益如何？

◆ 目前有哪幾種生物醫學治療法？其效益如何？

◆ 如何保健以增進心理健康？

第一節　心理療法

　　個人一旦罹患心理異常症候，除依靠自己的信心與毅力來改善身心功能外，如能獲得專業人員從旁協助治療，可以避免症狀的惡化，也可加速康復。治療心理異常有兩種可以互補的策略，一是心理治療 (psychotherapy)，另一是醫藥治療。心理治療是由受過專業訓練的治療人員，例如：臨床心理學家、精神科醫生、諮商心理學家、精神科社工人員等，應用心理原則與心理技巧，協助心理異常患者改善其思考、情緒或行為。

　　心理治療人員各有其不同的訓練與實習經驗，因此常代表不同的治療策略。主要的心理治療策略有：精神分析療法、行為療法、認知療法、人本療法。

一、精神分析療法 (psychoanalytic therapy)

　　精神分析療法是經由自由聯想與夢分析等技巧，藉患者對不快思想或記憶的抗拒或轉換現象，以探索尚未解決的潛意識衝突的一種治療法。精神分析治療師的任務是闡釋，其技巧是自由聯想與夢分析，其注意的轉機點是抗拒與移情，其目的是從不斷地闡釋中協助患者領悟現在行為的問題根源。因此，精神分析療法是一種領悟療法 (insight therapy)。

(一)自由聯想 (free association)

　　自由聯想是讓患者仰臥在舒適的沙發上，在輕鬆的情況下說出自己想說的話，不予評斷、不加阻止，更不直接詮釋。治療者坐在背後傾聽，希望從片段敘述中找出整個問題的面貌。在自由聯想的過程中，若患者藉口遺忘或抗議治療過程，試圖迴避痛苦的、衝突的、引起焦慮的思考或記憶，稱為抗拒 (resistance)。抗拒被認為是患者防止威脅性思考回到意識界的防衛性做法，因此治療者必須趁機從抗拒的「蛛絲馬跡」中，尋找干擾患者心理的潛伏「根源」。

㈡移　情 (transference)

移情是患者將他們與其父母或重要親屬間的情感關係「轉移」到他們與治療師之間。患者有時對治療師友善、熱情或愛慕，就稱之為正移情 (positive transference)；有時則對治療師表達憤怒或憎恨，稱之為負移情 (negative transference)。移情與抗拒是治療師所特別注意與等待的時機，也是治療過程中的關鍵。

㈢闡　釋 (interpretation)

精神分析治療師的重要任務是闡釋，是治療師將患者的思考、情緒、行為的「內在意義」予以解釋的歷程。闡釋的目的是協助患者增加對自己問題的領悟——使患者能從意識界去瞭解潛意識裡的衝突，進而勇於面對兒時親子間的關係。潛意識裡的衝突若能被搬到意識界裡去重新面對、處理與解決，心理異常症候可以因而獲得「根治」。

近年來使用的短期心理動力療法 (short-term psychodynamic therapy)，除重視潛意識衝突外，治療的目的更為具體明確，時間也大為縮短（每週一次，數月中完成），患者與治療師改為面對面交談，治療師的作為也更加直接與積極，患者症候也因而改善很多 (Cortina, 2010)。

二、行為療法 (behavior therapy)

行為療法根據學習原理直接改變患者的異常行為。此法假定所有心理異常症狀是由學習而獲得的。所謂治療，是將學來的異常行為予以改變、修正或消止，或學習新的適應行為去取代舊的不適應行為。因此行為治療不外是古典制約、操作制約、模仿三種行為學習原理的應用。常用的行為療法有：系統減敏法、洪潦法、厭惡制約法、代幣法、模仿法、社會技巧訓練。

㈠系統減敏法 (systematic desensitization)

系統減敏法是逐步消減恐懼症中焦慮部分的一種治療法 (Wolpe, 1990)。

此法的主要策略是以輕鬆取代焦慮。個人在面對刺激時，不能同時有輕鬆與焦慮兩種不相容的反應。系統減敏法便利用這個原理，訓練患者於面對原來引起焦慮的刺激時，以新反應（輕鬆）逐漸取代舊反應（焦慮）。

㈡洪潦法 (flooding)

系統減敏法採用漸進式治療歷程，但是洪潦法要求患者直接面對高度的焦慮情境（一如洪水泛濫），若個體能「熬過」高恐懼情境的衝擊，則較弱的恐懼情境對個體來說不再產生焦慮。例如：讓怕狗的人上街收養被棄養的野狗。使用洪潦法必須考慮患者對焦慮的擔負能力。

㈢厭惡制約法 (aversive conditioning)

厭惡制約法使用古典制約，使患者對產生異常行為的刺激感到厭惡，因而抑制異常行為的發生。例如：為了治療酒精中毒，在酒裡滲入無害的藥物，使患者飲用後頭暈與嘔吐，幾次後見酒就感到厭惡而迴避它。

㈣代幣法 (token economy)

代幣法是使用具有取代價值的籌碼或代幣作為增強物，以增強理想行為的一種治療法。使籌碼或代幣具有十足的「幣值」，患者可以用來兌換所需物品或禮遇（如糖果、觀賞電影）。在醫院裡，它提升了思覺失調症患者的活動與合作行為 (Navid et al., 1997)，也改善了青少年罪犯的行為 (Kazdin, 1982)。

㈤模仿法 (modeling)

模仿法是要求患者觀看他人的「合理行為」後，在類似或相同的情境中仿效之。經由觀察與模仿，若患者覺得「人家能做的，我也能做」，則自我效能提高了，適應相關刺激的能力也因而增強。模仿法對治療恐懼症有很大的功效。

㈥社會技巧訓練 (social skills training)

社會技巧訓練是增強人際關係處理能力的一種治療法，旨在教導患者如何清楚地表達自己、如何維持適當的眼接觸、如何保持人際關係。為此，它訓練患者觀察與模仿合理的人際關係模式，在各種模擬或實際情境下演練人際技巧，並且使用獎勵以增強社會技巧的學習。研究顯示 (Benton & Schroeder, 1990)，思覺失調症患者在接受社會技巧訓練後，他們在公眾之前表現得更為舒適與安逸。這種訓練頗有助於改善憂鬱、羞澀、社會焦慮、精神分裂的症候 (Penn & Mueser, 1996)。

三、認知療法 (cognitive therapy)

行為療法對減輕行為症狀著有成效。唯，許多心理學家對治療心理問題更為熱衷，認為「人們如何想，便會如何做」，因此若能矯正患者對事物的想法，必然影響患者的行為症候。認知療法要求患者認清並改變不適應的想法與信念 (Beck, 1995)。目前比較著名的認知療法有：貝克的認知療法與艾理斯的理情療法。

㈠貝克的認知療法

貝克 (Beck, 1991) 認為被扭曲的認知是不合理的，其相關行為也因此沒有適應功能。例如：憂鬱症患者多以消極與悲觀的眼光看世界，認為「一切錯在自己」、「我沒什麼希望」。貝克的認知療法旨在協助患者瞭解其認知的扭曲，並重新調整其對事物的解釋，以恢復正常的適應行為。例如：貝克會問患者：「你這個想法有沒有事實作為根據？」「這到底是事實，還是你對事實的解釋？」「對這個情境，你能不能提供另一種看法？」從患者的回答中可以發現他們扭曲認知的方式。

認知療法與行為療法結合而成認知行為療法 (cognitive-behavior therapy, CBT)，對焦慮症與憂慮症頗有療效 (Hofman & Smits, 2008)。

㈡艾理斯的理情療法

艾理斯 (Ellis, 1989) 認為，心理的煩惱並非由於事故本身所引起，而是個人對事故的僵固與不合理的解釋所引發。艾理斯使用 A–B–C 模式作為他的治療理論基礎。A (activating event) 是引發的事件，B (belief) 是個人的信念對事件所做的解釋，C (emotional consequence) 是由信念所導致的情緒後果。假如你的情人突然向你分手（屬於 A），你自責「瞎了眼」才會交上這個狠心人（屬於 B），於是你為此傷心欲絕（屬於 C）。在艾理斯看來，這種人簡直「庸人自擾」、「自討苦吃」。

根據這個觀察與推論，他創用理情療法 (rational-emotive therapy, RET)。此法鼓勵患者向自己的非理性信念挑戰。例如：治療者直率地質問患者：「誰說你有錢就會幸福？」「你對老闆那麼忠誠，他就不可能解雇你？」這種積極的、指導的治療法，促使患者看出不合理的信念導致不適應的行為。他甚至要求患者走出他們的舒適圈，做出從未嘗試過的事。例如：他要求一位容易害羞的婦女在地鐵車廂裡高歌一曲，看看會「羞」到哪裡去？

現今的理情療法 (Albert Ellis Institute, 1997) 不只改變非理性的信念，而且也落實行為的改變，此法已被改稱為理情行為療法 (rational-emotive behavior therapy, REBT)，此法對治療憂鬱症、社交恐懼症及其他焦慮症效果良好 (David et al., 2008)。

四、人本療法 (humanistic therapy)

人本心理學強調「人」的自我觀與自我潛能的實現，主張給予個人溫暖、和睦、真摯、接納的環境，使他有自我實現的可能。基於這個樂觀的人性論，人本療法旨在反映個人的主觀感受，並提供自我實現的社會環境。目前有顯著成效的人本療法包括個人中心療法與完形療法。

㈠個人中心療法 (person-centered therapy)

羅哲斯 (Rogers, 1951, 1974) 的個人中心療法試圖提供溫暖與接納的環

境，以利個人自我探索與自我表達。為達成這個目的，羅哲斯認為治療性環境必須具備三個要素：(1)同理性理解（確認個人的經驗與情感，以其觀點為出發點）、(2)無條件積極關注（真誠地接納與尊敬個人的價值與目標）、(3)真摯（開誠布公、不做作、不虛假）。

　　既然是以個人為中心的治療法，治療師就不該扮演指導員、導師或參謀的角色，而是個人的促進師 (facilitator)。既然是促進，治療歷程要讓個人在沒有恐懼、沒有分析、沒有批評，也沒有打斷的溫和與接納的氣氛中，瞭解自己在此時此地的真正感受，認清真實的自我，並看準自己的前程。在這種大前提下，治療師要如同一面鏡子，真實地反映患者的個人感受。有了上述治療過程，個人才能自由自在地看清自己、實現自我。

㈡完形療法 (Gestalt therapy)

　　帕爾斯 (Perls, 1969) 與羅哲斯一樣，認為治療的目的是在促使個人負起自己的生長與發展的責任。他創立完形療法，藉以激發患者表達真正的感觸，將人格互相衝突的部分重新統整，成為完整的一體。為此他毫不客氣地要個人真誠地對事件表態。例如：他問：「你是需要那樣做，還是你願意那樣做？」「你沒法拒絕，還是不願拒絕？」「每次提起性生活，看你全身緊張的樣子，還說你的性生活挺好的，真的嗎？」這類詢問，能大大地提升個人對感觸的體驗與覺識。

五、團體療法 (group therapy)

　　團體療法同時對一群患者在團體情境中進行治療。團體療法因能同時治療多人，省時省事又省錢。更重要的是：團體成員可以感到自己不是唯一的受害者；可以分享經驗與感受；可以獲得社會支持；可以安心地學習社會技巧；有機會模仿治癒者的適當行為。雖說如此，有些個人重視隱私，有些患者需要專一的注意，對這一類的人來說，團體療法便不適宜。

　　團體療法中，治療師的主要任務是選擇成員、確定治療目的、維持進程與秩序，並且防止意外。由於團體成員扮演相當程度的相互治療工作，他們

應該坦述自己的問題、分享經驗、交換觀點、討論適應策略、彼此接納與相互支持。至於採用何種治療技巧或策略，要看症候的性質與患者的人格特質。前面介紹的各種療法可以單獨採用，也可彈性地綜合使用。在此簡單介紹敏感訓練、夫妻治療、家庭治療。

(一)敏感訓練 (sensitivity training)

敏感訓練要提升個人對自己與他人的需求、情緒、看法的感應程度。社會上，許多商人只看準顧客的錢包，父母只關心子女的學業成績，公司只管員工的生產力，夫妻只顧各自角色的扮演，至於顧客、子女、員工、夫妻等的個人需求、感受、觀點等多被無情地忽略，連自己人生的基本需求也被鈍化了。敏感訓練藉團體聚集的機會，抒發個人對己與對人的感受，表達自我與對人的需求，陳述對己與對人的觀點，使團體成員重新建立一個既瞭解自己又關切別人的團體。例如：在一次敏感訓練中，與作者同組的一位女同學突然禁不住地哭泣起來，她訴說男同學蓋瑞冷漠地忽略她屢次送出的親近訊息。蓋瑞一時愣住，一面否認他的冷漠，一面對自己的「遲鈍」表示抱歉。訓練一結束，兩人便開懷地暢談起來。

(二)夫妻治療 (couple therapy)

夫妻治療是改善夫妻間的溝通並協助解決夫妻間衝突的一種治療方式 (Markman et al., 1993)。夫妻間缺乏溝通或溝通困難是婚姻問題的癥結之一。夫妻相處久了，彼此的語言溝通逐漸減少，誤會也因此日漸增多。在溝通時，或則不能傾聽，或則時常打岔，彼此的訊息溝通變成十分困難。因此，夫妻治療非常重視溝通上的訓練。夫妻相處的另一問題是彼此間存在一些衝突。衝突或許難免，但可以經由處理技巧的改善使衝突減少，使傷害減輕。

(三)家庭治療 (family therapy)

家庭治療以家庭為一個系統或單位作為治療的對象。有人誤以為，只要找出家中的「癥結」並予以處置，家庭就可以平安無事。事實上，許多個人

的心理問題是家庭功能瓦解的產物。家庭失和、夫妻反目、父母酗酒、子女乏人照顧等都可能影響家庭成員的心理健康。為此，家庭治療多採用系統策略 (system approach)，觀察與分析家庭成員間的人際動力關係，提供較合理的家庭生活環境，以增進個人的生長與發展 (Mikesell et al., 1995)。

六、心理治療的效果

心理異常患者接受心理治療到底有效嗎？答案是肯定的 (Baker et al., 2008)。所有療法都獲得相當令人滿意的效果，接受治療者比未接受治療者在症狀上獲得顯著的改善。這個令人鼓舞的結論受到另一個研究的支持。塞利格曼 (Seligman, 1995) 利用《消費者報告》(*Consumer Reports*) 所主持的調查資料，由 22,000 位讀者的回答資料中發現，86% 的人接受心理治療後感到好轉，89% 的人對治療經驗感到滿意，所有治療師（精神科醫生、心理學家、精神醫學社工員）都同等有效。

心理治療果然有效，到底有效治療的共同特徵是什麼？綜合說來，有效治療的共同特徵是：治療師與患者有共同願望並且相互支持。多年來心理治療師一直期待自己的專業能協助患者恢復應有的心理健康；心理異常患者也莫不希望經由專家的治療後，能早日「脫離苦海」過正常的生活，或回到事業的崗位上，以維護自己的尊嚴。心理治療在兩相情願與相互期許之下，使達成治療效果更加容易。

治療師所提供的關懷、溫暖、信賴、接納、鼓勵等治療性環境，給予患者莫大的支持與激勵；患者以陳述、自我揭露、誠實答問等方式提供充分的合作，使治療師的專技得以施展。心理治療對心理病患來說有如黑暗中的一盞明燈，是希望所寄，因此患者在參與治療活動時能全力配合。

現在資訊業既發達又普及，可否透過電腦或手機由治療師協助進行心理治療呢？答案是肯定的。起碼可以利用電腦進行心理評量，蒐集關係個人的心理、行為、生活資料，以便由專家做事前的分析、瞭解與診斷，甚至在網上面談。網上治療已被證實對焦慮一類的症候有治療效果 (Hirai & Clum, 2005)。不過，在網上做治療並不是真的面對面的實境治療，無法深入地感受

彼此的思想、情緒或行為，治療的成效不免受到影響。再者，任何個人資料一旦上網就有被竊的可能，對患者來說，可能是雪上加霜，實在值得三思。

第二節　生物醫學治療

研究藥物如何影響心理歷程與心理異常的心理藥理學 (psychopharmacology)，近年來迅速地成長。現今，以生理醫學治療心理異常的方法可大別為三類：藥物療法、電療法、心理外科手術。

一、藥物療法 (drug therapy)

藥物療法是利用藥物以改善心理異常症候。治療心理異常的藥物可歸納為五類：抗焦慮藥物、抗憂鬱藥物、穩定情緒藥物、抗精神病藥物、增進性興奮藥物。

(一)抗焦慮藥物 (anti-anxiety drug)

抗焦慮藥物是用以治療焦慮的鎮靜劑。其主要作用是壓抑中央神經系統的活動，從而減少交感神經系統的影響。現今較普遍使用的鎮靜劑有 diazepam (Valium)、chlordiazepoxide (Librium)、alprazolam (Xanax)。這三種藥都有理想的鎮靜效用，其上癮與困頓等副作用比較輕微。這類藥物並不是沒有安全問題，若與酒精混合使用，有致命的可能；其副作用包括口乾、頭輕、語言不清、動作遲鈍等；停用後有短暫但強烈的反彈性焦慮 (Julien, 1992)。晚近上市的 buspirone (BuSpar)，藥性比較柔緩，副作用也更為輕微。

(二)抗憂鬱藥物 (anti-depressant drug)

抗憂鬱藥物是刺激大腦增加正腎上腺素 (norepinephrine)、血清緊素、多巴胺酸 (dopamine) 等神經傳導物，以減輕憂鬱症候的藥物。目前有兩種廣泛應用的抗憂鬱藥物：imipramine (Tofranil) 與 fluoxetine (Prozac)。Tofranil 可以

增加正腎上腺素或血清緊素，以提升情緒反應、改善憂鬱症候，但有口乾、便祕、視覺模糊、疲憊等副作用。Prozac 可以阻止血清緊素離開神經觸處，從而保持適度情緒反應、避免憂鬱症候。

(三)穩定情緒藥物 (mood stabilizer drug)

穩定情緒藥物是使雙極性情感疾患（躁鬱症）患者不再有狂躁與憂鬱交互出現的一種藥劑。多年以來，鋰 (lithium) 一直被用來治療雙極性情感疾患，對穩定情緒有良好的成效 (Schou, 1997)。服用成藥碳酸鋰 (lithium carbonate) 會口渴、多尿、疲倦、顫抖、記憶喪失等副作用。根據一項研究 (Dixson & Hokin, 1998)，鋰有控制麩氨酸鹽 (glutamate) 的功能，以適量的麩氨酸鹽來維持正常的情緒，因為它的過量或缺乏分別引起狂躁或憂鬱的症候。有一種原用以治療癲癇症的藥物迪巴叩特 (Depakote)，對碳酸鋰治療無效的雙極性情感疾患患者有良好的療效 (Jefferson, 1995)。

(四)抗精神病藥物 (anti-psychotic drug)

抗精神病藥物是逐漸減少過分活動、思想混淆、妄想、幻想等精神病症候的藥劑。1994 年出廠的 risperidone (Risperdal) 是一種抗精神病藥物。

(五)增進性興奮藥物

威而鋼 (Viagra) 的問世，給予許多有性勃起困難或性興奮異常的患者帶來了「性」福。對性生活失望或絕望的人士來說，威而鋼雖然只提供症候的暫時舒解，不是根治，但它協助解決多年來困擾婚姻關係的棘手問題。使用威而鋼後有感覺頭痛、臉紅、胃酸過多或視覺困難等副作用；若與心臟療藥共用，可能致命。

藥物的快速作用，使過去必須住院的心理異常患者可以在家或療養院治療，不僅節省大量的住院開支，患者也可以獲得親人的照顧與支持。一項抗憂鬱藥物與認知治療的比較研究 (Elkin et al., 1989) 顯示，兩者都獲得 50% 治療效率。但是，藥物治療今後所面臨的最大挑戰是：如何在改善症狀的同時

避免藥物所引起依賴性與副作用。

二、電療法 (electroconvulsive therapy, ECT)

電療法是使電流通過大腦時產生痙攣 (convulsion)，以治療憂鬱症的一種生理醫學療法。有些嚴重的憂鬱症患者對心理治療或藥物治療都沒有積極的反應，只好嘗試這種相當激進的療法 (Nemeroff, 2007)。經過不斷改善的結果，現行的 ECT 先使用麻醉劑與肌肉鬆弛劑（使患者不至於反應激烈而受傷），然後在患者大腦的右側施以極短暫的 100 伏特的電流，使大腦產生約 1 分鐘之久的意識喪失。患者喪失意識幾分鐘後逐漸蘇醒，不記得治療的過程，但有逆溯性失憶與短期意識混淆的現象。此法適用於治療非常嚴重的憂鬱症 (Merkl et al., 2009) 與思覺失調症的一些症候 (Fink & Sackeim, 1996)。

三、心理外科手術 (psychosurgery)

心理外科手術是使用手術切割或移除部分大腦，以治療心理異常的一種生理醫學療法。葡萄牙神經科專家莫尼茲 (Egas Moniz, 1874–1955) 於 1935 年成功地進行大腦前額葉切割術 (prefrontal lobotomy)，將大腦前額葉（專司心智活動）與視丘（負責轉承感官訊息）之間的通道予以切除，以平息患者的狂躁與暴亂。他的成就與他對心理外科的堅信，使他獲得 1949 年的諾貝爾醫學獎。心理外科手術雖然獲得一時的讚揚，但是這一重大措施對患者的認知、人格與身心健康可能有十分嚴重的改變。手術後的可能後果有：分心、過食、冷漠、退縮、情緒缺乏、學習與創造能力減弱，甚至死亡。

藥物治療的快速進步已使心理外科手術的需求大為減低。同時，近年來外科技術的突破，已可使用超音波照射或以電流刺控大腦等取代開刀式手術，心理外科手術因此更趨安全。現今，心理外科手術是患者在心理與藥物治療均不見效時的另一選擇。

四、生理醫學療法的效果

藥物療法雖然療效短暫，但是奏效快、功效顯著，使心理異常患者因症

候受到控制，得以迅速恢復正常的生活與職業表現。然而，由於心理治療的療效與藥物相當，它又可以增強個人的適應能力與問題解決能力，從長遠的治療目標看，治療應以心理為主、藥物為輔，以加速整體療效。今後藥物功能的不斷改善，副作用的減輕，與患者排除「唯藥是賴」的習性，則藥物可以發揮其生理醫學療法應有的功能。雖然電療與外科手術是比較激烈與爭議較多的療法，但對於那些心理治療或藥物治療均不見效的憂鬱症與精神分裂症患者來說，是個「最後的選擇」。

第三節　心理健康的維護與增進

心與身是互動的，因此，心理跟生理一樣也會生病、也會異常，要恢復正常則需由精神科醫師或心理治療師診療。心理異常的治療不論是採用心理治療或生理醫學療法，皆既費時且耗資金，其結果卻不一定令人完全滿意。因此維護心理健康的最佳策略是防範未然。要防止心理異常或增進心理健康，可從以下三方面著手。

一、建立有益身心的環境

我們所處的環境有家庭、學校、社區、工作等場所，它們時刻影響我們的心理健康，例如：貧困、髒亂、擁擠、喧鬧、詐欺、族群或性別歧視、暴亂、冷漠、缺乏自信、你爭我奪的社會，不可能對身心的健康有益。

因此，我們應盡量避免或消除環繞在我們身邊的負面的社會環境，積極去建立有益身心整潔、舒適、安和、有序、美化、互助互信、能展現潛能、有光明前程的社會。在有益身心健康的社會裡，心理異常的可能性會大大地降低。即使個人有適應困難的問題，有益的社會自然地扮演治療性園地，使症候獲得逐漸改善的機會。

二、培養富有彈性的習性

個人在面對高度壓力時，若缺乏回應的能力或心理彈性，情緒容易崩潰，因而引發心理的障礙。但是那些具有彈性習性的人，把壓力看成挑戰、把失敗看成教訓，並以正面的態度從容地面對它、解決它。一個缺乏彈性的人，固執成性、思想固著、成見很深、自以為是、崇尚完美，即便明知應對處理有問題，仍舊固守不放，直到無法收拾的地步，事實擺在眼前又不能自圓其說，因此矛盾叢生，心理自然失衡。

三、維持和諧互助的人際關係

人是社會動物，群居成性，人與人之間自然形成共同體，大家彼此照顧、同舟共濟、有難同當、有福共享。若能維持這種和睦共濟、同甘苦、同歡樂的人際關係，天下沒有承擔不了的重擔、世上沒有不能分享的快樂，因而沒有恐懼、不需憂慮，大家都能健康、快樂。不然，孤單獨處、不相往來，既不能與人分憂，也不得暢快地分享愉悅，只好抑鬱寡歡、沉悶終日，則心理異常便不遠了。

本章摘要

1. 治療心理異常症候的方法可大別為心理治療與生理醫學治療兩類。兩類療法目標相同，但過程互異。

2. 心理治療是由受過專業訓練的治療人員，應用心理原則與心理技巧，以協助心理異常患者改善其思考、情緒或行為。

3. 心理治療法包括精神分析療法、行為療法、認知療法、人本療法、團體療法。

4. 心理治療的成效已被愈來愈多的實證所支持。有效治療的共同特徵是：治療師與患者的共同願望，治療師與患者間的相互支持關係，心理治療所帶來的一線希望，與心理治療所提供的宣洩機會。

5. 以生理醫學治療心理異常可大別為三類：藥物療法、電療法、心理外科手術。

6. 治療心理異常的藥物有五類：抗焦慮藥物、抗憂鬱藥物、穩定情緒藥物、抗精神病藥物、增進性興奮藥物。

7. 電療法使電流通過大腦時產生痙攣以治療憂鬱症。

8. 心理外科手術使用手術切割或移除部分大腦，以治療心理異常。

9. 增進心理健康可從建立有益身心的環境、培養富有彈性的習性、維持和諧互助的人際關係著手。

重點名詞

psychotherapy　心理治療

psychoanalytic therapy　精神分析療法

free association　自由聯想

transference　移情

positive transference　正移情

negative transference　負移情

interpretation　闡釋

behavior therapy　行為療法

systematic desensitization　系統減敏法

flooding　洪澇法

aversive conditioning　厭惡制約法

token economy　代幣法

modeling　模仿法

social skills training　社會技巧訓練

cognitive therapy　認知療法

cognitive-behavior therapy, CBT

認知行為療法   family therapy   家庭治療

rational-emotive behavior therapy, REBT   drug therapy   藥物療法

理情行為療法   anti-anxiety drug   抗焦慮藥物

humanistic therapy   人本療法   anti-depressant drug   抗憂鬱藥物

person-centered therapy   個人中心療法   mood stabilizer drug   穩定情緒藥物

Gestalt therapy   完形療法   anti-psychotic drug   抗精神病藥物

group therapy   團體療法   electroconvulsive therapy, ECT   電療法

sensitivity training   敏感訓練   psychosurgery   心理外科手術

couple therapy   夫妻治療

——◆ 自我檢測 ◆——

是非題

(   ) 1. 要求羞澀患者到大街上大喊「我愛你」是行為療法的一種手段。

(   ) 2. 藥物治療比心理治療快而有效，因此藥物治療是心理異常的主流療法。

(   ) 3. 心理異常只能使用心理療法。

(   ) 4. 只要患者有需要，所有治療師都可開藥方。

(   ) 5. 治療的最終目的是使患者恢復正常的身心狀態。

選擇題

(   ) 6. 模仿正確的行為，修改不正確的行為，是根據 (A)社會學習論 (B)認知扭曲論 (C)制約學習論 (D)心理分析論

(   ) 7. 哪一種因素「不包括」在羅哲斯所主張的治療性環境內？ (A)真摯 (B)同理性理解 (C)無條件積極關注 (D)直接分析與指導

(   ) 8. 人本療法旨在強調 (A)自我實現 (B)社會價值 (C)生理功能 (D)改善認知扭曲

(   ) 9. 要一個對貓有恐懼感的患者被群貓圍住，所採用的治療法是 (A)厭惡制約法 (B)洪潦法 (C)系統減敏法 (D)模仿法

（　　）10.在精神分析過程中，患者突然對分析師惡言相向，稱為　(A)自由聯想　(B)抗拒　(C)闡釋　(D)移情

──◆ 想想看 ◆──

1.為什麼華人在相當開放的美國社會裡，不大願意去看心理治療師？

2.如果你有懼高症，你認為起因是什麼？要採取何種治療法？

3.若你的好友有心理異常症候，你會怎麼處理？

4.心理或精神病患對個人、家庭、社會是一大負擔，應如何去應對或改善？

5.據你所知，哪一種活動或運動對減壓、舒緩焦慮或減輕憂鬱有幫助？

主要參考書籍

陳皎眉、鄭美芳編著 (2004)。人際關係與溝通。臺北：大中國圖書公司。

溫世頌著 (2000)。心理學。臺北：三民書局。

溫世頌編著 (2006)。心理學辭典。臺北：三民書局。

莊耀嘉、李雯娣 (2001)。兒童性格結構：五大模型的本土化檢驗，中華心理學刊，43 (1)：65-82。

Abdel-Khalek, A., & Lester, D. (2005). Sibship size, birth order, and personality. *Psychological reports, 97,* 387-388.

Aderka, I. M., Nickerson, A., Bφe, H. J. & Hofmann, S. G. (2012). Sudden gains during psychological treatments of Anxiety and depression: A meta-analysis. *Journal of consulting and clinical psycology, 80,* 93-101.

Aiken, L. R. (1996). *Personality assessment methods and practices* (2nd ed.). Seattle: Hogrefe & Huber.

Al Ramiah, A. & Hewstone, M. (2013). Intergroup contact as a tool for reducing, resolving, and preventing intergroup conflict: Evidence, limitations, and potential. *American psychologist, 68,* 527-542.

Albert Ellis Institute (1997). Albert Ellis Institute for rational emotive behavior therapy brochure, september '97-march '98. New York: Author.

Alexander, J. F., Holtzworth-Munroe, A., & Jameson, P. (1994). The process and outcome of marital and family therapy: Research review and evaluation. In A. E. Bergain & S. I. Garfield (Eds.), *Handbook of psychotherapy and behavior change.* New York: Wiley.

Andersen, B. L., Kiecolt-Glaser, J. K., & Glaser, R. (1994). A bio-behavioral model of cancer stress and disease course. *American psychologist, 49,* 389-404.

Antrobus, J. (1991). Dreaming: Cognitive processes during cortical activation of high afferent thresholds. *Psychological review, 98,* 96-121.

Asch, S. E. (1951). Effects of group pressure upon the modification and distortion of judgments. In H. Guetzkow (Ed.), *Groups, leadership, and men.* Pittsburgh, PA: Carnegie Press.

Baddeley, A. D. (2002). Is working memory still working? *European psychologist, 7,* 85-97.

Baker, T. B., McFall, R. M., & Shoham, V. (2008). Current status and future prospects of clinical psychology: Toward a scientifically principled approach to mental and behavioral health care. *Psychological science in the public interest, 9,* 67-103.

Bandura, A. (1986). *Social foundations of thought and action: A social cognitive theory.*

Englewood Cliffs, NJ: Prentice-Hall.

Bard, P. (1934). On emotional expression after decortication with some remarks on certain theoretical views. *Psychological review, 41,* 309–329.

Batson, C. D. (1998). Who cares? When? Where? Why? How? *Contemporary psychology, 43,* 108–109.

Beck, A. T. (1991). Cognitive therapy: A 30-year retrospective. *American psychologist, 46,* 368–375.

Beck, J. G. (1995). Hypoactive sexual desire disorder: An overview. *F. Cons. Clin. Psychol., 63,* 919–927.

Benton, M. K., & Schroeder, H. E. (1990). Social skills training with schizophrenics: A meta-analytic evaluation. *Journal of consulting and clinical psychology, 58,* 741–747.

Berscheid, E. (1988). Some comments on love's anatomy: Or, whatever happened to old-fashioned lust. In R. J. Sternberg & M. L. Barnes (Eds.), *The psychology of love.* New Haven, CT: Yale University Press.

Bjorklund, D. F. (1995). *Children's thinking: Developmental function and individual differences.* Pacific Grove, CA: Brooks/Cole.

Borbely, A. (1986). *Secrets of sleep.* New York: Basic Books.

Bourne, L. E., & Russo, N. F. (1998). *Psychology: Behavior in context.* New York: Norton.

Brasel, S. A., Gips, J. (2011). Media multitasking behavior: Concurrent television and computer usage. Cyberpsychology, Behavior, and Social Networking, 14, 527–534.

Brugman, T., & Ferguson, S. (2002). Physical exercise and improvements in mental health. *Journal of psychosocial nursing and mental health services, 40,* 24–31.

Brunner, D. P., Kijk, D. J., Tobler, I., & Borbely, A. A. (1990). Effect of partial sleep stages and EEG power spectra: Evidence for non-REM and REM sleep homeostasis. *Electroencephalography and clinical neurophysiology, 75,* 492–499.

Burger, J. M. (1993). *Personality.* Pacific Grove, CA: Brooks/Cole.

Burger, J. M. (2004). *Personality* (6th ed.). Belmont, CA: Wadsworth.

Cannon, W. B. (1929). *Bodily changes in pain, hunger, fear, and rage.* New York: Branford.

Capron, C., & Duyme, M. (1989). Assessment of effects of socio-economic status on IQ in a full cross-fostering study. *Nature, 340,* 552–554.

Casey, B. J., Somervillle, L. H., Gotlib, I. H., Ayduk, O., Franklin, N. T., Askren, M. K., Jonides, J., Berman, M. G., Wilson, N. L., Teslovich, T., Glover G., Zayas, V., Mischel, W., & Shoda, Y. (2011). Behavioral and neural correlates of delay of gratification 40 years later. *Proceedings of the national academy of sciences, 108,* 14998–15003.

Cattell, R. B. (1965). *The scientific analysis of personality.* Baltimore, MD: Penguin Books.

Cattell, R. B. (1971). *Abilities: Their structure, growth, and action.* Boston: Houghton Mifflin.

Cattell, R. B. (1987). *Intelligence: Its structure, growth and action.* Amsterdam: North-Holland.

Chida, Y., & Hamer, M. (2008). Chronic psychosocial factors and acute physiological responses to laboratory-induced stress in healthy populations: A quantitative review of 30 years of investigations. *Psychological Bulletin, 134,* 829–885.

Christie, W., & Moore, C. (2005). The impact of humor on patients with cancer. *Clinical journal of oncology nursing, 9,* 211–218.

Cohen, S., & Herbert, T. B. (1996). Health psychology: Psychological factors and physical disease from the perspective of human psychoneuroimmunology. *Annual review of psychology, 47,* 113–142.

Coleman, R. M. (1986). *Wide awake at 3:00 a.m.: By choice or by chance?* New York: W. H. Freeman.

Comstock, G. W., & Partridge, K. B. (1972). Church attendance and health. *Journal of chronic disease, 25,* 665–672.

Cooke, R., & Sheeran, P. (2004). Moderation of cognition-intention and cognition-behaviour relations: A meta analysis of properties of variables from the theory of planned behaviour. *British journal of social psychology, 43,* 159–186.

Cortina, M. (2010). The future of psychodynamic psychotherapy. *Psychiatry, 73,* 43–56.

Courtney, J. G., Longnecker, M. P., Theorell, T., & de Verdier, M. G. (1993). Stressful life events and the risk of colorectal cancer. *Epidemiology, 4,* 407–414.

Craik, F. I. M. (1979). Levels of processing: Overview and closing comments. In L. S. Cermak & F. I. M. Craik (Eds.), *Levels of processing in human memory* (pp. 447–461). Hillsdale, NJ: Erlbaum.

Damon, W. (1999). The moral development of children. *Scientific American, 281,*73–78.

Davey, G., & Rato, R. (2012). Subjective wellbeing in China: A review. *Journal of Happiness Studies, 13,* 333–346.

David, D., Szentagotai, A., Lupu, V., & Cosman, D. (2008). Rational emotive behavior therapy, cognitive therapy, and medication in the treatment of major depressive disorder: A randomized clinical trials, posttreatment outcomes, and six-month follow-up. *Journal of clinical psychology, 64,* 728–746.

Davis, S. F., & Palladino, J. J. (1997). *Psychology.* Upper Saddle River, NJ: Prentice-Hall.

Dement, W. C. (1992). *The sleepwatchers.* Stanford, CA: Stanford Alumni Association.

De Neve, J.-E., Christakis, N. A., Fowler, J. H., & Frey, B. S. (2012). Genes, economics, and happiness. *Journal of Neuroscience, Psychology, and Economics, 5,* 193–211.

Diener, E., & Diener, C. (1996). Most people are happy. *Psychological science, 7,* 181–185.

Dinges, D. F., Whitehouse, W. G., Orne, E. C., Powell, J. W., Orne, M. T., & Erdelyi, M. H. (1992). Evaluating hypnotic memory enhancement using multitrial forced recall. *Journal of experimental psychology: learning, Memory, & Cognition, 18,* 1139–1147.

Dixon, J. F., & Hokin, L. E. (1998). Lithium acutely inhibits and chronically up-regulates and stabilizes glutamate uptake by presynaptic nerve endings in mouse cerebral cortex. *Neurobiology, 95,* 8363–8368.

Dweek, C. (2008). Can personality be changed? The role of beliefs in personality and change. *Current directions in psychological science, 17,* 391–394.

Elkin, I. et al. (1989). National Institute of Mental Health treatment of depression collaborative research program. *Archives of general psychiatry, 46,* 971–983.

Ellis, A. (1989). Rational-emotive therapy. In R. J. Corcini & D. Wedding (Eds.), *Current psychotherapies* (4th ed.). Itasca, IL: Peacock.

Erikson, E. H. (1982). *The life cycle completed: A review.* New York: Simon.

Evans, C. (1984). *Landscapes of the night: How and why we dream.* New York: Viking.

Eysenck, H. J. (1982). *Personality, genetics, and behavior.* New York: Praeger.

Eysenck, H. J. (1990). Biological dimensions of personality. In Lawrence A. Pervin (Ed.), *Handbook of personality: Theory and research.* New York: Guilford Press.

Fernald, D. (1997). *Psychology.* Upper Saddle River, NJ: Prentice-Hall.

Festinger, L. (1957). *A theory of cognitive dissonance.* Stanford, CA: Stanford University Press.

Freud, S. (1900). *The interpretation of dreams.* In Vols. 4 and 5 of the Standard edition. London: Hogarth.

Friedman, M., & Ulmer, D. (1984). *Treating type a behavior—and your heart.* New York: Knopf.

Gardner, H. (1995). Perennial antinomies and perpetual redrawings: Is there progress in the study of mind? In R. L. Solso & D. W. Massaro (Eds.), *The science of the mind: 2001 and beyond.* New York: Oxford University Press.

Gardner, H. (1999). *Intelligence reframed: Multiple intelligences for the 21st century.* New York: Basic Books.

Gardner, H. (2004). *Changing minds: The art and science of changing our own and other people's minds.* Boston: Harvard Business School Press.

Gibson, H. B. (1991). Can hypnosis compel people to commit harmful, immoral and criminal acts? A review of the literature. *Contemporary hypnosis, 8,* 129–140.

Goh, J. O., & Park, D. C. (2009). Culture sculpts the perceptual brain. *Progress in brain research, 178,* 95–111.

Goleman, D. (1995). *Emotional intelligence.* New York: Bantam.

Gottman, J. (1994). *Why marriage succeed or fail.* New York: Simon & Schuster.

Guenther, R. K. (1998). *Human cognition.* Upper Saddle River, NJ: Prentice-Hall.

Guilford, J. P. (1967). *The nature of human intelligence.* New York: McGraw-Hill.

Gullette, E. C. D., Blumenthal, J. A., Babyak, M., Jiang, W., Waugh, R. B., Frid, D. J., O'Connor, C. M., Morris, J. J., & Krantz, D. S. (1997). Effects of mental stress on myocardial ischemia during daily life. *Journal of American Medical Association, 277,* 1521–1526.

Haidt, J. (2003). The moral emotions. In R. J. Davidson, K. Sherer, & H. H. Goldsmith (Eds.), Handbook of affective sciences. New York: Oxford University Press.

Haidt, J. (2012). The righteous mind: Why good people are divided by politics and religion. New York: Pantheon.

Hargadon, R., Bowers, K. S., & Woody, E. Z. (1995). Does counterpain imagery mediate hypnotic responding? *Journal of abnormal psychology, 104,* 508–516.

Hatfield, E. (1988). Passionate and companionate love. In R. J. Sternberg & M. L. Barnes (Eds.), *The psychology of love.* New Haven, CT: Yale University Press.

Hazan, C., & Shaver, P. (1987). Romantic love conceptualized as an attachment process. *Journal of personality and social psychology, 52,* 511–524.

Heider, F. (1958). *The psychology of interpersonal relations.* New York: Wiley.

Helmholtz, H. von. (1852). On the theory of compound colours. *Philosophical magazine, 4,* 519–534.

Hepper, P. (1989). Foetal learning: Implications for psychiatry? *British journal of psychiatry, 155,* 289–293.

Hering, E. (1878). *Outlines of a theory of the light sense.* Cambridge, MA: Harvard University Press.

Hilgard, E. R. (1965). *Hypnotic susceptability.* New York: Harcourt, Brace & World.

Hilgard, E. R. (1982). Hypnotic susceptibility and implications for measurement. *International journal of clinical and experimental Hypnosis, 30,* 394–403.

Hirai M., & Clum, G. A. (2005). An Internet-based self-change program for traumatic event related fear, distress, and maladaptive coping. *Journal of Traumatic Stress, 18,* 631–636.

Hobson, J. A. (1988). *The dreaming brain.* New York: Basic Books.

Hobson, J. A. (1989). *Sleep.* New York: Scientific American.

Hofmann, S. G., Smits, J. A. (2008). Cognitive-behavioral therapy for adult anxiety disorders:

A meta-analysis randomized placebo-controlled trials. *Journal of clinical psychiatry, 69,* 621–632.

Hogben, M. (1998). Factors moderating the effect of televised aggression. *Communication research, 25,* 220–247.

Holmes, D. S. (1984). Mediation and somatic arousal reduction: A review of the experimental evidence. *American psychologist,* 39, 1–10.

Holmes, T. H., & Rahe, R. H. (1967). The Social Readjustment Rating Scale. *Journal of psychosomatic research, 11,* 213–218.

Hunter, S., & Sundel, M. (Eds.) (1989). *Midlife myths: Issues, findings, and practice implications.* Newbury Park, CA: Sage.

Jamison, K. R. (1993). *Touched with fire: Manic-depressive illness and the artistic temperament.* New York: Free Press.

Jamison, K. R. (1997). Manic-depressive illness and creativity. *Scientific American mysteries of the mind, special issue* Vol. 7, No. 1, 44–49.

Jefferson, James W. (1995). Lithium: The present and the future. *Journal of clinical psychiatry,* 56, 41–48.

Jensen, A. R. (1969). How much can we boost IQ and scholastic achievement? *Harvard educational review, 39,* 1–123.

Jorgensen, G. (2006). Kohlberg and Gilligan: Duet or duel? *Journal of Moral Education, 35,* 179–196.

Julien, R. M. (1992). *A primer of drug action* (6th ed.). New York: W. H. Freeman.

Kaprio, J., Koskenvuo, M., & Rita, H. (1987). Mortality after bereavement: A prospective study of 95, 647 widowed persons. *American journal of public health, 77,* 283–287.

Karamatsu, A., & Hirai, T. (1969). An electroencephalographic study of the Zen Meditation (Zazen). *Acta psychologica,* 6, 86–91.

Kark, J. D., Shemi, G., Friedlander, Y., Martin, O., Manor, O.,& Blondheim, S. H. (1996). Does religious observance promote health? Mortality in secular vs. religious kibbutzim in Israel. *American journal of public health, 86,* 341–346.

Karney, B. R., & Bradbury, T. N. (1995). The longitudinal course of marital quality and stability: A review of theory, method, and research. *Psychological bulletin, 118,* 3–34.

Kassin, S. (1998). *Psychology.* Upper Saddle River, NJ: Prentice-Hall.

Kazdin, A. E. (1982). The token economy: A decade later. *Journal of applied behavior analysis, 15,* 431–445.

Kiecolt-Glaser, J. K., Glaser, R., and others (1985). Psychosocial enhancement of immunocompetence in a geriatric population. *Health psychology, 4,* 25–41.

Kiecolt-Glaser, J. K. (2009). Psychoneuroimmunology: Psychology's gateway to the biomedical future. *Perspectives on psychological science, 4,* 367–369.

Kihlstrom, J. F. (1984). Conscious, subconscious, unconscious: A cognitive perspective. In K. S. Bowers, & D. Meichenbaum (Eds.), *The unconscious reconsidered.* New York: Wiley.

Kihlstrom, J. F. (1985). Hypnosis. *Annual review of psychology, 36,* 385–418.

Kimura, D. (1992). Sex differences in the brain. *Scientific American, 267 (3),* 118–125.

Kohlberg, L. (1984). *Essays on moral development: Vol. 2. The psychology of moral development.* New York: Harper & Row.

Kohn, P. M., & Macdonald, J. E. (1992). The survey of recent life experiences: A decontaminated hassles scale for adults. *Journal of behavioral medicine, 15,* 221–236.

Koslowsky, M., & Babkoff, H. (1992). Meta-analysis of the relationship between total sleep deprivation and performance. *Chronobiology international, 9,* 132–136.

Kubler-Ross, E. (1975). *Death: The final stage of growth.* Upper Saddle River, NJ: Prentice-Hall.

Lange, C. G., & James, W. (1927). *The emotions.* Baltimore: Williams & Wilkins.

Latane, B., & Nida, S. (1981). Ten years of research on group size and helping. *Psychological bulletin, 89,* 308–324.

Lazarus, A. A. (1996). Some reflections after 40 years of trying to be an effective psychotherapist. *Psychotherapy, 33,* 142–145.

Lazarus, R. S. (2006). Emotion and interpersonal relationships: Toward a person-centered conceptualization of emotions and coping. *Journal of personality, 74,* 9–46.

LeBlanc, J., Ducharme, M. B., & Thompson, M. (2004). Study on the correlation of the autonomic nervous system response to a stressor of high discomfort with personality traits. *Physiology of behavior, 82,* 647–652.

Leitenberg, H., & Henning, K. (1995). Sexual fantasy. *Psychological bulletin, 117,* 469–496.

Levinson, D. J. (1986). A conception of adult development. *American psychologist, 41,* 3–13.

Ludwig, A. M. (1995). *The price of greatness: Resolving the creativity and madness controversy.* New York: Guilford Press.

Lykken, D., & Tellegen, A. (1996). Happiness is a stochastic phenomenon. *Psychological science, 7,* 186–189.

Malinosky-Rummell, R., & Hansen, D. J. (1993). Long-term consequences of childhood physical abuse. *Psychological bulletin, 114,* 68–79.

Manuel, L. L., Retzlaff, P., & Sheehan, E. (1993). Policewomen personality. *Journal of social behavior and personality, 8,* 149–153.

Markman, H. J., Renick, M. J., Floyd, F. J., Stanley, S. M., & Clements, M. (1993).

Preventing marital distress through communication and conflict management training. *Journal of consulting and clinical psychology, 61,* 70–77.

Marks, G. A., Shaffrey, J. P., Oksenberg, A., Speciale, S. G., & Roffwarg, H. P. (1995). A functional role for the REM sleep in brain maturation. *Behavioural brain research, 69,* 1–11.

Maslow, A. (1968). *Toward a psychology of being.* New York: Van Nostrand.

Masters, W. H., & Johnson, V. E. (1966). *Human sexual response.* Boston: Little, Brown.

Matheson, S. L., Shepherd, A. M., Pinchbeck, R. M., Laurens, K. R., & Carr, V. J. (2013). Childhood adversity in schizophrenia: A systematic meta-analysis. *Psychological medicine.*

McConkey, K. M., & Sheehan, P. W. (1995). *Hypnosis, memory, and behavior in criminal investigation.* New York: Guilford Press.

McCrae, R. R., & Costa, P. T., Jr. (1997). Personality trait structure as a human universal. *American psychologist, 52,* 509–516.

Merkl, A., Heuser, I., & Bajbouj, M. (2009). Antidepressant electroconvulsive therapy: Mechanism of action, recent advances, and limitations. *Experimental neurology, 219,* 20–26.

Miles, D. R., & Carey, G. (1997). Genetic and environmental architecture of human aggression. *Journal of personality and social psychology, 72,* 207–217.

Mikesell, R. H., Lusterman, D., & McDaniel, S. (Eds.) (1995). *Family psychology and systems therapy.* Washington, DC: American Psychology and systems therapy.

Milgram, S. (1963). Behavioral study of obedience. *Journal of abnormal and social psychology, 67,* 371–378.

Milgram, S. (1965). Some conditions of obedience and disobedience to authority. *Human relations, 18,* 57–76.

Milgram, S. (1974). *Obedience to authority: An experimental view.* New York: Harper & Row.

Miller, M. A., & Rahe, R. H. (1997). Life changes scaling for the 1990s. *Journal of psychosomatic research, 43,* 279–292.

Mischel, W., Shoda, Y., & Peake, P. K. (1988). The nature of adolescent competencies predicted by preschool delay of gratification. *Journal of personality and social psychology, 54,* 687–696.

Mischel, W., Shoda, Y., & Rodriguez, M. I. (1989). Delay of gratification in children. *Science, 244,* 933–938.

Moghaddam, F. M., Taylor, D. M., & Wright, S. C. (1993). *Social psychology in cross-cultural perspective.* New York: W. H. Freeman.

Montoya, E. R., Terburg, D., Bos, P. A., & van Honk, J. (2012). Testosterone, cortisol, and serotonin as key regulators of social aggression: A review and theoretical perspective. *Motivation and Emotion, 36*, 65–73.

Motivala, S. J., & Irwin, M. R. (2007). Sleep and immunity: Cytokine pathways linking sleep and health outcomes. *Current Directions in Psychological science, 16*, 21–25.

Mukherjee, S., Sakheim, H. A., & Schnur, D. B. (1994). Electroconvulsive therapy of acute manic episodes: A review of 50 years' experience. *American journal of psychiatry, 151*, 169–176.

Myers, D. G. (1996). *Social psychology,* 5th ed. New York: McGraw-Hill.

National Safety Council (2010). Transportation mode comparison in injury facts.

Nemeroff, C. B. (2007). The burden of severe depression: A review of diagnostic challenges and treatment alternatives. *Journal psychiatric research, 41*, 189–206.

Nevid, J. S., Rathus, S. A., & Greene, B. A. (1997). *Abnormal psychology in a changing world* (3rd ed.). Englewood Cliffs, NJ: Prentice-Hall.

Niemi, R. G., Mueller, J., & Smith, T. W. (1989). *Trends in public opinion: A compendium of survey data.* New York: Greenwood Press.

Nisbett, R. E., & Ross, L. (1980). *Human inference: Strategies and shortcomings of social judgment.* Englewood Cliffs, NJ: Prentice-Hall.

Oltmanns, T. F., & Emery, R. E. (1998). *Abnormal psychology* (2nd ed.). Upper Saddle River, NJ: Prentice-Hall.

Osofsky, J. D. (1995). The effects of exposure to violence on young children. *American psychologist, 50*, 782–788.

Pajares, F., & Johnson, M. J. (1996). Self-efficacy beliefs and the writing performance of entering high school students. *Psychology in the schools, 33,* 163–175.

Palfai, T., & Jankiewicz, H. (1991). *Drugs and human behavior.* Dubuque, IA: William C. Brown.

Pearsall, M. J., Christian, M. S., & Ellis, A. P. (2010). Motivating interdependent teams: Individual rewards, shared rewards, or something in between? *Journal of applied psychology, 95,* 183–191.

Penn, D. L., & Mueser, K. T. (1996). Research update on the psychosocial treatment of schizophrenia. *American journal of psychiatry, 153,* 607–617.

Perls, F. S. (1969). *Gestalt therapy verbatim.* Lafayette, CA: Real People Press.

Pettigrew, T. F., & Tropp, L. R. (2006). A meta-analysis test of intergroup contact theory. *Journal of personality and social psychology, 90,* 751–783.

Plomin, R., & Rende, R. (1991). Human behavioral genetics. In M. R. Rosenzweig & L. W. Porter (Eds.), *Annual review of psychology* (Vol. *42*, pp. 161–190). Palo Alto, CA: Annual Reviews.

Porte, H. S., & Hobson, J. A. (1996). Physical motion in dreams: One measure of three theories. *Journal of abnormal psychology, 105,* 329–335.

Raichle, M. (2010). The brain's dark energy. *Scientific American*, 44–49.

Reifman, A. S., Larrick, R. P., & Rein, S. (1991). Temper and temperature on the diamond: The heat-aggression relationship in major league baseball. *Personality and social psychology bulletin, 17,* 580–585.

Rogers, C. R. (1951). *Client-centered therapy.* Boston: Houghton Mifflin.

Rogers, C. R. (1974). In retrospect: Forty-six years. *American psychologist, 29,* 115–123.

Rosch, E., Mervis, C. B., Gray, W. D., Johnson, D. M., & Boyes-Braem, P. (2004). Basic objects in natural categories. In D. A. Balota & E. J. Marsh (Eds.), *Cognitive psychology: Key readings* (pp. 448–471). New York: Psychology Press.

Saadat, H., Drummond-Lewis, J., Maranets, I., Kaplan, D., Saadat, A., Wang, S. M., & Kain, Z. N. (2006). Hypnosis reduces preoperative anxiety in adult patients. *Anesthesia & Analgesia, 102*, 1394–1396.

Sattler, J. (1988). *Assessment of children.* Philadelphia: Saunders.

Schachter, S, & Singer, J. E. (1962). Cognitive, social, and physiological determinants of emotional state. *Psychological review, 69,* 379–399.

Schou, M. (1997). Forty years of lithium treatment. *Archives of general psychiatry, 54,* 9–13.

Seligman, M. E. P. (1991). *Learned optimism.* New York: Knopf.

Seligman, M. E. P. (1995). The effectiveness of psychotherapy: The Consumer Reports Study. *American psychologist, 50,* 565–974.

Selye, H. (1976). *The stress of life.* New York: McGraw-Hill.

Shields, M. (2004). Stress, health and the benefit of social support. *Health Reports, 15*, 9–38.

Shneidman, E. S. (1996). *The suicidal mind.* New York: Oxford University Press.

Simon, H. A. (1957). *Models of man.* New York: Wiley.

Simonton, D. K. (1988). *Creativity, leadership, and chance.* In R. J. Sternberg (Ed.), *The nature of creativity* (pp. 386–427). New York: Cambridge University Press.

Spanos, N. P. (1987–1988). Past-life hypnotic regression: A critical review. *Skeptical inquirer, 12,* 174–180.

Spearman, C. (1927). *The abilities of man.* London: Macmillan.

Spiegel, D., Bloom, J. R., Kraemer, H. C., & Gottheil, E. (1989, October 14). Effect of psychosocial treatment on survival of patients with metastatic breast cancer. *The lancet,*

888–891.

Stark, E. (1984, October). To sleep, perchance to dream. *Psychology today*, p. 16.

Sternberg, R. J. (1986). Inside intelligence. *American scientist, 4,* 137–143.

Sternberg, R. J. (1988). Applying cognitive theory to the testing and teaching of intelligence. *Applied cognitive psychology, 2,* 231–255.

Sternberg, R. J. (1998). *In search of the human mind.* Fort Worth, TX: Harcourt Brace.

Sternberg, R. J., & Davidson, J. E. (Eds.) (1995). *The nature of insight.* Cambridge, MA: MIT Press.

Stone, A. A., Neale, J. M., Cox, D. S., Napoli, A., Valdimarsdottir, H., & Kennedy-Moore, E. (1994). Daily events are associated with a secretory immune response to an oral antigen in men. *Health psychology, 13,* 440–446.

Sulloway, F. J. (1997). *Born to rebel: Birthorder, family dynamics, and creative lives.* New York: Vintage.

Taylor, J. A., & Sanderson, M. (1995). A reexamination of the risk factors for the sudden infant death syndrome. *Journal of pediatrics, 126(6),* 887–891.

Thurstone, L. L. (1938). *Primary mental abilities.* Chicago: University of Chicago Press.

Trafimow, D., Armendariz, M. L., & Madsen, L. (2004). A test of whether attributions provide for self-enhancement or self-defense. *The Journal of Social Psychology, 144,* 453–463.

Tulving, E. (1983). *Elements of episodic memory.* Oxford, UK: Oxford University Press.

Van Houtem, C. M. H. H., Lain, M. L., Boomsma, D. I., Lighthart, L., Van Vijk, A. J., & D. Jongh, A. (2013). A review and meta–analysis of the heritage lit of specific phobia subtypes and corresponding fears, Journal of Anxiety Disorders, 379–388.

Van de Castle, R. L. (1994). *Our dreaming mind.* New York: Ballantine.

Walker, L. J., & Taylor, J. H. (1991). Stage transitions in moral reasoning: A longitudinal study of developmental processes. *Developmental Psychology, 27,* 330–337.

Wallace, R. K., & Benson, H. (1972). The physiology of meditation. *Scientific American, 226,* 84–90.

Watson, D. (1982). The actor and the observer: How are their perceptions of causality divergent? *Psychological bulletin, 92,* 682–700.

Wegener, D. T., & Carlston, D. E. (2005). Cognitive processes in attitude formation and change. In D. Albarracin, B. T. Johnson, & M. P. Zanna (Eds.), *The handbook of attitudes* (pp. 493–542). Hillsdale, NJ: Erlbaum.

Weil, A., & Rosen, W. (1993). *From chocolate to morphine: Everyday mind-altering drugs.* Boston: Houghton Mifflin.

Wiggins, J. S. (Ed.) (1996). *The five-factor model of personality: Theoretical perspectives.* New York: Guilford Press.

Wolpe, J. (1990). *The practice of behavior therapy.* Elmsford, NY: Pergamon Press.

Wood, W., Wong, F. Y., & Chachere, J. G. (1991). Effects of mediaviolence on viewers' aggression in unconstrained social interaction. *Psychological Bulletin, 109*, 371–383.

Xu, J., & Roberts, R. E. (2010). The power of positive emotions: It's a matter of life or death —Subjective well-being and longerity over 28 years in a general population. *Healthy Psychology, 29*, 9–19.

Young, T. (1802). On the theory of light and colors. *Philosophical transactions of the Royal Society of London, 92,* 12–48.

Zebrowitz, L. A., Voinescu, L., & Collins, M. A. (1996). "Wide-eyed" and"crooked-face": Determinants of perceived and real honesty across the life span. *Personality and social psychology bulletin, 22,* 1258–1269.

Zimbardo, P. G., & Gerrig, R. J. (1996). *Psychology and life.* New York: Harper Collins.

Burger J. M. (2009). Replicating Milgram: Would people still obey today? *American Psychologist*, 64, 1–11.

Bryne , B. M., & Watkins, D. (2003). The issue of measurement invariance revisited. *Journal of Cross-Cultural Psychology*, 34, 155–175.

Cheng, Y., Diao, Q., & Behrens, J. T. (2017). A simplified version of the maximum information per time unit method in computerized adaptive testing. *Behavior Research Methods*, 49, 502–512.

Liu, J., Ying, Z., & Zhang, S. (2015). A rate function approach to computerized adaptive testing for cognitive diagnosis. *Psychometrika*, 80, 468–490.

Miller, G. (2008). The roots of morality. *Science*, 320, 734–737.

Nalbantian , S. (2011). Autobiographical memory in modernist literature and neuroscience. In S. Nalbantian, P. M. Matthews, & J. L. McClelland(Eds.), The memory process: Neuroscientific and humanistic perpectives. Cambridge, MA: MIT Press.

Sternberg, R. J. (2004). A triangular theory of love. In H. T. Reis & C. E. Rusbult (Eds.), Close relationships: Key readings. Philadelphia, PA: Taylor & Francis.

Sternberg, R. J. (2006). A duplex theory of love. In R. J. Sternberg (Ed.), The new psychology of love. New Haven, CT: Yale University Press.

Wixted , J. T. & Wells, G. L. (2017). The relationship between eyewitness confidence and identification accuracy: A new synthesis. *Psychological Science in the Public Interst*, 18(1), 10–65.

圖片來源：

圖 1–1、1–3、1–4、2–3、5–3：Getty Images

圖 1–2、12–4、12–6、12–7：Corbis

圖 2–2、5–1：Science Photo Library

圖 2–4、7–2、8–5、10–2（左上）、12–1：Dreamstime

圖 2–5、5–6、6–1、7–1、8–1、8–6、10–1、10–2（右下）、10–4：ShutterStock

圖 3–3、10–2（左下、右上）、11–1：iStockphoto

圖 3–14、5–4、8–4：Nova Development and Its Licensors

圖 9–2：意念數位科技股份有限公司——臺灣之美

圖 11–2：Corel

◼ 自我檢測答案與解析 ◼

第1章 心理學的科學研究

1. (○)；2. (×)；3. (○)；4. (○)；5. (○)；
6. (**C**)；7. (**D**)；8. (**D**)；9. (**A**)；10. (**B**)。

解析

2. 相關關係不同於因果關係，故「自信心」和「人際關係」有關聯不代表前者就會導致後者。

7. (A)霍桑效應指被觀察者知道自己成為被觀察對象而有改變行為傾向的反應；(B)抽樣偏誤指抽取的樣本不足以代表該樣本的母群；(C)期待價值效應指個人行為會受其背負的標籤所左右。

9. (A)史金納是行為學派的代表人物。

10. (A)仍須遵守動物實驗的相關倫理規範、維護動物權益；(C)(D)受試者在參與研究的過程若有覺得不適或感到有違初衷，可隨時退出研究。

第2章 生長與發展

1. (○)；2. (○)；3. (×)；4. (×)；5. (×)；
6. (**B**)；7. (**B**)；8. (**A**)；9. (**B**)；10. (**D**)。

解析

3. 應先從四肢成長，再發展至軀幹。

4. 應為6歲以前。

5. 依艾瑞克森觀點，青春期是個人尋求自我認同與廓清自我角色的時期，若能解決「角色認同 vs. 角色混淆」的危機，便能發展健全的人格、建立自我角色的認同。

第3章 感覺與知覺

1. (○)；2. (×)；3. (○)；4. (×)；5. (○)；
6. (**B**)；7. (**D**)；8. (**B**)；9. (**B**)；10. (**B**)。

解析

2. 胼胝體應改為脊髓。

4. 題幹中「知覺是由個體的知識、經驗、期待、動機等指導而形成的」為由上而下處理的觀點。

9. (B)後腦負責維持個體生命的基本活動。

10. 左腦主管視覺訊息的語言功能；當病人的胼胝體被切斷後，左視野看到的訊息雖然進入右腦，卻無法再經胼胝體傳至左腦，故左腦僅能就右視野看到的部分經左腦主管的語言功能表達出來，因此只會回答看到蠟筆。

第4章　不同的意識領域

1.（×）；2.（×）；3.（○）；4.（×）；5.（○）；
6.（D）；7.（C）；8.（D）；9.（C）；10.（A）。

解析

1.仍會影響。

2.應為顯性內涵。

4. REM 睡眠時，大腦活躍但軀體麻木。

10.安非他命屬刺激藥物。

第5章　學習、記憶與遺忘

1.（○）；2.（×）；3.（○）；4.（○）；5.（×）；
6.（C）；7.（C）；8.（A）；9.（C）；10.（C）。

解析

2.古典制約由俄國生理學家巴夫洛夫無意發現；心理學家史金納提出操作制約。

5.應為短期記憶。

6.殺一儆百指殺一人以警戒眾人，此「警戒」作用與社會學習論中的觀察學習相符合。

8.(B)社會學習；(C)(D)古典制約。

9.短期記憶運用塊體化策略簡化記憶內容。

第6章　能力、智力與測驗

1.（○）；2.（×）；3.（×）；4.（○）；5.（○）；
6.（B）；7.（A）；8.（C）；9.（A）；10.（D）。

解析

2.除了環境之外還包括遺傳因素。

3.兩者無必然的因果關係。

6.測驗依實施方式可區分為個別測驗、團體測驗。

第7章　思考、語言與問題解決

1.（○）；2.（×）；3.（○）；4.（○）；5.（×）；
6.（C）；7.（B）；8.（B）；9.（C）；10.（B）。

解析

2.應為演繹式推理。

5.專家異於生手的關鍵應在於豐富的知識和優越的組織能力。

第 8 章　動機與情緒

1. (○)；2. (✕)；3. (○)；4. (✕)；5. (○)；
6. (**C**)；7. (**D**)；8. (**B**)；9. (**C**)；10. (**A**)。

解析

2. 飢餓屬於生理動機。

4. 人類情緒表達最直接的方式應為面部表情。

7. 拉茲勒斯提出認知仲裁情緒論，認為情緒是個人對刺激評估並予以裁決後，所產生的身心反應。

9. 無論是正面或負面情緒都是人對刺激的一種身心反應；產生負面情緒應尋求抒發管道，刻意抑制反而有害身心。

第 9 章　壓力與壓力處理

1. (✕)；2. (○)；3. (✕)；4. (✕)；5. (✕)；
6. (**B**)；7. (**D**)；8. (**A**)；9. (**A**)；10. (**C**)。

解析

1. 應思考如何克服壓力、解決壓力源，讓壓力能獲得紓解。

3. 樂觀或悲觀源自個人對事物「好壞」的「解讀方式」，樂觀可經由學習獲得。

4. 此應為外在控制觀。

5. 抽煙有害身心，並非理想也非有效的抒發壓力方式。

6. 把成敗歸因於環境因素或幸運，屬外在控制觀。

8. 「魚與熊掌不能兼得」乃基於兩個喜愛的刺激只能選擇一個的心理困境，故屬雙趨衝突。

第 10 章　行為的社會基礎

1. (○)；2. (○)；3. (✕)；4. (○)；5. (✕)；
6. (**D**)；7. (**C**)；8. (**B**)；9. (**A**)；10. (**D**)。

解析

3. 若過分以刻板印象描述一個團體，有失實或偏倚的危險。

5. 個人在解釋他人的行為原因時，多傾向內在歸因。

6. 此為一種以偏概全，故為月暈效應。

9. (B)屬於偏見或刻板印象；(C)屬從眾行為；(D)為旁觀者效應。

10. 當個人身處團體時，其自我覺識的部分會降低，如參與示威遊行時會覺得自己是示威團體的一部分，因而較敢做出平時不敢做的行為，此即「非個人化」。

第 11 章　社會互動

1.（○）; 2.（×）; 3.（○）; 4.（×）; 5.（×）;
6.（D）; 7.（A）; 8.（C）; 9.（B）; 10.（B）。

解析

2.訊息的可愛度愈高，應愈能引誘個人去接受訊息。

4.同情心是以自己的情況和心態去體恤他人，與同理心並不相等。

5.攻擊對自己及對他人的瞭解並無助益。

7.史坦波格提出的愛的三因素論包括親密 (intimacy)、激情 (passion)、承諾 (commitment)。

第 12 章　人格與人格評量

1.（○）; 2.（○）; 3.（○）; 4.（○）; 5.（×）;
6.（C）; 7.（A）; 8.（D）; 9.（B）; 10.（C）。

解析

5.前三個時期的影響最為深遠。

9.(A)由馬斯洛提出；(C)班度拉；(D)佛洛伊德。

第 13 章　心理異常

1.（○）; 2.（×）; 3.（×）; 4.（○）; 5.（×）;
6.（C）; 7.（D）; 8.（D）; 9.（C）; 10.（B）。

解析

2.此應為體化症中的轉化症。

3.並非需要具備五個症候主軸才屬於心理異常，僅具備其中幾項亦可能被診斷為心理異常。

5.廣泛性焦慮症指任何事情或情境都可能引起持續性的焦慮，又被稱為游離性焦慮。

第 14 章　治療與保健

1.（○）; 2.（×）; 3.（×）; 4.（×）; 5.（○）;
6.（A）; 7.（D）; 8.（A）; 9.（B）; 10.（D）。

解析

2.兩者應相互配合。

3.除了心理療法外，亦可搭配藥物治療。

4.只有領有醫師執照者才可開藥方。

7.羅哲斯主張的是個人中心療法，助人者並不扮演直接分析與指導的角色。

10.移情是指患者將與他人的情感關係「轉移」到治療師身上。此處患者對分析師惡言相向，屬於負移情。

心理與教育統計學（修訂三版）　　　　余民寧／著

　　本書作者藉由深入淺出的文字、難易適中的範例，詳細介紹本書的三大系統知識：描述統計、推論統計和實驗設計，並透過重點提示、範例說明、電腦習作與報表解讀、摘要整理、自我測驗等單元設計，讓讀者對各種常用的統計工具，有效奠定量化研究能力的基礎外，更可作為日後學習進階統計學的準備，是協助您掌握第一手研究結果無往不利的左右手。

教育心理學（修訂四版）　　　　溫世頌／編著

　　教育心理學是一種應用心理學，目的在研究「教與學」的行為本身以及影響教學的主要因素，以協助教學者與學習者做最有效的教導與學習。本書探討架構分為三大領域：⑴學生身心發展的特徵；⑵學習與記憶的歷程；⑶教學策略與教學效果的增進、評鑑與溝通。本書亦詳細介紹新近教育心理學研究成果與發現，搭配大量的案例讓讀者能更清楚地理解概念。並針對一些習以為常但卻是錯誤的教育行為，提出具體的建議與符合現實需求的修正方案。

國家圖書館出版品預行編目資料

心理學導論／溫世頌著.－－增訂五版四刷.－－臺北
市：三民，2023
　　面；　公分

　　ISBN 978-957-14-6750-4　（平裝）
　　1.心理學

170　　　　　　　　　　　　　　108018552

心理學導論

作　　者	溫世頌
發 行 人	劉振強
出 版 者	三民書局股份有限公司
地　　址	臺北市復興北路 386 號 (復北門市) 臺北市重慶南路一段 61 號 (重南門市)
電　　話	(02)25006600
網　　址	三民網路書店 https://www.sanmin.com.tw
出版日期	初版一刷 2007 年 1 月 增訂五版一刷 2020 年 1 月 增訂五版四刷 2023 年 9 月
書籍編號	S170190
I S B N	978-957-14-6750-4

三民書局